孤独な帝国　日本の一九二〇年代

ポール・クローデル外交書簡一九二一－二七

ポール・クローデル

奈良道子＝訳

草思社文庫

Auteur: Paul CLAUDEL
Titre: "CORRESPONDANCE DIPLOMATIQUE: TOKYO 1921-1927"
Travail éditorial - introductions, notes, index - de Lucile GARBAGNATI
Préface de Michel MALICET

本書は、アンスティチュ・フランセ・パリ本部の
出版助成プログラムの助成を受けています。
Cet ouvrage a bénéficié du soutien des Programmes
d'aide à la publication de l'Institut français.

ポール・クローデル（1868-1955）

1924（大正 13）年 12 月 14 日、日仏会館の開館式。前列左よりクローデル、閑院宮、通路を挟んで文部大臣岡田良平、外務大臣幣原喜重郎。

1927 年（昭和 2）年 2 月、フランス大使ポール・クローデル送別午餐会。前列右より渋沢栄一、クローデル、大倉喜八郎、上原勇作、出渕勝次。

（渋沢史料館提供）

孤独な帝国　日本の一九二〇年代◉目次

編集協力――編集室カナール（片桐克博）

凡例

一、★印は原注を示す。
一、＊印は訳注を示す
一、（　）内の二行の割注は訳注を示す。
一、クローデルが手紙に添付した資料、写真、地図は本書には掲載されていない。

＊原文には現在の日本では不適切と考えられる表現も見られるが、史料的価値を尊重して、あえて原文のまま掲載した。

序 文（抄訳）

一九二一（大正十）年から二七（昭和二）年にかけての日本滞在は、詩人、劇作家、エッセイストであるクローデルにとって実り豊かな時期であった。日本から直接影響を受けた作品の大半はすでに出版されているし、ポール・クローデルの創作における日本の役割についての論文や作品も存在している。しかし、彼の外交書簡について言えば、いくつかの文章以外は、今日まで日の目を見ることはなかった。

この外交書簡は、これまでに知られていたクローデル関係資料に欠けていた重要な部分を補うものである。外務省の史料館に保管されている外交書簡は数が多かったので、つぎの基準にしたがってその約三分の一を選別した。つまり、今までに刊行されていないこと、参考資料としてあるいは文学的に価値があることである。外交書簡は年代順に分類して、大使の活動の足跡を大まかにたどることができるようにした。

一九二一年、デンマーク駐在フランス全権公使であったポール・クローデルが、東京への赴任の辞令を受けとったとき、彼は五十三歳で、十四歳を頭に四歳までの五人の子供の父親だった。アメリカ合衆国領事（一八九三―九五）、中国副領事・領事ほか（一八九五―一九〇九）、プラハ領事（一九〇九―一一）、フランクフルトおよびハンブルク総領事（一九一一―一四）、イタリア経済任務担当官（一九一五―一六）、ブラジル全権公使兼特使といった経歴から、彼は、広範囲にわたる国々をくまなく歩きまわり、多くの重要人物に会い、友情を結び、幾多の経済任務を推進してきた。彼が外交官としていちばん長く滞在したのは中国である。この時期に彼は大半の作品を書き、戯曲『繻子《しゅす》の靴』の執筆にとりかかったのである。

大使はつねに〈日出ずる国〉日本に惹きつけられていた。一八九五年に彼は中国に副領事として赴任したが、本当は中国より日本に行きたかったろう。姉のカミーユ（彫刻家）が日本の芸術を熱烈に愛好しており、彼もその影響を受けていたし、中国に行くよりも日本に行ったほうが早い昇進を期待することができた。中国滞在は長期にわたり充実したものではあったが、彼はいつもこの島国の帝国日本が念頭から去らなかったのである。一八九八年には一カ月の休暇を日本で過ごしている。

一九二一年三月、彼はデンマークをあとにし、イギリス、フランスで休暇を過ごしたあと日本に向け出発した。日記には「九月一日木曜日七時五十五分パリ出発。翌日マルセイユから〈アンドレ・ルボン号〉で六時十五分前に出航」と書かれている。この間、休暇中に息子アンリに結核の診断が下され、アンリは十八カ月間ベルク（北仏の保養地）に滞在しなければならなくなった。父クローデルは日本から愛情とユーモアに満ちた手紙を何通も書き送っている。

クローデル大使は任地の日本に直行せず、仏領インドシナに一カ月半滞在し、日本との協力の可能性を総督らと検討する。さらに香港《ホンコン》と上海《シャンハイ》に立ち寄り、十一月十九日、横浜に入港した。

ポール・クローデルの日本滞在は、一九二一年十一月十九日から、つぎの任地ワシントンに向けて出発した二七年二月十七日にわたっている。この間、二五（大正十四）年一月二十三日から二六（大正十五）年二月二十七日までは休暇で日本を離れている。二五年の一時帰国のさい、日本人たちは彼に心からの惜別の意を表した、このとき彼自身、これで日本滞在は終わると思っていたようだ。彼はこう書き記している。「富士山が、日の出とともに頂きまでバラ色に染まっている……。このイメージとともに、私は自分の日本滞在の記録を終える」二五年五月二十八日には、「外務省でレジェ事務総長*1に会い、自分の今後のことについて話しあう」と書いており、十二月七日には「私はやはり日本に戻ることになった」と書いている。二六年一月十五日の日記には、「日本へ向けて航海中」と記されている。二月十一日、サイゴンに寄港し植民地総督と会う。ふたたび日本へ。「二月二十四日夕方五島列島……。二十七日夕方七時、横浜着」

大使の日記には、外交官の職務とならんで詩作のためのメモが記されている。信任状捧呈、公式行事への参加、政治・経済・文化的任務ばかりでなく、私生活や印象といった文学作品の母体となるものが書かれている。国をよく知るために行なう散策、会見、観察や個人的読書、すべてが外交活動に役立っている。

滞在期間中、詩人大使はあらゆる階層に数多くの友人をもった。彼は同胞や外国人とともに旅行して日本の名所旧跡を知り、親仏派の大学教員、芸術家、政治家、実業家たちから日本文化について手ほどきを受けた。五年余にわたる滞在期間中、大使は日本国内を広範囲に旅行し、景色に見とれ、公人としても私的にもさまざまな日本文化に浸った。政界、財界そして芸術の世界で重要なあらゆる人々が彼を評価したが、それは彼の人柄によるのである。

クローデル大使の外交書簡の宛先は三人の外務大臣である。一九二一年と二六年はアリスティド・ブリアン、二二年はレイモン・ポアンカレ、二四年から二五年にかけてはエドワール・エリオである。アリスティド・ブリアンとエドワール・エリオについては、大使の散文作品のなかに人物描写があり、彼がいかにこの二人を評価していたかがわかる。外務省に届いた外交書簡に真っ先に目を通すのは事務総長である。二一年には、フィリップ・ベルトロー、その後はアレクシス・レジェ、二五年にはふたたびフィリップ・ベルトローがこの任にあった。クローデルにとっては、個人的交友関係と外交・文化・経済・政治などの公の任務とは無関係なことではなく、逆に、私的情報は公務に、公的情報は私的交友にいつも役立っていた。

クローデル大使が日本で歓迎されたとはいえ、日本の世論は親仏というよりは親独であった。大使はそれを意識して、外交・貿易・文化の面で流れの方向を変え、日仏接近に向けて尽力した。外交面では、国際的に孤立しつつあった日本と手を結ぶよう本国に働きかけ、貿易面ではフランス本国のみならず仏領インドシナとの貿易拡大につとめ、インドシナ総督の訪日を実現させている。文化面では、大使館の広報活動を促進し、フランス語の普及につとめ、東京の日仏会館と京都の関西日仏学館の創設に献身的にとりくんだ。

大使はさらに、日本を本国に紹介することにも尽力した。日本人の特性、あるいは日本の芸術の本質を分析してエッセイを書き、講演会を行なった。彼はフランス語で、能『女とその影』を創作した。彼の著作には日本への傾倒ぶりが表われている。彼の外交書簡全編が読者に〈魔法の島〉の神秘を示していると言える。

駐日大使の任期が終了したあとも、クローデルは日本に関心をもちつづけていた。それは彼の図書館に残されている愛読書からわかるし、『朝日のなかの黒鳥《くろどり》』『ドドイツ』『日本よさらば』といった作品に表われている。日本滞在中から離日後にかけて起草された『朝日のなかの黒鳥』は、詩人大使が、みずからの体験と感受性をもとに日本をフランス人に紹介しようとしたものである。

『外交書簡』は、文学作品の構想がどのように練られたかを理解する手がかりとなる。同じ事柄が、日記、外交書簡、文学作品の三つの形で語られている場合がある。日記は自分のために書かれたメモで、胸中の吐露である。外交書簡は政策決定を容易にするための本国への情報伝達であり、文学作品は感動や瞑想を引き起こすために書かれ、気分転換なのである。たとえば、カトリック系の〈ハンセン病療養施設〉を訪問したあと、日記には〈体の変形〉を目にしたときの大使の衝撃が記されているが、外交書簡にはイギリス・プロテスタント系の〈ハンセン病療養施設〉との規模の比較が書かれており、詩作品では信仰の問題が扱われている。

日本から送られる外交書簡では、日本の現状について語り、歴史や慣習を説明し、将来に対する政策を提案しながら、あらゆる手段を用いて日本の特異性を説明しようとつとめている。ブラジルからの通信は主として通商に関するものであり、アメリカからの書簡は経済に関するものであるが、日本からのものは文化的なものである。

外交書簡はまた、観察する対象を前にしてのクローデル大使の態度（好奇心、共感、客観性）を表わしており、それ自体でひとつの文学作品にもなっている……。

編者（リュシル・ガルバニャティ）

＊1 〔訳注〕アレクシス・レジェ（一八八七—一九七五）。外交官・詩人。ペンネームは、サン＝ジョン・ペルス。北京大使館書記官、内閣官房長官、外務省事務総長を歴任。ノーベル文学賞受賞（一九六〇）。この外交書簡集にはアレクシス・レジェ宛の私信が四通ふくまれている。これらの私信には、公式書簡に記すのはためらわれるデリケートな問題が扱われており、二人のあいだの信頼関係がうかがわれる。アレクシス・レジェは当初ポール・クローデルの知遇を得て外交官の道に入った人である。

日本におけるフランス大使クローデル

ミシェル・マリセ

クローデルは日本大使であった期間中に、おびただしい数の報告をフランス外務省宛に書き送っている。本書はその抜粋にすぎず、ちょうど三分の一の量が収録されている。彼は、それぞれの任地で、つまりアメリカ合衆国、中国、オーストリア、ドイツ、イタリア、ブラジル、デンマークそして再度赴任したアメリカ合衆国、ベルギーでも多数の報告を書いているから、各任地ごとに、なんと同量の報告を選びだすことができるのである！

外交官として並はずれた活動をしているが、同時に詩人としてもめざましい活動をしており、駐日フランス大使であった時期に『繻子の靴』『朝日のなかの黒鳥』『女とその影』などを書いているのだ！　大方のパリの作家たちが家にこもりきりの生活をしているのとは対照的であることに注意してもらいたい！　なんと広範囲にわたる活動だろう！　これほど多くの大物政治家や芸術家との出会い！　これまで人目に触れることのなかったこの外交書簡を通して知る彼の活動ぶりから、この人物の正確な像が浮かびあがってくるのではないか？

まず驚くのは、今日ではとくに詩人として知られているクローデルが、みずからの外交官の職業に深い関心をもっていることである。彼自身しばしば言及しているように、大半の時間は大使の職に専念しており、文学には日に一、二時間しか割いていない。思考の人であると同じぐらい行動の人である彼は、初めて大使となった日本で職務を遂行するにあたって、はっきりした目的をもっている。つまり、日本をアングロサクソンの米英やドイツといった列強から引き離し、フランスに結びつけようということである。彼はその手段を見出すことができた。日仏会館の開設、広報活動の再編成、両国間貿易とくに仏領インドシナを介しての貿易の振興である。

クローデルは、政治家においてさえも人間関係や芸術に対する関心がきわめて重要な役割を担っているこの国に魅せられて、進んで人々と会い旅行をし、いたるところでフランスを宣伝し、挨拶や講演を行ない、炭坑に入ることも、ハンセン病患者の療養所を訪問することも厭わず、日本の芸術家を称えて人々を喜ばせている。みずからも日本の芸術の技法や様式から霊感を受けた作品を創作し、東京の帝国劇場での上演にこぎつけた[*1]ことからも、彼の日本芸術に対する理解が読みとれる。だからといってそれは、かつて貿易担当官であった彼が、あらゆる状況下でためらうことなくなんでも売りこもうとすることへの障害となることはない。これこそまさに、シュールレアリストたちとの有名な論争の種となった点ではあるが。

この行動の人はまた、組織力をもつ人であり指導者でもあった。関東大震災のときのすばらしい物語を読んでもらいたい。この詩人はそのとき、わが身を危険にさらし、ためらうことなくロープを頼りに小船から〈アンドレ・ルボン号〉の甲板へとよじのぼり、そこで横浜での救助活動の指揮をとった。何日かのちには大使館の敷地内に病院と託児所をつくり、日本人から感謝されている。日仏会館の建設とか仏領インドシナ植民地総督の日本訪問といった交流の場でも、同様の手並みを見せている。一方で日本の使節団が仏領インドシナへ派遣され、一行がこのフランスの植民地との貿易に関心をもつようになったのも、クローデルのおかげである。

もうひとつ驚く点は、日本のなかで孤立しているフランス人たち（静岡の修道院など）を視察したり、日本の英雄（西郷隆盛《さいごうたかもり》）の思い出に敬意を表すなど、かつてどの国の外交官も思いつかなかったことをやってのけるクローデルの如才なさである。工場で働く年端もいかぬ女工たちのきつい単純作業に同情を覚えるのもまた、この人の人間性なのである。

クローデルがみずからに課した役割において成功しているのは、もちろん彼が政治情勢を分析し行動することができたからであり、あるいは少なくともフランス政府に情報を与えることができたからである。日本のような国にいる西欧の大使にとって、こうした分析をなすには格別の努力が必要であった。クローデルのように巧みに友人、芸術家、思索家として、日本人の心に強い関心を寄せることができた人がほかにいただろうか。こうした関心がなければ、これほどに西欧とは異なる国の政治を動かしている力の正体を知ることは不可能なのではないか。慣習の重み、江戸時代から引き継がれた諸藩の伝統や歴史が現在に及ぼしている重要性を、彼以上にうまく説明できた人がいただろうか。また、開会中の国会に関する彼の叙述のなかには、金銭のからむ政治スキャンダルについて詳細に描かれているが、これを読めば、いかなる時代、いかなる国でも、人々の生活態度は似たようなものであることが示されているのがわかり、読者を微笑ませることだろう。

本書が、まずは歴史家にとって興味深いものであること、つぎには、この外交官、そして人間クローデルを私たちがよりよく理解できる点で興味深いものであることをここで示したが、それ以上に作家としてのすばらしい才能が表われている点でも興味深い。これこそ私たちにとって読むに値する物語である。内容が変化に富んでいることと、日常生活が描かれていること、それがこの書簡集の特徴である。内容の多様性とは、時に個人的にすぎる話や人物描写や逸話がつぎつぎに現われ、報告あり、純文学的な小品（日本人の心についての考察といった）ありだが、それらが交互に出てくることである。日常生活とは、この作家のペンの特徴だが、これらの書簡では、彼独特の古代ローマ風の緻密さはなく、ユーモラスにあるいは残忍に人物や事物の特徴を強調して楽しんでいることである。たとえば、大倉《おおくら》（喜《き》八郎《はちろう》）氏の「老いた亀のように皺だらけの小さな顔」とか、ソビエト大使についての「人の目をまともに見ないなかった肥満漢」といった表現である。ラシーヌのパラフレーズ（「私を愛していなかったら、いったい彼になにができたのか？」）の引用も見られる。彼が日本政府を「天と地のあいだで宙ぶらりんになったマホメットの柩《ひつぎ》」とたとえているのを見るのも楽しいし、スピーチのなかには、彼のお気に入りのイメージのひとつ、七夕の天の織姫《おりひめ》のイメージが見られるのも面白い……。

この書簡の内容にはもうひとつ興味深い点がある。つまりそれは、既刊の『日記』をみごとに補っている点である。『日記』のなかでは、ある出会いや事件について、この詩人はかんたんな文章かあるいは一語ですませていることが往々にしてあるが、それがこの書簡では物語に発展する。『日記』のなかには、自分の経験をみずからが思い起こすには充分ながら、読者にとってはなんのことかわからない文章や単語がある。

クローデルが詩人として瀬戸内海旅行を語った『ジュールあるいは二本のネクタイの男』のような作品と、この書簡に書かれた物語を比較することで、読者は詩作の核心に導かれるのである。この外交官が〈マルヌ号〉の甲板であれほど多くの公的人物たち（県知事ら）にとり囲まれているところを目にした人々のなかに、そのとき彼が静かに夢想に浸っていたと考えた人がいたであろうか。「一隻の船がこちらに向かってくる。船の前にふたつの大きな波を持ちあげながら、まるでマレボルジェ（ダンテの『神曲』〈悪の濠〉）から姿を現わしたダンテとウェルギリウスのほうへ、天使が滑るように進んでくるようだ」

私たちはジャック＝プティ・センターに、その協力に対し心から感謝します。とくに、本書を見直し、すべての参考資料を見直していただいたことに対し、マリーズ・バゾーさんに感謝します。

＊1〔訳注〕クローデル作の能『女とその影』は、一九二三（大正十二）年三月、帝劇で上演された。同年三月一日付の東京朝日新聞に、写真とつぎの記事が載っている。

「『女の影』のお浚《さら》い、松竹事務所にて、作者大使が大喜び

三月帝劇羽衣会に上演されるクローデル仏大使の新舞踊劇『女と影』の総ざらいが、二十八日朝、松竹会社事務所内に開かれた。……大使は大手を拍《う》って欣《よろこ》んだ。劇は一時間ばかりで終ったが、大使は、『私の想像していたものとは多少異なった行き方を示している所もあったが、……今日全体を見るに及んで其点もよく判り、幸四郎氏の苦心が斯《か》くまで拙作を効果あらしめるに至ったことには、ひたすら感謝のほかはない』と全く非常な欣びようであった」

一九二一年（大正十年）

裕仁皇太子摂政となる★1

【一九二一年十一月二十六日】

日本の歴史上、希有な事件、なかば伝説となった遠い過去まで遡らなければ前例が見られない事件が起きました。

嘉仁《よしひと》天皇（大正天皇）が、天皇の称号は保つものの公務は行なわず、子息の裕仁《ひろひと》皇太子が公式に摂政の資格で代行することになったのです。昨日、皇族会議と枢密院《すうみついん》会議*2のあとでつぎの詔書が発表されました。

「私は、長期にわたり体の不調がつづいており、もはや国務を長期間行なうことが不可能な状態にあることから、皇族会議と枢密院会議の議決にしたがい、裕仁皇太子が本日より摂政の任務に就任する」*3

この決定に驚いた人は一人もいませんでした。当局の発表は、気を遣いながらも天皇の数々の病名を列記していますが、天皇はだいぶ前からいかなる公務も遂行することができず、その職務は皇太子にまかされていたのです。

閣下は、裕仁皇太子のパリ訪問のさい、皇太子にたびたびお会いになっておられますが、皇太子は二十歳《はたち》の青年で、その資質や能力はまだ充分固まっていません。権威を身につけたり、ましてこれまでの天皇が誰一人享受できなかった行動の自由を身につけるだけの度量があるとは思われません。しかしながら彼は、伝統に縛られた狭い輪のなかに閉じこめられる前に、ヨーロッパを見、世界を垣間見た初の日本の君主だということは指摘できます。彼がこの旅行でなんらかの思いを抱き、近代生活を直接みずからの目で見たうえでの見識、外国の人たちや事物に対するみずからの判断をもち帰らなかったはずはありません。ですから、もしかすると彼は、顧問たちにとりまかれているとはいえ、消極的でなにもできない状態を少しは改善できるかもしれません。

このことを報じたいくつかの新聞記事が正しければ、〈元老〉*4の権限を縮小するという本物の改革といえる処置がとられ、新たな体制が今後はっきりしてくるでしょう。すでに元老たちは、皇太子の結婚の件で難題がもちあがった時期に、辞任を申し出ました。*5公表されているのは、内大臣の松方《まつかた》（正義《まさよし》）*6侯爵がまもなく公爵に任ぜられ、その職務を閑院宮《かんいんのみや》に譲るということです。長年にわたり日本の実質的支配者であった山県《やまがた》（有朋《ありとも》）公爵も、同じく病気を理由に枢密院議長の職を辞し、副議長の清浦《きようら》（奎《けい》吾《ご》）子爵が引き継ぐことになるでしょう。こうして、この国を長いあいだ支配してきた陰の権力、原《はら》（敬《たかし》）*7氏が首相になってやっと力を弱めることのできた権力が、終焉を迎えるでしょう。

しかしながら、早急に結論を出すのは慎まなければならないと思います。第一次世界大戦（一九一四—一八）後世界は変わったのに、日本は、明治初期に古いプロイセン（ドイツ）から導入した指針ややり方をとりつづけているわけですが、国の将来をまかされている無責任な黒幕的権力者（元老）に対しては、誰もが疑惑と恐怖をもっているということに政府は気づいています。したがって日本政府は、世論に対してうわべだけのいくつかの譲歩をし、彼らを遠ざけるのが望ましいと考えています。

しかし、日本がそのやり方や指針を本質的に変えるということは信じがたいのです。原首相が殺害された（一九二一年十一月四日）今、新体制の確立以来、権力をもちつづけてきた人たちを引退させることができる人物が、どこにいるでしょうか。世論ははっきり形成されておらず、議会が非難されている状況下では、いかなる階級、いかなる組織を背景とした人物がいるというのでしょうか。そもそも非公式な役割を担っていた元老が、現在の肩書を失うと仮定しても、それによって彼らが権力まで失うかどうかは定かではありません。そして彼らがいなくなっても、彼らの影響下にあって、形は変われど同じ考え方で行動する人たちにおきかわる可能性はあるのです。

新たに摂政殿下の側近となる人物としては、まず閑院宮の名があがっており、彼が摂政殿下の主要な顧問になるにちがいないとされています。閑院宮はサンシール陸軍士官学校のOBで、私が判断するかぎりでは、フランス的な心情の持ち主だと思われます。珍田《ちんだ》（捨己《すてみ》）*8伯爵が東宮大夫《とうぐうだいぶ》に任命されました。この人はその半生を海外で過ごした外交官です。伯の最後の海外任務はイギリス大使で、ヴェルサイユ条約（第一次世界大戦終結後に結ばれた講話条約）の交渉に参加しました。閑院宮と珍田伯爵の人選は、新体制が範としようとしている大国との相互理解をめざす、きわめて近代的で自由な傾向を表わすものだと思われます。

追伸——風評とは異なり、元老はなくなりませんでした。今日わかったことですが、新摂政殿下がまず行なったことは、四人の元老、山県公爵・西園寺《さいおんじ》*9公爵・大隈《おおくま》侯爵・松方侯爵（この人の辞任は確認されていません）に手紙を書き、彼らの過去の貢献に感謝し、今後も助言をもって摂政殿下を補佐しつづけるよう求めることでした。（一九二一年十二月一日）

ポール・クローデル

★1［原注］フランス外務省資料「一般文書、国内および国外政治」（七巻、分類六二―一、一

四二号）

＊2［訳注］枢密院：明治憲法下で、重要な国務ならびに皇室の大事に関し、天皇の諮詢《しじゅん》に応えることを任務とした合議機関。議長（ほぼ首相経験者）・副議長・顧問官・書記官長で組織され、国務大臣および成年以上の親王も列席することができた。

＊3［訳注］東京朝日新聞・一九二一年十一月二十五日付より

大詔渙発《たいしょうかんぱつ》

二十五日午後二時三十分左の詔書公布せらる

詔書

「朕《ちん》久シキニ亘《わた》ルノ疾患ニ由《よ》リ大政ヲ親《みずか》ラスル事能《あた》ハサルヲ以《もっ》テ皇族会議及ヒ枢密顧問ノ議ヲ経テ皇太子裕仁親王ヲ摂政ニ任ス茲《ここ》ニ之ヲ宣布ス」

御名御璽《ぎょめいぎょじ》

摂政名

宮内大臣子爵　牧野《まきの》伸顕《のぶあき》

内閣総理大臣子爵　高橋是清《たかはしこれきよ》

大正十年十一月二十五日

＊4［訳注］元老：明治後期から昭和前期、首相候補者の推薦その他の重要国務について天皇を補佐した長老政治家。当初は、維新の功臣、伊藤博文《いとうひろぶみ》、山県有朋、黒田清隆《くろだきよたか》、井上馨《いのうえかおる》、松方正義、西郷従道《さいごうつぐみち》、大山巌《おおやまいわお》であったが、のち、桂太郎《かつらたろう》、西園寺公望《さいおんじきんもち》が加わった。

＊5［訳注］宮中某重大事件。裕仁皇太子は、久邇宮邦彦《くにのみやくによし》王の第一王女、良子《ながこ》女王と婚約が決ま

っていたが、良子女王の血筋に色盲の遺伝があるとして山県らが反対。山県は久邇宮に勧告すると同時に自分は元老職を降りる旨を政府に伝えた。宮中は山県を慰留したが、以後山県は政治の表舞台に積極的に出てくることはなかった。（『裕仁皇太子ヨーロッパ外遊記』波多野勝著、草思社刊）

＊6［訳注］松方正義（一八三四―一九二四）：薩摩《さつま》藩出身の政治家の一人。二度組閣。長く大蔵大臣。一八七八（明治十一）年渡仏、ヨーロッパ各国を歴訪、とくにフランス蔵相レオン・セーの影響を受けた。日英同盟を推進。一九〇二（明治三十五）年欧米を巡遊。帰国後、日本赤十字社社長、枢密顧問官、内大臣などを歴任。二二（大正十一）年公爵。この時点では慰留され、翌年八月末まで内大臣職にとどまった。

＊7［訳注］原敬（一八五六―一九二一）：明治・大正期の政治家。盛岡藩重臣の次男。一八八二（明治十五）年井上馨《いのうえかおる》に認められ、外務省入りし、のち天津《テンチン》領事、パリ公使館書記官、通商局長、外務次官。外交官採用制度確立。日清戦争時の陸奥《むつ》外交を補佐。朝鮮公使、大阪毎日新聞社長。一九〇〇（明治三十三）年政友会結成に参画。幹事長、逓信相、北浜銀行頭取、古河鉱業副社長、内相、政友会総裁を経て一八（大正七）年首相。〈平民宰相〉と呼ばれ歓呼して迎えられる。一九二一年十一月四日東京駅にて暗殺される。

＊8［訳注］珍田捨己（一八五六―一九二九）：ドイツ大使、アメリカ大使、イギリス大使（一九一六）、講和全権委員（一九一九）、伯爵（一九二〇）、枢密顧問官（一九二〇）、宮内庁御用係（一九二一）、枢密顧問官兼東宮大夫（一九二一―二六）、枢密顧問官兼侍従長（一九二七）、侍従長（一九二七―二九、在職中に死亡）。

＊9 〔訳注〕西園寺公望（一八四九―一九四〇）：政治家、公爵、大勲位。維新のさい軍功を立て、一八七〇―八〇（明治三―十三）年渡仏。のち政友会総裁・首相。一九一九（大正八）年パリ講和会議首席全権委員。山県有朋没後は、ただ一人の元老として内閣首班の奏薦《そうせん》にあたった。

ワシントン会議と日本の軍艦数の削減、および中国の問題★1

【一九二一年十一月二十八日】

私は、日本への航海の途上立ち寄った中国と仏領インドシナの各地で、あらゆる国籍のヨーロッパ人が、日本について、そして日本が近隣諸国に対してとりつづけている強引な政策について、強い警戒心を表明するのを耳にしました。彼らは、中国の無政府状態や風俗壊乱はあらかた日本のせいだと言いました。対華二十一カ条要求*2といわれる一九一五（大正四）年の条約によって認められた政治的・経済的支配の計画を、日本は忠実に実行しているのだと主張しているのです。

ところで、日本がこうした侵略と征服の政策をとるには、強力な艦隊をもつことが不可欠な条件のひとつであると思われていましたから、ハーディング大統領（アメリカ合衆国第二十九代大統領〔一九二一―二三〕）がワシントン会議に海軍軍備制限という極端な措置を提案したことを知ったときは、不安がなくはありませんでした。ですから、私の着任前にアンリ参事官（一九三六―四四、駐日大使。第二次世界大戦中に東京で没）が閣下に十一月十六日付の二〇七号の電報でお知らせしたつぎの事実を知って、私は喜ばしい驚きを感じたのです。つまり、日本の世論が全体としてはアメリカの提案をおとなしく受け入れていること、会議に出席した日本の代表たちが提案の大要をそくざに認めたこと、日本に割り当てられた英米の六十パーセントという割合については、大要ではもはや異論はないであろうということを。極東の人たちは売買をするときには値切り交渉をするのが常ですから、細かい点の変更を求める可能性はありますが。

しかしながら、この提案は大きな犠牲を日本に強いるものです。大使館の海軍武官が私にくれた同封のメモから、その度合を推察していただけると思います。私は神戸で二隻ある四万トン級の装甲艦のうち〈加賀〉を見ました。その前日、川崎造船所で進水したものです。もう一隻の〈愛宕《あたご》〉は一昨日進水しました。何日かのうちには〈土佐〉と〈尾張〉の進水がつづくはずです。誇り高く勇敢な国民に、ほぼ完成しているこれらの美しい艦船を放棄するよう求めるのは酷です。こうした艦船のために国民は大きな犠牲を払いましたし、これらの艦船に国の将来を託したのでしょうから。また、海軍造船所に対して十年間あらたな建造を禁ずるということは、アメリカやイギリスにとってよりも、日本にとってのほうがはるかに大きな打撃です。

というのも、必要な鉄も石炭も産出しない新興文明国においては、造船業はまったく新しいものなのです。専門労働者や技師などの要員は、多大な努力と費用をかけて養成されたのです。こうした要員、こうした設備はいったいどうなるのでしょう？十年後、アングロサクソン（〈レザングロサクソン〉英米人を指す）の両大国は、なんの困難もなしに軍艦建造を再開できるでしょう。彼らはこの間、民間の需要だけで造船所を維持することができるからです。

しかし、資源がない日本にとって事情は同じでしょうか。商船は今ですら供給過剰です。国内における複雑な機械の製造はこれまでのところ失敗ばかりでした。国防にとって必要なのは、軍艦自体より造船活動の維持なのですが、造船所を維持するには、どこで注文をとればいいのでしょうか。日本の商船の積み荷の大半は、英米からの軍需物資でしたから、商船部門も大きな損害を受けるはずですが、それについてはここでは言及しません。

日本が、ワシントンの〈アレオパゴス会議〉[*3]への呼び出しを受け入れたあとで、さらに他国が日本に強要する方式をしぶしぶながらも受け入れるためには、よほど強力な理由がなければなりません。その方式とは、何人かの専門家の言によれば、日本が現在保有している軍艦数のアメリカの軍艦数に対する割合を定めるのではなく、二年後に存在するであろう数をあらかじめ定めるものなのです。英米が日本に割り当てる軍艦数は、制限されたとはいえ、それでも相当なものであることには変わりありません。日本は地理的に、無数の航路や海峡で隔てられた危険な海の真ん中に位置し、仮想敵国のアメリカからは遠い距離にありますから、たしかに数字のうえでは英米の四十パーセント減でも、実際にはそれ以上の力があります。

また日本国内でも、現在のように巨大な装甲艦をもつことには、多くの批判があります。若い士官たちは、大きな軍艦は潜水艦や魚雷の格好の標的になって危険だと主張しています。奇襲や待ち伏せを受けやすいシナ海などのいくつかの海で、とくに当を得た見解でしょう。

とにかく、これほどすんなりと海軍力を削減することに同意した日本は、全力をあげて空軍力を増大するようつとめるだろうと、私は日本駐在のフランスの士官たちから聞いています。日本には航空機および機械の購入計画があり、その大半はフランスに発注されることと思います。

現在政府を率いている自由主義の内閣は、納税者を安心させ、平和を望む世論を満足させる必要があると考えました。世論を代表しているのは主として実業家や知識人です。世論には組織があるわけではなく、法律上認められている行動や表現の手段をもっているわけでもありませんが、真剣に受け止めなければなりません。日本は、このような世論と、みずからが出廷しなければならない〈国際法廷〉の意見にかんがみて、犠牲を払うことを承諾せねばならないと考えていました。その犠牲となるのが海軍なのです。

避けることのできないこの苦い代価がいったん支払われたあとには、つぎのようないくつかの点が浮かびあがります。これらの点では、日本はもしかすると手を引くことはないでしょう。いちばん重要なひとつの点に関しては、日本がすでに満足しているのが私にはわかります。つまり、陸軍の軍備の問題はワシントン会議ではとりあげられていないということです。海に囲まれた島国にとって、強力な艦船が国防の見地から必要なのはしかたがないとしても、この島国が保有し近隣諸国に不安を与えている恐るべき陸軍については、その必要性を正当化することはできないはずなのです。可能な説明はひとつしかありません。日本がこのように強大な陸軍を有しているのは、それは日本が、かたや中国にかたや列強に、畏敬の念を抱かせようという狙いがあるからなのです。欧米列強は、我がちに極東の問題の解決にあたろうとして、日本と競おうとするでしょうから。

要するに、日本のある新聞がまさに指摘していることですが、戦争を避けるためには、軍備を減らすだけでは不充分で、戦争の原因をなくす必要があります。しかし中国に関して、また日露戦争の終結以来日本がその地で有している優位な状況に関して、ワシントン会議が戦争の原因をなくすことができるかどうかは、大いに疑わしいことです。この優位な状況にはふたつの要因があります。ひとつには一方の国が強いこと、ふたつには他方の国が弱いことです。

日本は、人口過剰で、経済活動が活発で、物質文明が発達した国ではありますが、必要な原料がほとんどすべて欠けている国なのです。日本には羊毛も、綿も、鉄もなく、充分な量の石炭もありません。自国のかたわらには、いわば相続人不在の巨大な国、未開発で無防備な土地、みずからに欠けている主要な物資を大量に供給してくれる国があると日本は見ています。なんらかの手段を用いて日本がこれに手をつける誘惑にかられないと断言できるでしょうか。西欧列強だったらどうするでしょうか。おそらくアメリカがプエルトリコ、パナマ、サントドミンゴに対してしたのと同じことなのです。日本の政治の指導者が誰であれ、必要に迫られた外国の非難がどうであれ、中国に対する日本の政策は不可避的なものであり、やむをえないものでもあるのです。世界から注目されているわけですから、日本は、みずからが中国で展開していることを慎重にあるいは欺瞞的《ぎまんてき》行動で覆いかくしてはいるものの、中国に対する政策を放棄することはないでしょう。

さらに忘れてならないことは、この隣の共和国に対する日本のこうした専制的支配について語ることは、将来起こりうる危険とか、たんなる計画について語ることではなく、条約に支えられ、長年の所有によって確認された、既成事実について語ることなのだということです。日本は、朝鮮を併合し、満州と関東州（遼東半島租借地）でロシアが有していたあらゆる利権、長春《チャンチュン》（満州）から旅順《リューシュン》（遼東《リャオトン》半島）にいたる鉄道の権利、同時にそれに結びついた鉱物資源や土地のあらゆる所有権を引き継ぎましたが、それはアメリカにおいて、アメリカの仲介で締結されたポーツマス条約（一九〇五年。日露戦争の講和条約）によって認められたことなのです。この権利を一九六七（昭和四十二）年まで延長することを取り決めたのは、対華二十一カ条と呼ばれる一九一五年の条約であり、さらにヴェルサイユ条約で確認された協定によって、青島《チンタオ》と山東《シャントン》に関するドイツの利権が日本に割り当てられたのです。

これらの条約は、日本からの移住者に治外法権を与え、日本が管理する諸港における租界を認め、日本の郵便局の開設を承認するものであり、それ以前に列強と中国のあいだに締結された条約で認められていた諸権利の恩恵を日本が受けたものです。もちろん、この条約の作成者たちは、治外法権というものは、特定の地域に居を構えている特別な外国人に適用されると考えていたのであって、それが中国全土に居住する一般人にまで拡大されるものであるとは予測していませんでした。★4 とはいえ、条文に書かれていると日本は言うのです。契約のほかにも、日本はあらゆる手段を用いてみずからの立場を有利に展開し、あらゆる場所でその所有権や利権を獲得してきました。★5

日本は、段祺瑞《だんきずい》元帥*6の時代に、中国政府に約二億円にのぼる金額を貸与しました。*7 日本は揚子江《ヤンツーチアン》に艦隊を、厦門《アモイ》に駐屯部隊を有し、かつての大帝国清が分割されてできた軍事的権力者（軍閥）*8 たちの領地に警察隊を配置しました。このように広範囲な奥深い侵入を、いかにして外交文書のみでくい止めることができるでしょうか。まるで荒廃した建物の割れ目という割れ目に入りこんだ蛸《たこ》の足のようなのです*9。どうやってそれを一掃することができるでしょうか。日本は満州や大冶《ターイエ》の鉄鉱石、山東や哈爾浜《ハルビン》の石炭なしにはいられないのです。日本は、中国の無政府状態に便乗して、自国の毎日の生活に欠くことのできない必需品を運ぶ鉄道をつくるしかないのです★10。

　これらのことから問題が限定されてくるのがわかります。よく考えてみれば、問題は日本を中国から追い出すことではありません。それは不可能な試みであり、そんなことをすれば戦争になるでしょう。それよりは、隣国の吸収の動きに抵抗できるだけの物質的・精神的な力を中国に与えることです。中国は国内改革という自助努力によって、この力をとり戻すことができるか。この問いに無関心でいられる外国人はいないでしょうし、そして中国という国を知りながらできると答える外国人は、一人もいないだろうと私は思います。

　この問題を理解するには、一九一一年（辛亥革命。武昌に挙兵し清朝を倒した中国の民主主義革命）から今日にいたるまでに起こった数々の痛ましい事件を思い起こせばよいのです。現時点では、北京《ペキン》の政府は満州の強力な軍閥の総帥・張作霖《ちょうさくりん》*11の意のままにあしらわれています。広東《コワントン》政府の支配下にある五つの大きな省が、北京政府から離れたばかりであり、北京政府は南東部の浙江《チヨーチアン》省、両湖（湖南《フーナン》省、湖北《フーペイ》省）、そして福建《フーチエン》省における軍閥の及び腰でしかも条件付きの協力をあてにすることしかできないのです。

ウェリントン・クー氏（顧維鈞。中国の外交官。欧米諸国の大使・中国国連代表を務めた）とアルフレッド・シー氏（施肇基。駐米公使。ワシントン会議中の代表）はみごとな演説をしました。しかし、彼らがあれほどの自信をもって、中国の名のもとに語っている国とはいったい右のいずれを指しているのか、知りたいものです。

もしも中国が心から独立したいと望み、文明国の列に加わりたいと望むのであれば、日本の広範な侵入をくい止め、長期にわたる国家建設のあいだ安全保障を維持するには、国際管理の考え方を受け入れることだと中国は理解できるはずなのです。中国が現在陥っている崩壊状態ほど日本を利するものはないでしょう。管理者不在のもとでは、各国が貸与する資金、あるいは中国が関税率の引上げによって集めることを各国が中国に認めている資金は、〈軍閥〉の金庫を潤し、無政府状態を永らえさせるのに役立つだけだという可能性があります。

さらに、中国のいくつかの収入源に対してこの国際管理方式を打ち立てるのは、容易ではないということも認めないわけにはいきません。まず第一に、列強諸国間の合意をうることや必要な人材を選ぶのが難しいのです。第二に、かつて税関の管理には外国が関与していましたが、新たな機構では現地の人材を使わねばなりません。さらに思い起こさねばならないことは、税関ができて以来、太平天国の乱（清代に洪秀全が起こした一八五〇年の反乱）の終結から今日にいたるまで、この行政機関が満足に機能できたのは、絶えざる脅威の存在、いつでも介入できる力の存在があったからです。

要するに、中国にはもはや統一はなく、軍隊を用いずにその統一を回復するにはどうすればよいのかわからないのです。

したがって日本は、心安らかにワシントン会議の最終結果を待っていると私は思います。もちろん日本は海軍軍備については、苦しい犠牲に同意しなければなりませんでした。日本は、イギリスとの同盟[*12]の価値について思い描いていた幻想がはかないものであったと思い知らされることでしょう。そしてどんな条約が結ばれようと、さまざまに枝分かれしたアングロサクソン・ファミリーが一体感をもてるとすれば、それは日本を抑えこむという一点であるということが、日本にはわかったことでしょう。

ノースクリフ卿[*13]と彼の新聞は、この点に関し日本が幻想をもたないようあらゆる手を打ちました。しかし、すくなくとも中国に関しては、日本を犠牲にする形で状況が本質的に変わることがあるとは思われません。満州における日本の法的存在は、ほぼ難攻不落なものであると言えます。おそらく山東では、日本人がこの国で価値のあるすべてのものの所有者としてとどまり、あれやこれやの名のもとに鉱山や鉄道の治安と行政を掌握することは、たとえどんな協定が結ばれても変わることはないでしょう。

中国には天然資源があり、日本には技術がありますから、日本は中国において他の列強と同じような状況では満足しないでしょう。日本は自分の意思でこの特権的地位を放棄することは絶対にないでしょう。力ずくで放棄させようとすれば、それは大仕事になります。

確かなことがあります。日本は目下のところ、併合とか直接統治をめざしてはいないということです。朝鮮の教訓だけで日本には充分なのです。

フランスに関しては、中国北部で日本があからさまにあるいは秘密裏に進めている行動が、直接フランスの脅威となることはありません。中国の政治は崩壊状態にありますから、そのなかで日本がすこしずつ優位な地位をとるのを阻止するのは、至難の業《わざ》であると私は思います。しかし、私は日本が大きな障害に遭遇するだろうと信じています。日本は朝鮮において、世界で最も平和的な国民を激怒させ反乱へと向かわせました。朝鮮では示さなかった巧みさを発揮するのでなければ、日本は中国北部において、何世代にもわたって自国の軍人や外交官が忙殺されるような状況に直面するのを覚悟しなければならないでしょう。

この例は、わが植民地のインドシナ人青年らに再考をうながすためには、朝鮮の例と同じぐらい有益でしょう。彼らは、中国の無政府状態と、フランスの寛大な協力によってもたらされる利益とをくらべることができるでしょう。

当面私たちは、栄えある仏領インドシナにとってきわめて関係の深い中国南部[*14]に注意を傾けなければなりません。私たちは、併合や自己本位の支配を考えずに、その地域の再編成のためにこそ、働かなければなりません。その点では、わが国にはとりわけ有望な地域が与えられているようです。

ポール・クローデル

★1［原注］フランス外務省資料「一般文書、国内および国外政治」（七巻、分類六二—一、一四二号）

＊2［訳注］対華二十一カ条要求：第一次世界大戦中、一九一五（大正四）年に日本が中国に強要した権益拡大要求。最後通牒により、山東省・南満州と東部内蒙古・漢冶萍公司《カンヤヒョウこんす》などに関する利権、中国の港湾・島嶼《とうしょ》の不割譲に関する条約を結ばせた。

＊3［訳注］アレオパゴス会議：太古以来アテナイで元老院や最高裁判所の役割を果たしてきた会議。アクロポリス西側の小さな丘アレオパゴスで開かれたのでこの名がある。

★4［原注］満州には二十万人の日本人がおり、中国には五十万人がいると言われています。上海の国際租界には二万二千人の日本人がいます。市議会で多数派となれるのは日本人だけでしょう。

★5［原注］同封資料参照。大使館の軍事担当官から私が受けとった満州と山東に関するもので

す。〔訳注：この資料は本書にはとりあげられていない〕

＊6〔訳注〕段祺瑞（一八六五―一九三六）：中国の軍人。ドイツに留学後袁世凱《えんせいがい》のもとで新軍の創設につとめた。袁世凱死後三度国務総理となり、四年間にわたり北京の政府を掌握した。段政権は二十一カ条よりもひどい日華共同防敵軍事協定などと引きかえの西原借款《にしはらしやつかん》に代表される財政援助で維持されてきた親日政権だったから、第一次世界大戦終了後、安直《あんちよく》戦争に破れて退場した。

＊7〔訳注〕西原借款。寺内正毅《てらうちまさたけ》内閣が一九一七（大正六）年から一八（大正七）年にかけて、首相の腹心、西原亀三《にしはらかめぞう》を介して中国の段祺瑞政権に供与した多額の借款。大部分が段政権の政治資金に消費され、内外の非難を招いた。

＊8〔訳注〕軍閥：十九世紀末に導入された中国の地方軍閥。彼らの行動が清の崩壊と一九一二年の中華民国の成立を早めた。

＊9〔訳注〕大冶鉄山。中国湖北省東部、長江（揚子江）南岸にある都市・黄石《ホワンシー》の西方二十六キロのところにあり、一八九一年に開発された。ここからかつて日本の八幡《やはた》製鉄所へ原料鉱が積み出された。外交史料館史料〈一・七・一―四〉に「大冶鉱石並借款関係雑件」（明治三十一―三十六年）および「大冶新借款成立の件」（明治四十年）がある。「日本は金貨三十万円の借款と引きかえに大冶鉄鋼を年間二万トン、五年で償還する。利子は年七分」などの契約を中国と交わしたことが記されている。また、一九二二年四月二日付の東京朝日新聞に「大冶製鉄開始・日産四百余《よ》噸《とん》」と題して、つぎの記述がある。

「八幡製鉄所で需要する銑鉄一箇年約七十万噸《まんとん》見当の中《うち》四十万噸は同所並《ならび》に東洋製鉄会社のもの

で差引三十万噸の大部分は支那漢冶萍公司から長期の契約で供給を受けつつある。然《しか》るに同公司は従来漢陽《ハンヤン》と大冶の両所に製鉄所を有するに拘らず実際に事業を開始して居ったのは漢陽のみでしかもその生産能率は銑鉄日産僅《わずか》に二百噸内外である所から該需要に応じきれざる程であった為《た》めに今回新に漢冶萍公司の技術最高顧問となった服部漸氏は大冶製鉄所の事業開始の計画を樹《た》て準備中であったが愈《いよいよ》両三日前から溶鉱爐《ようこうろ》二基の内一基に火を入れ製造を開始した。而《しこう》してその日産四百五十噸であるから向後八幡の銑鉄供給は潤沢となるであろう」

★10［原注］鉄道といえば、私は仏領インドシナ北部のトンキンで最近出会った技師から、中国人の一味が、自分たちの給料代わりに、漢口《ハンコウ》—北京間のいくつかの駅で略奪したことを聞きました。

＊11［訳注］張作霖（一八七五—一九二八）：近代中国の軍人、奉天《フォンテン》出身。日露戦争にさいしては折を見て日露双方のスパイを務めたと言われる。巧みな処世術と投機の才を武器に、辛亥《しんがい》革命前後の動乱に乗じて身を起こし、一代で奉天軍閥を築きあげた張は、十三年にわたり中国東北地方に君臨したばかりでなく、関内をもうかがって軍閥戦争を繰り返した。彼の背後には日本の関東軍が控えており、両者は相互依存の関係にあった。彼は国内の革命勢力に対抗する封建軍閥派最後のエースでもあり、一九二六年末、安国軍総司令に任じて〈反共討赤〉を宣言、翌年には共産党人二十余名を殺害した。さらに同年、張は北京に安国軍政府をつくり、陸海軍大元帥と称したが、翌二八年蔣介石《しょうかいせき》の第二北伐軍に破れ、奉天に逃れようとして関東軍に爆殺された。

＊12［訳注］日英同盟。一九〇二（明治三十五）年、日本とイギリスとのあいだに締結された同盟。軍事義務を伴う。ロシアのアジア進出の牽制を目的とし、日露戦争で日本に有利な役割を果

たした。一九〇五（明治三十八）年および一一（明治四十四）年に改定。二二（大正十一）年廃棄。

＊13［訳注］ノースクリフ卿（一八六五―一九二二）：イギリスの新聞王。大衆新聞の創始者。『ロンドン・タイムス』『デーリー・メール』『イヴニング・ニュース』ほかの新聞社の社長。一九一七年駐米特命全権大使。のち子爵。一九二一年十一月二日から九日まで日本を訪問し、瀬戸内海観光ほか珍田伯・牧野伯・後藤新平《ごとうしんぺい》・村山龍平（朝日新聞社社長）らと交歓した。東京朝日新聞・一九二一年十一月二日から九日にかけていくつかの関連記事が載っている。そのなかに、「日本の軍閥は国民がよく抑えつける」と題して、軍の独走を牽制《けんせい》するタイムズ紙のつぎのような論評が掲載されている。本文中の説明はこのことを指しているのではないかと思われる。「林駐英大使が英米仏日四大国の協力は支那を救う為《ため》に必要であると断言したのを受けてタイムズ紙は本日の社説に於いて論評し、更に語をついで曰《いわ》く、『日本に強大な軍閥の存在するのは事実である。しかし一般国民および多数の有力な政治家の常識は、不測の事件突発して民衆が帰趨《きすう》に迷うような場合さえなければ優に軍閥を抑えるに充分で、この種の突発事件は起こらないと確信している。日本は文明国のなかに伍してからは大いに穏健となったが、そのうえもし軍閥の野心に屈伏すれば折角《せっかく》日本を褒賞し尊敬している諸外国民の最善の希望を水泡に帰せしめることになってしまうということを弁《わきま》えておる』と」

＊14［訳注］フランスは中国南部の雲南《ユンナン》省と広州湾《コワンチョウ》に進出していたことが、つぎの記録からわかる。外交史料館史料〈四・一・一・七〉「清仏間の雲南割譲並に広州湾租借関係」

私の信任状の捧呈★1

【一九二一年十二月八日】

私は昨日、摂政殿下に信任状を捧呈《ほうてい》しました。*2天皇の病気のため、そしてその権限が事実上裕仁皇太子殿下の手に譲渡されましたために、遅れていたこの手続きが、慣例の儀式にしたがって行なわれました。私のスピーチのコピーを同封して閣下にお送りいたしますのでごらんください。つづいて私は大使館員たちを紹介しました。大使館員の人数は過去長いあいだ少なかったのですが、現在ではだいぶ増えました。その後、私は妻を伴い皇后陛下に招待され、そこでも一連の紹介が行なわれました。同日、私どもは夫婦同伴で皇居での午餐会に招待されました。

ポール・クローデル

《ここに、摂政殿下の御手に、日本帝国における全権大使として、フランス共和国大統領から私が受けとりました信任状を、捧呈いたしますことを光栄に存じます。

摂政殿下は最近フランスを旅行され、高貴な日本国民に対してフランス国民があまねく示した共感を、ご自身でお認めになることができました。私どもは忘れておりませんが、日本は戦争（第一次世界大戦）の開始当初からフランスの立場を支持し、戦争の全期間を通じて、フランスに対してこのうえなく貴重な協力を惜しみませんでした。

私はここに、日本においてもフランスにおいても、おたがいによく知りあい、両国を結びつけている絆《きずな》をさらに深める機会が、平和になった今のほうが戦争中より〈多くあってほしい〉という希望を、あえて述べさせていただきたいと思います。

フランスからは、相次いで日本に将校や技師の使節団が派遣されましたが、彼らはつねに日本ですばらしい歓迎を受けたと私に申しました。

私どもが心から望んでおりますことは、今後はできるだけ多数の日本の実業家や学者がフランスを訪れること、そして思想面でも経済面でも、ますます緊密で実り豊かな協力が日仏両国のあいだに確立されることであります。

フランス共和国政府が私に委任しましたこの任務に、私は全力を注ぎたいと思います。摂政殿下と日本政府が私に貴重なご厚情をたまわり、ご協力くださいますようお願いいたします。

天皇皇后両陛下そして皇族の殿下妃殿下がたのご多幸とご繁栄を祈願させていただ

きます》

★1 〔原注〕 フランス外務省資料「公式外交儀礼、一九一八―二二」（二巻、分類六一―一、一四九号）

＊2 〔訳注〕 東京朝日新聞・一九二一年十二月八日付夕刊に、「フランス大使信任状捧呈式」という記事とクローデル夫妻の写真が掲載されている。

カトリック布教団★1

【一九二一年十二月十四日】

さる五月から七月にかけて、宗教布教聖省とローマ教皇庁フランス大使（ジョナール）のあいだに交わされた書簡、在日の外国のカトリック布教団のあいだで管轄区の配分を変更することが書かれている書簡の存在を知り、私は大きな関心をもちました。最近の外交用行嚢《こうのう》のなかに入っていたものです。

この書簡についての私の考えを、閣下にお知らせすべきと存じます。

この書簡の大もとは、一九二一年三月二十三日付のバプスト前駐日フランス大使の外交文書（四一号）です。長崎のコンバス司教から前大使が内密に知らされた情報を、彼が閣下にご報告したものです。ローマ教皇庁から派遣されたフマゾーニ・ビオンディ司教が、日本視察旅行のあとでローマ教皇庁に、東京、大阪、長崎の三つの司教区からフランスの管轄地域を削減することを、というかむしろ切り離すことと言ったほうが適当でしょうが、提案していたというものです。名古屋地方を東京司教区からはずして〈シュタイルのドイツ人宣教師たち〉（神言修道会員）にゆだね、伊勢（津）

地方、および岡山から下関にかけての地方を大阪司教区からはずして、一方はドイツ人の〈神言修道会員〉たちに、他方はドイツ人のイエズス会員たちにまかせ、長崎司教区から九州南部をはずして、〈聖地のカナダ人フランシスコ会員〉にまかせるというのです。

ビオンディ司教の計画には、日本における第四のそして最後のフランスの司教区である函館司教区については、触れられていませんでした。この司教区はすでに一九一二（大正元）年に新潟から切り離されてドイツ人の〈神言修道会員〉にまかされ、一九一五（大正四）年には蝦夷《えぞ》の島（北海道）ほぼ全域がドイツ人フランシスコ会員たちにまかされたのです（添付の地図をご参照ください）。

このことから閣下は、ジョナール氏（ローマ教皇庁フランス大使）から連絡を受けたローマ教皇庁の答えは、答えになっていないばかりか不正確なものだということがおわかりになると思います。ガスパリ枢機卿は、聖職者の配属に関してはローマ教皇庁が独自に決めると改めて主張し（私たちはその原則に異議をとなえたことはまったくありませんが）、さらにフランス側が表明したことのない願望を「述べた」としています。わがフランス大使館が新潟司教区をフランス人布教団にとり戻したいと求めたことなど、いまだかつてないのです。

反対に、大使館はさきに引用いたしました外交文書（四一号）で、まったく異なる対案を作成し、閣下にお渡ししました。新潟と蝦夷の島が属している日本の北部は、最終的にフランスが放棄し、ドイツ人宣教師たちにまかされました。この放棄は、フランスにとって新潟司教区と函館司教館所在地がとりあげられることですが、日本北部はフランスにとっては関心がないので、放棄してもかまわないのです。しかし、その放棄にはもっと有益な代償があったのです。それは、もっと人口密度が高くもっと住むに適した日本の中部・南部の地方、カトリックが最良の条件下で発展してきた地方で、フランスの宣教師たちを再編成し、密度の高い強固なブロックにすることでした。

もしかするとローマ教皇庁では、この対案を検討しなかったのではないかと思います。いずれにせよそれは考慮されたとは思われず、ビオンディ司教の計画が最終的に受け入れられたのだと思われます。日本における〈マリア会〉施設の管区長であるヘンリック神父は、去る十月十四日に私の部下の一人に重大な秘密を守るよう求め、つぎのように話しました。「東京、大阪、長崎の司教区をフランスの管轄から切り離すことは、何カ月も前から決まっていたことで、それを認める布教聖省の決定を、該当する司教たちはすでに手にしており、残りの宣教師たちの異動は、フランス人司教区を犠牲にして、おおかたドイツ人の宣教師に有利になるように進行しており、まもなく彼らのものになる」

これは日本への宗教的侵略、ドイツ人宣教師の侵略の新たなステップであります。その出発点は、ドイツのイエズス会が首都自体に開設した教育施設（一九一三年設立の上智大学）によって示されたと言うことができるでしょう。ドイツ人たちには人材がそろっていますが、私たちにはそろっていません。ビオンディ司教の求めに対し、パリ外国宣教会は、宣教師募集にひじょうに苦労しており、函館、東京、大阪、長崎の四つの司教区では、信仰とキリスト教の伝道の必要に応ずる力がもはやないと答えざるをえませんでした。

ところで太平洋の島々を日本が占領したために、ドイツ人の宣教師たちは島から追い出されてスペイン人たちに席を譲っていたのですが、ドイツ大使がビオンディ管区長と数々の話し合いをもって彼に宣教師を推薦し、すべての人たちが日本に移されることになりました。日本政府は、ドイツ人聖職者に対してとても好意的でした。宗教の理想に献身し、同時に日本の指導者たちの権力の理想に似た考え方をもつドイツの人たちが仲間になるという安心感から、加えてアメリカ人宣教師たちを押しつけられる恐れがあることを思えば、太平洋の島々にいるドイツ人を日本へ来させるという提案が、東京で歓迎されるにちがいないことは充分説明できるのです。

パリ外国宣教会は、このような競合に対抗して、充分強力に自分の立場を擁護したのでしょうか。ローマ教皇庁によれば、全員がこの協会に属している在日のフランス人司教たちは、ビオンディ案を受け入れることに同意したようです。しかしながら、私が知る範囲では、コンバス長崎司教からこの受け入れのことを知らされた在日のフランス人聖職者全員が残念に思っていますし、マリア会の高位聖職者であるヘンリック神父は[*2]、これは日本におけるフランスの宗教上の影響の苦しい後退を示すものだと一カ月前に言っていますから、この受け入れが自発的に行なわれたものであったとは思われません。

パリ外国宣教会が、充分な宣教師を擁していないのはなんとも残念です。充分な人材さえあったら、この協会は、一九一二年や一五年のとき以上に、今年（一九二一年）このように地位《ポスト》がとりあげられるのを、みすみす甘受することはなかったでしょうに。

どうしても犠牲を強いられるのなら、せめて重要な教区、知的・道義的改革の動きが決定される重要な教区の地位だけは、犠牲にしないでもらいたいのです。これらの重要な教区はまだ私たちフランス人からとりあげられてはいませんが、ローマ教皇庁の望んでいる計画は、周辺の教区をとりあげて、こうした教区を孤立させ、包囲してしまうことではないかと私は見ています。

ところで、大使館の対案はローマ教皇庁で検討すらされていないようですから、もう一度その注意を喚起する価値があると私は思います。これまでローマ教皇庁は、なされた奉仕と得られた権利を考慮に入れるという偉大さと伝統を保ってきました。ですから、フランス人宣教師たちが、開拓と迫害の困難な時代に日本で演じた役割を考えれば、名誉と利益がフランスに一部分は残らねばなりません。ローマ教皇庁フランス大使のジョナール氏は、キリスト教徒の本拠地におけるフランスの利益の代表者なのですから、再度交渉していただきたいのです。

ポール・クローデル

★1〔原注〕フランス外務省資料「文化的宗教的次元の問題、一九一八—二二」（四三巻、分類六九、一四六号）

＊2〔訳注〕一九二四（大正十三）年十二月二十三日の東京朝日新聞に次の記事がある。「暁星小学校創設者で同校校長のアルフォンス・ヘンリック氏（六十五歳）がマリア会総長のエルネスト・ジョゼフ・ソーレ氏（五十九歳）と共にそれぞれ勲三等、勲二等に叙せられることになった。ヘンリック氏は巴里のカトリック大学出身で、氏が如何に力を日仏教育界に尽くしたかは全く非常なもので暁星小学校が東京築地に五十六人の生徒を集めて開設されてから現在小学中学で一千二百の生徒を数へるに至り、畏くも東宮同妃両殿下は暁星学校編纂の教科書を用ゐられた由である」

日仏協会の懇親会[★1]

【一九二一年十二月二十日】

日仏協会は、先週の土曜、私の着任を記念してすばらしい懇親会の場を設けてくれました。そこには、在日フランス人グループの著名人、日本の高級官僚や日本社会の重要人物たち、そしてわが国とさまざまな関わりをもつ人たち（教育、経済、あるいは共通の思い出や共感といった点で）が集まり、摂政殿下につぐ現在日本帝国の第二の地位にある閑院宮[★2]（載仁《ことひと》）殿下が、出席を快諾されましたし、百人近い会食者のなかには多数の外交官、上級将校、大学教授や高級官僚がいました。そのさいの私のスピーチの内容を同封して閣下にお送りいたします。

ポール・クローデル

《殿下、会長、ご列席のみなさま

新任のフランス大使はすべて、正式にその任につきますと、フランスの大事な変わらぬ友であるみなさまから招待され、そして閑院宮殿下におかれましては、ご出席されて友好の印をお示しくださるのが、すでに古くからの慣習となっております。これが今晩の会合の目的であります。そして先ほど会長さんが私に対して述べられましたあまりに過分なお言葉に対し、私は恐縮しつつ心からの感謝を申し述べるとともに、みなさまがたのご信頼、ご好意に背かないことをお誓いしたいと思います。

みなさま、遠い国にあらたにまいった者は、通常ふたつの質問を受けます。第一の質問は「あなたは私たちにどんな耳寄りの話をしてくださるのですか」であり、第二の質問は「あなたはここでなにをなしとげるのですか」というものです。

まず、私はどんな新しい情報をフランスからもってきたかということですが、みなさま、それはすばらしいニュースだと申しあげます。私は戦争の爪痕《つめあと》が癒されたとは申しません。摂政殿下は供奉《ぐぶ》の閑院宮殿下とともに今年フランスの荒廃した地方を視察され、フランスの傷の深さを、そしてフランス国民が被らなければならなかった攻撃の激しさをつぶさにごらんになりました。フランスには、日本やイギリスと違い、隣国の強欲に対抗するのに海という深い障壁はなく、自国の領土権という障壁しかないのです。フランスは攻撃され、それを押し返しました。そして今、廃墟を修復する仕事が残っています。廃墟はこの三年間の大きな努力にもかかわらず、いまだ完全には修復されていません。しかし国民は一致団結しています。フランス国民は、またしても試練によって自国の民主主義の伝統という〝鋳型《いがた》のなかで溶けあわされ〟、戦火をくぐりぬけ、未曽有の体験と運命に鍛えられ、戦争に備えたのと同じように平和活動に従事する準備ができています。

フランスの危機は人類全体に衝撃を与えました。そして今やどの国の人たちもつぎのように考えました。もうフランスと同じ立場にはなるまい。かつてのように自国のエゴイズムに固まっているだけでは安全とは言えない。国境のかなたを見ることがなんとしても必要だ。国の安全と繁栄は、自分の国だけではなく全世界に依存するものである。廃墟となった過去の世界のうえに新しい世界を建設するために、国際委員会がなければならない。

この委員会は過去三年来まったく中断されることなく開催されています。

みなさま、この国際監視委員会において、ご存じのように日本はかなりの、すばらしい役割を担っています。国際連盟が解決しなければならなかったふたつの難しい事件、ダンチヒ（グダニスク）（ポーランド、バルト海に臨む港湾都市）事件と上シュロンスク（ポーランド南西部）の帰属問題に関して発生した事件のさい、駐仏日本大使の石井《いしい》（菊次郎《きくじろう》）子爵が、委員会での報告者の役割を与えられ、このふたつの事件の仲介役を果たされました。望ましい方向で決着がつきました。そして今日、世界のもう半分、極東の平和をとりしきる協力関係に、私の国フランスがあなたがたの国日本と並んで席を占めるようになったと考えることができるのは、私にとって大きな喜びです。

つぎに、みなさまがお聞きになりたいと思っておられる第二の質問に移りたいと思います。つまり、あなたはなにをなしとげるために日本に来たのですかという質問です。みなさま、私は過去のいさかいを解決し、新たないさかいを防ぐべく、日本に来たのではありません。日仏交流の歴史は古いものですが、なんら不愉快な事件は起こりませんでした。その歴史は安定した相互理解の歴史であり、大戦中は同盟関係を結びました。そして平和が回復した今日では、言葉によって確認される友情のみならず、行動によって示される友情を築きたいと望んでおります。

私は、そう遠くない時代のことを思い出しています。私が二十歳《はたち》のときのことです。当時日本は、フランスの芸術やフランスの文学にかなりの影響を及ぼしたのです。あなたがたの国のすばらしい画家たちが、美の秘密は目に見えるすべてを表現することではなくて、よぶんなものは省いて肝心なものだけを描くことだということを私たちに教えてくれました。

さて、みなさまにこんな言い方をする非礼をお許しいただけるなら、私はこう考えているのです。日本には私たちの参考になる教訓がまだたくさんある。日本には、美術愛好家や旅行者の目によってではなく、違う見方でもっとよく観察される価値がある。日本には、理解を深め、じっくりつき合い、そこで生活する価値があると。先ほど会長さんが触れられましたが、〈フランス会館〉（日仏会館は当初の計画段階ではフランス会館と呼ばれていた）の施設は、こうした日本理解に役立つでしょう。まもなく、この会館で会合が行なわれるようになるでしょう。そしてそこに、フランスの、将来有望な人々を、知的リーダーの育成をまかせられる人々を、招くことができるでしょう。

フランスの多くの人々にとって、日本はまだまだ未知の国であり、正しく理解されておりません。こうした事態を正すべきときが、そして日本のみなさまがフランスにおいて決定権をもつ人々のなかに、友人をそして支持者をもつときが来ているのです。

しかし、みなさまもフランスに対する要望をおもちのことと思います。これまでもよい関係でしたから、今後もよい関係を築くことができるでしょう。そして日本人にとってフランスの存在が無益ではないことは、私をとりまく人々、思想面でも行動面でも日本のエリート層を構成しているみなさまがたを見るだけでよくわかります。みなさまがたは感じておられます。「個人のもつ文化やこんなにもすばらしい国の文化のほかに、さらに広い〈市場〉がある。世界各国の人々が最良のもの、時には最悪のものをもちよることができる〈思想の銀行〉がある。そしてそこでは、人間の精神のあらゆる面で、あらゆる価値が問いなおされて情け容赦のない試練を受けるし、あらゆる教義が、みずからの内蔵する豊かなものや生き生きしたものを、そしてある地域に限られたものだけでなく人類全体に共通したものを、そこに学びにやってくるのだ」ということを。

ご存じのように、この〈市場〉が存在するのがパリなのです。教養のある人間が人類全体と出会うことができるのは、パリだけです。

数多くの日本人がこの出会いを経験できるようになることを私どもは望んでいます。そしてそのためには、ますます多くの日本人が、必要な手段を、つまり私どもの言語、フランス語に関する知識を獲得されることを望んでおります。私はすでにこの方向へ向けてのすばらしい動きがあることを存じております。そしてその動きが、みなさまのすばらしい協会の助力と後援によってさらに活発になることを望んでおります。

すでに実現した仕事に対し、またこれからしなければならない仕事に対し、みなさまの私への温かい今日の歓迎に対し、今後フランスの代表を務める大きな体の〈兵卒〉である私へのみなさまの歓迎に対し、みなさま、私は改めてお礼を申しあげ、そして閑院宮殿下の健康のために、私たちの会長の健康のために、そして日仏協会の成功と発展のために、乾杯の音頭をとらせていただきます》

★1 〔原注〕フランス外務省資料「フランスとの関係、一九二〇―二二」（八巻、分類六二―一、一五二号）

＊2 ［訳注］閑院宮：第一一三代東山天皇（一六七五－一七〇九）の皇子直人《なおひと》親王を初代とする宮家。一九四七年の宮号廃止まで二百三十年余にわたり存続。六代戴仁《これひと》親王は五代愛仁《なるひと》親王に後嗣がなかったため、一八七二（明治五）年、伏見宮より入って第六代を継承した。

一九二二年（大正十一年）

駐日ドイツ大使ゾルフ博士の発言★1

【一九二二年一月六日】

駐日ドイツ大使のゾルフ博士は、国もとで何カ月間かの休暇を過ごしていましたが、数週間前にその任に戻りました。彼が最近チェコスロバキア大使と興味深い会話を交わしたことを、チェコ大使のフヴァルコフスキー博士から聞きました。

ゾルフ博士はまず、彼に対する私の態度がよそよそしく冷たいと不満を述べたそうです。「クローデル大使は、ドイツに多くの友人をもっておられるだけに、そしてドイツで最も知られ評価されているフランスの作家であるだけに、解せないことです」と彼は言いました。フヴァルコフスキー博士はつぎのように答えたそうですが、まったくそのとおりです。「クローデル大使がゾルフ博士に対して個人的な敵意をもっているようなことはないし、ゾルフ大使の協調的態度を認め、評価している。しかしドイツが、多くの新聞紙上でフランスに対して推し進めている中傷キャンペーンの活動が、目についてしまうらしいのだ」と。

ゾルフ氏は、自分はそのキャンペーンにはまったく関与していないと、フヴァルコフスキー氏に激しく反論しました。しかしゾルフ氏は、自分の脇役で重工業代表のフォン・クノーレ氏が演じている役割については、説明を控えたそうです。この人物の役割については閣下はよくご存じです。

フヴァルコフスキー大使は、ゾルフ氏が私に接近するようベルリンから指示を受けているとの印象をもったそうです。彼を避ける理由はありませんが、求めて彼に会う必要もありません。ですから私は、彼のほうで話し合いをしたほうがよいと判断して私に接近してくるなら、彼に会って自分の考えを説明できる機会をもつつもりでおります。

ゾルフ氏はフヴァルコフスキー大使に、それはちょうどジェノヴァ会議[*2]の時期にあたるのですが、彼がドイツに一時帰国した本当の目的は、ソビエト・ロシアとの合意を警戒するよう国に呼びかけるためだったと言いました。ベルリンで、ゾルフ大使はチチェーリン[*3]（ソ連外相）に会い、彼と二時間半話しました。ゾルフ大使はラテナウ[*4]（一九二二年六月よりドイツ外相）が、チチェーリンにだまされているという印象をもったそうです。チチェーリンは、完成したフランスとの協定文の原稿を自分は手にしていると、ラテナウに信じさせるのに成功したようです。その結果、日本では、ドイツは不利になって弱体化するのではないかと見られるようになったのです。

最近日本が、ポーランドとチェコスロバキアに最恵国待遇を与えたのに、ドイツには拒否したのは、おそらくこれが原因です。ゾルフ大使が外務省にこの待遇の差の理由について問いあわせたとき、外務省はこう答えただけでした。「過去に敵であった国々より同盟国を厚く待遇するのは当然ではありませんか？」

ソビエトに対して日本が反感をもっているのは、おそらく内田（康哉《こうさい》）[*5]子爵が、革命勃発時に大使としてロシアに滞在していてひどい目にあったからです。ゾルフ大使は、日本がソビエトに接近するイニシアチブをとることは絶対にないだろうという印象をもっています。

ゾルフ氏は、ドイツ国内に、かつては存在していなかった反仏感情が強くあまねく存在しているのに驚いたそうです（フランスを嫌ってドイツになにができるというのでしょう。喜劇役者のあの言葉[*6]が思い出されます。「私を愛していなかったら、いったい彼になにができたというの？」）。

反対にアメリカでは、ドイツに対する不信と憎しみの感情が、行政官にはないにしても、すくなくとも一般の人々のなかには今も根強く残っています。こういう状態ですから、〈反仏の旗頭〉のハーディング大統領とヒューズ国務長官は、ドイツに接近したいと思ってもなにもできかねています。東京市長の顧問であるビアード氏はゾルフ氏に、小学校児童向けに書いた第一次世界大戦の歴史の本のなかに、自分はこの国民感情のことを書かざるをえなかったと言いました。同じ国民感情はイギリスにも存在しており、「ドイツはこのことを知っている。ドイツは情報をもっており、幻想を抱いてはいない」とイギリス人は言っています。

ゾルフ氏は、フランス大使館の新参事官ド・ベアルン公爵が、東京に着任したとき新聞記者たちの前でドイツの〈不誠実〉を非難する発言をしたために、ひどく気分を害したようでした。ゾルフ氏がいつかこの記者会見に言及することがあれば、私は彼にこう言うつもりです。「ここ日本でもドイツは、残念ながらド・ベアルン参事官の言ったとおりの政策をとっています」[*7]と。なぜならドイツは、ゾルフ氏のような国の代表者とともにフォン・クノーレ氏のような陰謀家をかかえているのですから。

ポール・クローデル

追伸――人から聞いたところでは、ゾルフ博士のドイツへの一時帰国は、実際は休暇ではなく、ドイツ帝国の大統領の席が空くと考えられていたことと無関係ではなかったようです。ゾルフ博士はエーベルト大統領（ワイマール共和国の初代大統領〔一九一九―二五〕）の後継候補だったのでしょう。

★1 ［原注］ フランス外務省資料「ドイツおよびイギリスとの関係」（六六巻、分類五五八、六号）

＊2 ［訳注］ ジェノヴァ会議（ゼノア会議）：第一次世界大戦後の欧州の経済復興などを討議する目的で、一九二二年四月十日より五月十七日まで、イタリアのジェノヴァで開催された会議。この書簡の書かれた時点ではまだ本会議は始まっていないので、「ゼノア予備会議」のことと思われる。当時ドイツは戦争賠償金の支払い延期を求めていた。フランスのポアンカレ首相は、ドイツの賠償問題についてはすでにヴェルサイユ条約で解決済みであるとし、本会議の議題としないことを強く求めた。

もうひとつの大きな問題は、対露政策（当時の新聞では労農露国）の問題であった。本会議の席上フランス代表バルツー（副首相）は、「旧露国の債務を労農露国に承認させること」および「戦時公債の完全なる支払いと外国人の所有財産の回復」を主張したが、労農露国代表のチチェーリンはこれに応ぜず、「労農露国承認」と「露国への経済援助」を強硬に求めた。また西ヨーロッパ諸国のあいだでも対露政策で足並みの乱れが目立ったが、最終的には、対露問題委員会を六月からハーグで開くことで、英・仏・伊・日・白（ベルギー）の五カ国は協定を結び、会議は五月十七日に終了した。おもな参加者は、労農露国代表チチェーリン、イギリス全権ロイド・ジョージ（首相）、フランス代表バルツー、イタリア代表兼議長ファクタ（首相）、日本代表石井駐仏大使・林駐英大使、ベルギー代表ジャスパの各氏。

ゼノア会議は失敗に終わったが、その原因は「イギリスの全権ロイド・ジョージ（首相）が妥協の不可能なところに妥協を試みんとし全く氷炭相容れざる社会組織を両立せしめんとしたからである」（東京朝日新聞・五月十二日付）。
＊3 ［訳注］ チチェーリン（一八七二―一九三六）：ソ連の外務人民委員＝外務大臣。
＊4 ［訳注］ ラテナウ：ドイツ外相。一九二二年二月四日付の東京朝日新聞に、一月三十一日国際直電ベルリン発として、「ドイツ外相新任、ラテナウ博士」と題するつぎのような記事と写真が掲載されている。したがってこの書簡の書かれた時点では、まだ外相ではない。
「ラテナウ博士は、今日まで外相を兼務していた宰相ウイルト氏のあとを襲って外相に任ぜられた。ヴァルター・ラテナウ博士はアルゲマイネ電気会社の社長で、戦前はドイツ皇帝に父のエミールとともに大いに重要視された人物である。戦時中は戦時工業局の局長に任じ、原料管理に才幹を振るってイギリスの封鎖の脅威を打破せんとしたが、戦後はドイツ経済の復興に没頭し、最近仏国改造大臣ルシュールとともに荒廃地方復旧に協力して連合側からも好評を博した」
＊5 ［訳注］ 内田康哉（一八六五―一九三六）：明治、大正、昭和初期の外交官。駐清公使、オーストリア大使、アメリカ大使、一九一六（大正五）年に駐露大使となったが、革命で帰国。のち外相（西園寺・原・高橋・加藤・斉藤内閣）、枢密顧問官、満鉄総裁を歴任した。この外交書簡の書かれた二二年一月の時点では高橋内閣の外相だが、この二カ月前の原敬首相暗殺から高橋是清内閣成立までの一週間、臨時首相を兼務している。国際連盟脱退を主張するなど強硬路線を推進した。原文では公爵となっているが、一一（明治四十四）年より子爵。
＊6 ［訳注］ ラシーヌの作品からの引用であることが、巻頭のミシェル・マリセ氏の「日本におけるフランス大使クローデル」に書かれている。

＊7 ［訳注］ フォン‐クノーレ：東京朝日新聞一九二三（大正十二）年十一月二十三日に、フォン‐クノーレ氏についての記載があった。

「商売繁昌の…独人フォン‐クノール氏」

…もと獨逸大使館附武官をしていた海軍中佐で、カイゼルの書いた自叙伝の中にも…氏のことが出てゐて、今から十五年前、我皇室から勲四等瑞宝章を下賜された人である。氏の亡父は獨逸海軍元帥であった。わが海軍部内外交官中にも沢山知己を有っている。つい最近市電気局から二人乗り小型電気自動車一百台の買入れの注文を受けた。「初めて日本へ参ったのは明治四十三年七カ月の滞在、つぎは大正三年九カ月滞在後艦長として従軍（第一次大戦）。戦後大正九年（一九二〇）年二月末日。獨逸でも一流の電気自動車製造会社イレテワゲン会社、ハワ電車製造会社、ウニゲルズム活動フィルム会社の東洋総代理権をもつ。すでに東京帝大から科学書、文部省や名古屋高等工業学校から科学もののフィルムなどの大きな注文を受けているさうである。

大隈侯爵の死★1

【一九二二年一月三十一日】

大隈《おおくま》（重信《しげのぶ》）侯爵は少し前から病床にありましたが、今月十日の朝七時に亡くなりました。亡くなったあとも、彼は生前と同じように表彰されています。摂政殿下は彼に菊花章を授与し、位階を引きあげました（正二位から従一位）。彼はすでに侯爵で、日本の種々の等級の勲章を受けており、〈三元老〉の一人でした。葬儀は国民葬として執り行なわれました。国のあらゆる機関の代表が参列しましたし、十万人以上と推定される人々が、東京市内の公園で行なわれたこの神道の葬儀に参列しました。新聞はいずれも大隈侯爵の功績を称え、国民は心からさまざまな形でこぞって喪に服しているようです。

大隈侯爵は、たしかに日本が生んだ最も偉大な政治家の一人と思われています。とはいえ彼は、大臣を務めたいくつかの省庁で残した業績のために有名なのではありません。大蔵大臣として大蔵省内の運営の立て直しに力を注いだ十年間（一八七一―八一）を除けば、彼は長期にわたって権力を維持したことはありませんでした。しかし、幕府の時代このかた日本がなしとげた発展の大半は、彼が野党にいたときに主張し、大臣であった時期に準備したものだったのです。しかし、そのような計画を成功させる機会に恵まれ、敏腕を発揮したのは彼ではありませんでした。この人物は、頭のなかにあふれるアイデアを実現させるのはまことに苦手だったのではないかと思われるのです。

〈書〉というものが尊重されている国では信じがたく希有なことであるのですが、彼は書にたけていませんでした。署名ひとつ記すのに、十三分もかかったそうです。

とはいえ、彼は幅広い教養の人でした。好奇心が旺盛で、あらゆる人知に関心をもっていました。彼と話す人はその知識が深く広範であることに驚きました。彼の話し相手はおもに日本人とアメリカ人でした。彼の最もすばらしい点、そして他の日本人の政治家たちと違う点は、彼がきわだって個性的な人間だったということです。彼は自分自身で考えました。言い古された言葉を用いたり外国の文明を卑屈に真似したりするだけでよしとすることはありませんでした。彼の言ったことや彼のしたことは、いつもみんなを驚かせ、はじめは奇異なことと思われました。そのあとで彼の意見は受け入れられ、のちには金科玉条のようになりました。

なぜなら彼には、すくなくとも彼の同胞に対しては、このうえない説得の才能が備わっていました。教養のない人々は、彼の知性が自分たちを啓蒙してくれることに魅了されたのです。

十六歳にして彼は自分の学友や師のなかから人を選び、彼らとともに藩政を改革しようと試みたと言われています。自分の封建領主である佐賀の大名の命令で、彼は何年かのちに同じような冒険を始めることになりました。幕府に対抗して維新を成就させる人々の一人となったのです。そのころから、当時この国ではまだ得られていなかった自由や権利のために、彼が論陣を張るのが見られました。彼はこうして世論を、憲法、議会さらには責任ある内閣という考えへと導きました。彼は生涯を通じて、藩閥の権力、役人の権力に対して闘いました。

しかし、彼が本当の成功をおさめたのは、政治家としてではありませんでした。なぜなら、彼に対抗する人たちは相当な力をもっており、大隈の生涯にわたって彼を権力から遠ざけつづけたからです。大隈侯爵によって得られた大きな成果は、自分の考えを普及させたことであり、それを実行に移したのはほかの人たちでした。彼らにそれができたのは大隈のおかげであり、すでに下地が準備されていたからなのです。たとえば藩閥の影響力は日に日に減少しました。大隈は藩閥と闘いつづけ、いつも破れました。しかしながら、最後に勝利するのは大隈あるいは彼の理想であり、その理想がつねに新たな信奉者をつくったのです。

おそらくは大隈侯爵の最大の長所であったと思われるものに言及しましょう。この人物は政治家であるよりは教育者であったということです。彼の教育方法は、弁舌を通じて教育することでした。彼の話はとても興味をそそるものだったと言われています。彼はさらにそれを秘書たちに口述し、おびただしい数の記事を雑誌や新聞に載せていました。

最後に彼は、私立の早稲田大学を創設しました。生徒数一万五千人、学部ばかりでなくそのほかの段階の教育も授け、今日では帝国大学と同じぐらい重要な大学となっています。彼は最期の日にいたるまでその教育に熱心にかかわりつづけました。したがって人材育成に関する大隈の影響力はかなりのもので、彼が養成した数多くの教員たちの手によって、その影響力は彼の死後も引き継がれるにちがいありません。

しかしながら、この教員たちは早稲田大学という文化施設を長期にわたり維持することができるでしょうか。大隈侯爵の推進力のもとで、彼らはたえず自分たちの教育を刷新し改善してきました。彼が亡くなった今、心配されるのは、彼が人生の最後の日々を捧げた早稲田大学が、進歩しない教義にこり固まって、たんなる平凡な学校の列に落ちるのではないかということです。

彼の思想をうまく位置づけることは可能でしょうか。よく言われることは、大隈侯爵は偏見にとらわれない自由主義者であり、したがって彼が広めようとつとめた考え方は、彼に対抗する人々の考え方よりも民主的であったということです。しかし忘れてならないのは、大臣であった期間、彼個人は相当に強欲であったこと、日本のいかなる政治家よりもはっきりと帝国主義的な傾向の持ち主であったということです。一九一五（大正四）年五月、中国に対して、有名な〈二十一カ条〉を提示したのは彼ですし、その内容は日本への中国の隷属を目的とする以外のなにものでもありませんでした。

最後に記しておくべきことは、大隈侯爵が昔からのしきたりに強く結びついた人物だったということです。自分が所属していた藩主に対する多大な尊敬の念は、そうした昔からのしきたりに由来するものですし、〈侍《さむらい》〉の生き方である武士道に対する称賛についても同様です。

彼は一八八八（明治二十一）年に襲撃されて片足を失いました。しかし、政治に対する不満からテロ行動に出た男は、その場で自殺しました。ところが、暗殺者のこの行為は、被害者である大隈侯爵の目に称賛に値するものと映ったのです。大隈侯爵は晩年にいたるまで、自分を襲撃した男の名誉を称える行事を執り行なわせました。[*2] 彼のやり方は人々の意表をつくものでした。人々が驚くのが、この偉大な人物には嬉しかったのです。大胆な思想家だと言われたいという願望から、しばしばこのように思いきったことを考え、巧みな説得力で人々にそれを受け入れさせたのだという印象を受けます。絶対に忘れてならないことは、日本では人の心を動かす最大の原動力は、おそらく〈見栄〉であるということです。

ポール・クローデル

★1　［原注］フランス外務省資料「国内および対外政治、一九二〇―二二」（七巻、分類六二―一、一二三号）

＊2　［訳注］遺族に毎年百円ずつの回向料を贈った。

日仏接近に関する『読売新聞』の記事★1

【一九二二年二月八日】

ジョッフル元帥の訪日*2を機に、わが国に好意的なことで知られる『読売新聞』が、フランスと日本の関係接近について書きました。閣下にその記事の全訳をお送りすべきと思います。この記事は、大方の日本の指導層の現在の気持ちを表わしています。とはいえ、以前はおおっぴらアメリカとの関係はワシントン会議後好転しています。とはいえ、以前はおおっぴらに脅しあっている状態だったのが、双方とも不安なそして疑い深い警戒心に変わったというところです。★3イギリスとの同盟は終わりました。今後は極東においてアングロサクソンの両国がたがいの利益から連帯するのが、既定の事実と見なされる可能性がありります。日本は孤立を恐れています。ですから、日本はフランスとの友好関係に期待することができれば幸いに思うでしょう。ジョッフル元帥がきわだって丁重に歓迎されたのは、こうした理由からであることは間違いありません。

日本が示していると思われるこの好意を、わが国にとってはより重要な国々への友情に悪影響を及ぼすことなしに、どの程度受け入れたらよいかを判断するのは私たちの仕事です。ヨーロッパ再建に関係のあるすべての問題において、日本はヴェルサイユ条約後、重要な発言権を有しています。ある人が私に語ったところでは、ポーランドの〈上シュロンスク事件[*4]のさいに、日本の有する影響力が、わが国に有利に行使されました。一方、わが国としては日本と衝突する理由はまったくありません。

中国北部に関する問題については、中国の愛国主義者の党は、北京に大使館をおいている国々のなかに、はっきりした熱烈な支持者を見つけるのは容易でしょう。日本と友好関係を保てば、わがフランスの影響力はいっそう有意義に行使されると思います。中国で主導権を握っている国々のやり方を追随するのではなく、和解と調停の方向で。そうすれば、もしかしたら満鉄（南満州鉄道[*5]）の問題でフランスの利益が保障されるかもしれません。

仏領インドシナに関しては、目下のところ、日本は朝鮮と台湾からこの先、米を得ることができるのですから、激しい嫌悪感を引き起こしてまでも、わが仏領のメコン・デルタ地帯の米に関心をもとうという気を起こすことはあるまいと、私は確信しています。日本が望むのは、わがフランスの植民地の関税制度が日本に都合よく改善されるということだけでしょう。ロン（仏領インドシナ総督）と話しあったことですが、綿織物以外の製品については、日本の要求を認めることは不可能ではないでしょう。

内田子爵（外相）は最近ふたたび自説について語りましたが、その折に、フランスと接近することを強く願っている旨を繰り返しました。彼は、仏領インドシナから日本に使節団を送ってほしいと言い、その使節団に対してはあらゆる便宜を図ることができるであろうし、そうすればみずからが表明している日本の平和の意図を、使節団自身が判断できるだろうと語りました。
なにはともあれ、私たちは現実の日仏接近を歓迎すべきだと私は思います。現在極東を支配している国の友情は考慮に値する事柄なのです。

ポール・クローデル

★1 〔原注〕フランス外務省資料「フランスとの関係、一九二〇―二二」（八巻、分類六二―一、一五号）
＊2 〔訳注〕ジョッフル元帥の訪日：マルヌの戦い（第一次世界大戦）を勝利に導いたジョッフル元帥は、裕仁皇太子のフランス訪問の答礼使節として一九二二年一月二十日から三月十七日にかけて日本を訪問した。国賓としての訪日であったから、このさいの日本側の受け入れの様子については、外交史料館に詳しい記録が保存されている。「仏国特派使節ジョッフル元帥」（六・四・四・一二―一三）および「ジョッフル元帥接伴記」（六・四・四・一二―一三―一）。東京朝

日新聞にも一九二一（大正十）年十二月二十八日付の予告から二二年三月十七日付の離日にかけて数多くの記載があり、草思社刊『裕仁皇太子ヨーロッパ外遊記』にも二ページあまりにわたる記載がある。

★3［原注］「ワシントン会議は日米関係を改善したか？」とのフランス人ジャーナリストの質問に、内田子爵の代理の人は答えました。「あなたはご自分で判断できるだけの洞察力をおもちでしょう」――ジャーナリストは言いました。「そうですね。かつて両国間にあったのは小さな溝でしたが、今ではそれが深淵になったと私は思います」――「まったくそのとおりです！」とこの人は答えました。

＊4［訳注］第一次世界大戦後のポーランドとドイツの国境画定にさいして生じた、ポーランド南西部オーデル川以東の上シュロンスク（シレジア）の領有問題。国際監視委員会は、一九二一年三月に人民投票を行ない、六割の賛成票をもとにドイツ帰属を認めたが、五月二日、ポーランド住民（義勇軍）が蜂起。結局、上シュロンスクは分割され、ポーランドはその二十九パーセントを獲得した。

＊5［訳注］満鉄（南満州鉄道）：一九〇六（明治三十九）年に設立された南満州鉄道株式会社および同社経営の鉄道。一九〇五（明治三十八）年、日露戦争後の講和条約（ポーツマス条約）によって譲渡された東清鉄道支線をもととし、大連《ターリエン》―長春《チャンチュン》間の本線といくつかの支線があった。同社は半官半民の国策会社で、炭鉱・港湾などの経営、鉄道付属地の行政をも担当。満州建国後は改組などにより鉄道経営中心となる。四五（昭和二十）年、大東亜戦争の敗戦により中国に接収。初代総裁は後藤新平。

山県公爵の死、元老制度の終焉★1

【一九二二年二月十八日】

今月一日、山県（有朋）元帥が長い闘病生活のすえに亡くなりました。大隈侯爵逝去の二十一日後のことであり、元帥の死はあたかも終生のライバルの死を見届けることだけを待っていたかのようです。幕府体制に対抗して戦い、今日の帝国を創設しかつ帝国の最良の僕《しもべ》でもあった二人の偉大な長老が同時期に世を去ったことから、二人の性格が比較して論じられています。

大隈が傑出したアイデアと未来に対する洞察力に富む人物であったのに引きかえ、山県は精彩を欠き、型にはまった人物でした。彼は、自分は軍人であってそれ以外のなにものでもないということを好んで口にしました。しかしながら、古くからの伝統にしたがって、この軍人は同時に詩人でもありました。大臣としての生活がきびしいものになった時期を通じて、彼は蛍《ほたる》や桜の花やその他のあらゆるものを題材にし、毎朝知的比喩に富んだ詩歌をつくったと言われています。こうしてまわりの人々の警戒心が弱まりました。

じつは、軍人としての彼の経歴には、政治家としての経歴ほどの重要性はありません。しかし、ロシアへの外交使節、内務大臣、首相あるいは枢密院議長の職を歴任しながら、彼が狭量で頑固な考えを貫いたのは確かです。つまり、天皇の命を受けた者として、彼は誰にも有無を言わせずそれを実行させ、その命が真理の最も完璧な表現であることを疑わないのが、みずからの義務であると考えていたのです。彼の至上命令は天皇に対する忠誠でした。それは乃木《のぎ》将軍[*2]のように、ある特定の天皇に対する忠誠というのではないと指摘する人もいます。つまり、どの天皇であれ天皇という存在そのものが山県元帥の偶像だったのです。彼を知る人々は、彼の考えはすべて麴町《こうじまち》の宮城（皇居）を中心に巡っていて[★3]、その世界のなかには外部の力はまったく入りこむ余地がなかったと断言しています。つまり、元帥は新しい考え方に心惹かれることはまったくなかったのです。

こういうわけで、彼の愛国主義とは、自分の主君の影響力が大になるのを見るという望みだけだったのでしょうし、彼は同胞を帝《みかど》のつましい従僕であるという点でしか、愛することができなかったのでしょう。

したがって、日本国民は彼に対して大きな親近感はもっていなかったことを認めなければなりません。相前後して行なわれたのに、まったく異なる様相を示していた大隈と山県の二人の葬儀から、国民感情が見てとれます。山県の葬儀は枢密院議長という資格で国葬でした。皇族や政府の高位高官が何百人も、日比谷公園に設《しつら》えられた囲いのなかで神式で行なわれた葬儀に参列し、元帥を最後の住処《すみか》に送るために集いました。しかし制服組のけばけばしさとは逆に、自然の感情にすなおで物見高い東京の人たちには、さほど混乱した様子はありませんでした。何日か前、この一帯の交通は麻《ま》痺《ひ》していました。大隈侯爵のつつましい葬列が通り過ぎるのを見ようと集まった群衆がそれほど大勢いたのです。当局は国民感情を理解していましたから、山県の葬儀のさいには市内のすべての警官予備隊まで集め、日比谷の斎場の背後に待機させていました。山県の葬列をデモ隊が混乱させるようなことがあれば、介入することを想定していたのです。

国民にはひどく不人気で並の知力しかない山県元帥は、それでもこの国で可能なかぎり最高の成功をおさめることができました。取るに足りない出自でありながら（長州藩の軽輩でした）、彼は帝国の最高位にまで昇りつめました。元帥・公爵・首相（二回）・枢密院議長・菊花章頸飾・金鵄《きんし》勲章の佩用者《はいようしゃ》であった彼は、さらに歴代の内閣や反対派の内閣にまで影響力をもっていました。いかなる内閣も彼の承認なしには組閣できなかったのです。

彼が偉大な人物になりえたのは、もしかすると彼の欠点そのもののおかげだったのかもしれません。大隈侯爵は自分の時代よりはるかに先を行っており、その優れた知性は、日本人が何十年かのちになって初めて到達できるような考え方を生みだしたのですが、対する山県は、現在に生き、現実的な良識をもち、頑固一徹な考え方の持ち主でした。そのうえ、彼はひとつのことだけに専念し、思いきってそのほかのことに手を出すということはほとんどありませんでした。自分の原則に一徹で、絶対的日和《ひより》見《み》主義という手段をとっていました。

こういうことがあったと言います。明治時代の初期、彼は侍に二本の刀をもつことを禁止することから始めました。しかしなんの効果もないと見るや、彼は全国民に二本の刀をもつことを許可する第二の決定を下しました。それがこの古い身分制度を一気に軽んじさせるのに役立ったといいます。日本の軍隊を再編成しようと考え、彼はまずフランスの士官たちに軍人の養成を依頼しました。しかし一八七〇年の普仏戦争でフランスが敗れると、ドイツの教育法がより優れていると考え、ベルリンに教練指導士官の派遣を依頼することにしました。

みずからの政策を優位に導くためにつねに支持者を育て、その支持者たちが強力であることを望み、その人たちが重んじられるようにしました。しかしながら、その支持者たちが彼に依存して利益を確実に受けることができるように、その範囲をあまり広げはしませんでした。こうして長州藩は日本で最も強力な組織体となり、その長である山県は、天皇に次ぐ、そしてひょっとするとそれを凌《しの》ぐ、最大の権力をもつ人物になったのです。

しかし付け加えなければならないことは、彼は日本の社会構造のなかでのみ偉大でありえたのだということです。山県の幸運はこのような時代の支配者だったということです。官僚の政党（吏党《りとう》）と呼ばれる政党の長であり、さらに的確な表現をすれば、政府の現在の制度そのものである彼は、この制度が優勢であるあいだだけしかもちこたえることができませんでした。彼は、新たな考え方が台頭し、崩れかかっている古い組織を破壊する前に世を去りました。ですから彼は生涯にわたり成功をおさめることができたのです。彼はおそらく現世で成功するだけで満足だったでしょう。彼は自分の人生において一度も目前にある現実を凌駕《りようが》することはできなかったのです。大隈のような人なら、そこにこそ自分の一生の名誉がかかっていると見なしたでしょうに。

六十年にわたる両者の果たし合いにおいて、一見すると山県がライバルよりいつも優位に立っていたように見えます。しかし日本人の心のなかに彼はなにを残したでしょうか。大隈のほうはたえず政治面で闘っていました。そして、自分のまいた種が、逆風に対抗してより広範囲な土地で実を結ぶのを見てきました。ですから長い生涯の最後の晩にこう言うことができたのです。「私が死んでも、まいた種は実る」

山県と大隈が同時期に死去し、四人の元老の二人がいなくなりました。残っているのは、老いたる松方（正義）侯爵と西園寺（公望）公爵だけです。松方侯爵は身のまわりの事柄に専念しており、それが彼のエネルギーと明敏さの源になっています。西園寺公爵は、パリでよく知られていますが、政友会の名目上の総裁でありながら、だいぶ前からもはや目立った役割は演じていません。

こうして、かくも長いあいだ日本帝国の運命を導いてきた非公式な小さなサークルが崩壊しましたが、摂政殿下の周辺には、伝統的な考え方が染みついた人たちの強力なグループが残っています。そして、そうした考え方にもとづいて、慎重ではあるが柔軟性を欠く日本の政治は、明治の偉大な指導者たちが敷いた路線を逸脱しないようになっているのです。このグループのなかには、山県のあとを受けて枢密院議長となった清浦（奎吾）子爵、宮内大臣の牧野（伸顕）男爵、元イギリス大使の珍田（捨己）伯爵、平田《ひらた》（東助《とうすけ》）子爵（一八四九―一九二五。一九二二年に伯爵）、参謀総長の上原《うえはら》（勇作《ゆうさく》）[*4]元帥がいます。とくに対外政策の点では、日本は、複雑かつ多岐にわたる利害関係の問題は心配する必要はありません。ヨーロッパの国々の場合と同様です。日本の進む道ははっきりしています。従来とってきた方法や地理的状況からおのずと決められる路線から離れることはありえないでしょう。

国内的には問題はさらに複雑です。一八六八（明治元）年以降、徳川体制におきかわりはしたが、内情は〈隠れた幕府〉とも言える現政府の前には、社会的問題[*5]、選挙権拡大、世論の力の台頭といった問題がますます緊迫の度を強めて山積しています。

しかし今日までのところでは、このような諸問題は危険なものではなく、解決できないものでもありません。

ポール・クローデル

追伸――山県元帥の写真を同封いたします。

★1［原注］フランス外務省資料「国内および対外政治、一九二〇―二二」（七巻、分類六二一、二一号）

＊2［訳注］乃木将軍：乃木希典《まれすけ》（一八四九―一九一二）。長州藩士出身。征長・西南・日清戦争に従軍後、日露戦争で第三軍司令官として旅順《リューシュン》を攻略。のちに学習院長。一九一二（大正元）年九月十三日、明治天皇の大葬当日、自宅で妻静子とともに自決。

★3［原注］このかつての侍の最期の言葉は、「ゴルフ、ゴルフ」だったと言われています。皇太子がその権威を失墜させることなくゴルフをすることができるかと尋ねられ、そのことが死にゆく人の頭のなかを混乱させていたのです。

＊4［訳注］原文は〈Uchara〉となっているが、ジョッフル元帥来訪時の外交史料館史料（六・四・四・一二一―一三）に「上原参謀本部長」という記載があるので、誤記と判断した。

＊5 ［訳注］社会的問題：この書簡が書かれた一九二二年二月には「過激社会運動取締法案」（過激法案）が貴族院に提出されており、翌三月には、被差別部落解放をめざし〈全国水平社〉が創立されている。また、前年十一月には原敬首相が暗殺されており、寺内内閣の時代には米騒動も起こっている。

国内問題・陸軍の縮小・普通選挙・ボルシェビズムの弾圧★1

【一九二二年二月二十八日】

今日、日本にやってきた人間がひどく驚くことは、憲法の規定とは無関係に国全体を動かしている主要なメカニズムがどこで機能しているのか、そしてひどく込みいった状況のなかで、ほかに例を見ないような慎重さで精力的に一貫して日本を導いている中心人物がどこにいるのか、そしてなにを考えているのかを探ろうとしても、さっぱりなにも見えてこないことです。

睦仁《むつひと》天皇（明治天皇）の崩御《ほうぎょ》以来、天皇はもはや実質を伴わない見かけだけのものにすぎなくなっています。国会は伝統も権威も見識も計画ももたず、国民の深層の声もしっかりした意思も反映されていません。国会議員から構成される政府は、通常は国会の意思を反映するものなのですが、この国の政府は国会に対してなんらかの責任を担っているとは感じていません。

そのうえ、最も重要な二人の閣僚である陸軍大臣と海軍大臣が、憲法上天皇直属で、天皇に対してしか責任がありません。寄る年波には勝てない四人の元老のうちの二人は、亡くなりました。その一人が山県元帥です。残っているのは松方侯爵と、政治家というよりは文芸愛好家の西園寺公爵です。日本の運命を一手に担うことができるのかどうかが疑われている人物です。さらに一連の顧問たちがいます。枢密顧問官・外交顧問・軍事参議官です。はっきりとした権限が定められておらず、人数が多すぎますし、誰一人、日本の政治をきちんとつくりあげるための、唯一かつ重要な役割を担ってはいません。長州閥と薩摩閥のライバル関係は過去のものになりつつあると、誰もが言っています。

要するに、故・原（敬）首相は、初めてヨーロッパ風の議会制度の確立のために働き、ある程度の成功をおさめた人ですが、この人の逝去以来、この国の政府はまるで天と地のあいだで宙ぶらりんになったマホメットの柩《ひつぎ》のようなものです。あるいはりっぱな装飾の衝立《ついたて》に仕切られていて、訪問客の目には主要な役者の行き来が見えない客間のようだとも言えます。

しかしながら、合憲の、あるいは伝統的な、公式・非公式の政府のあらゆる仕組み以外に、まだはっきりとは形をなしていない力が芽生え育ちつつあります。アジア人の考え方は曖昧模糊《あいまいもこ》としていますから、そのなかからこの力が形成されるまでには時間がかかります。しかしこの力が、数多くの新聞（五十万部以上印刷されているものがありますﾞ）のなかである種の表現を見出しつつあるのです。

それは世論です。この世論は多様な人々からつくられています。まずは知識人、教師そして学生です。この人たちはものの見方や充分な知識は備えているのですが、行政の埒外《らちがい》にいます。彼らは行政を評価する能力はもっていますが、行政に直接参加する手段はもっていません。第二に、引退した、あるいは現役の〈官僚〉がいます。この人たちは行政の下部組織に属し、重要な決定を下す上層部の枠からははずされています。現在の野党、とくに国民党のメンバーはこうした〈官僚〉のなかから集められているのです。その党首である犬養《いぬかい》（毅《つよし》）氏*2は、政府を攻撃しながら内閣の外交調査会に属し、そのために多大の手当を受けとっています。第三に、商人、技術者、大小さまざまの企業家がいます。最後に、労働者たちも加えねばなりません。職業上、自分たちの階層の利益について考えざるをえず、自分たちにはコントロールすることも監視することもできない政府によって、自分たちの関与なしに決定される政治的・経済的なあらゆる措置の影響を、農民よりはるかに直接的に受けています。

規律正しく礼儀正しいが、まったく卑屈ではない人々のあいだでますます自由に表明されるようになったこの世論には、日本の政府はしだいに重きをおかざるをえなくなりました。故原首相、このすばらしい人物の力となっていたのがこの世論なのであり、そしてその世論のおかげで、彼はある状況下において軍人や全能の元老たちに対抗することができたのです。

この世論は現在のところ、対外政策の問題には概して無関心であり、ワシントン会議に関心をもつにはいたっていないものの、関心の程度にも差はあるとはいえ、つぎの三つの問題を懸念しているように見えます。

第一は軍備の削減です。国民党と憲政会のふたつの野党は、西欧の議会の概念とはあまりにかけ離れてはいますが、しかしながら、世論の支持をうるために、一般国民の傾向や意向を考慮せざるをえません。これらふたつの政党は、軍隊を多かれ少なかれ削減することを自分たちの選挙公約のひとつとしていたのです。軍隊は高くつくうえ、平和がつづき、緊急の必要性はなくなっているように見えますから、急速に人気をなくしています。一般国民によく理解できないのは、ワシントンで海軍に関してはかなりの削減に合意したのに、島国の防御の点ではさほど必要性のない陸軍が二十一個師団を保持しているということです（犠牲にされていらだった海軍が、よくある妬《ねた》みの感情から陸軍に対するこうした見方をひそかに支持していると言われています）。

こういうわけで、国民党は陸軍の兵力の半減を要求しており、より穏健な憲政会は、幹部だけは従来のまま残して十万人の兵員の削減をふくむ軍備再編成をするよう要求しています。当然のことながら、天皇直轄で国会には依存していない陸軍大臣は反論しています。[*3] 現首相の高橋（是清）[*4] 子爵は、軍人に関して前任者ほどには共感をもっていません。陸軍大臣の山梨《やまなし》（半造《はんぞう》＊5）大将の辞職の噂も再三流れました。彼は言明しています。許容できる削減幅は最大限六万人で、人員削減によって節約できる費用は、日本の軍隊に欠けている技術的資材（それは認めなければならないことです）、とくに航空機材の購入に全面的にあてられるべきであると（そのかなりの部分がフランスからの購入にあてられると期待すべきです）。

議会でかなり活発な議論が交わされる可能性があります。ロシアはボルシェビストの国になり、中国は無政府状態で、アメリカはフィリピンを武装解除し駐屯軍を引きあげると言っているのに、これらの国々が今日なお手ごわい脅威なのだから、有事に備えて、これほど大きな軍隊を実際に保有しなければならないのだということを国民に理解させるのは、陸軍大臣にはかなり困難なようです。しかし、最終的に軍備を削減することになるのは確かでしょう。

今日最も熱烈に議論されている第二の問題は、選挙権拡大の問題です。閣下がご存じのとおり、日本は現在選挙資格者を一定額の税金を納めている者に限定する制度をとっています。とはいえ、有権者になるには最低三円の税金を払っていさえすればよく、それは八百円の年収に相当します。このように低い納税額では、有権者から除外されるのはごくわずかにちがいありません。しかしながら多数の、とくに労働者が除かれさえすればよいのだと思われます。労働者は、たとえ必要な条件を満たしていても税金を払うことを無視しているのですが、当局はそれを彼らに要求しないよう配慮しています。日本国民の政治的無関心がどうであれ、国民がふたつの階層に分割され、一方の小規模不動産所有者層だけが政治の権利を与えられているのは、危険とは言えないまでも頭の痛い状態となっています。

さらに、すべての日本人はつねに西欧の国々から見られていると感じており、遅れた文明のしるしとして非難される可能性のあることをひどく苦にしているのです。この無意識の感情が、普通選挙の熱心な支持者たちを動かしているのは間違いないと私は確信しています。そこに民衆のデモのもつ重要性があるのです。

最近、普通選挙に賛成の動議が国会で野党によって提出され、議論が戦わされた折に、それを支援する民衆のデモが起こりました。つづいて約一万と推定される群衆が、三十万を超す署名入りの請願書を、国会に提出しにやってきました。[*6] デモは整然としていたのですが、参加者を拘束するために多数の警官が動員されました。議会では騒然とするなかで議論が展開され、いつもの大騒ぎのシーンが見られました。それには特別席にいた傍聴人たちも加わりました（彼らの一人は議員たちの真ん中に生きた蛇を投げつけることさえしたのです）。[*7] しかし、普通選挙に反対する政友会が圧倒的多数を占めていますから、新聞がほぼ一致して支持したにもかかわらず、野党の動議は却下されました。

おそらく混乱はつづくでしょう。しかしながら忘れてはならないことは、最近起こったデモよりもっと激しい二年前のデモのあとで、普通選挙に反対する党が選挙で圧倒的多数を獲得したということです。改革の支持者たちは、先日、恭《うやうや》しく睦仁天皇（明治天皇）の廟《びょう》に詣《もう》で、死者の霊に助けを求めました。もし明治天皇が懇願しにやってきたこれらの人々を助けなければ、またこのような機会があれば同じことが起こるでしょう。しかし何度となく日和見主義を見せている政府が、今国会の会期中に、ことによると有資格者になれる納税額の線を引きさげて、世論を満足させる可能性はあります。それが状況を大きく変えることはないでしょうが。

最後に、おそらく激しい議論を起こすであろうと思われるのは、政府が提出した無政府主義的陰謀に対抗する法案です。[*8] 政府はすでに新聞に対抗するきびしい法律を武器としてもっているのに、それに満足せず、さらに六カ条からなる法案を提出しました。そのおよその内容はつぎのとおりです。つまり、共産主義、ボルシェビズム、無政府主義、あるいは憲法に反するその他の原理にかかわる者、あるいは秘密の団体を作る者、あるいはデモを行なう者、あるいは右の思想を実践する目的で集会を開く者は、七年ないし十年の服役ないしは禁錮刑に処せられ、かかる煽動のために金銭を与えあるいは受けとった者は、新たな法律の規定にのっとって処罰されるというのです。このように犯罪の範囲が漠然としていては、司法当局や職務に忠実な警察が広範囲にこの法律を適用することができると思われます。
貿易は恐ろしいほど不振であり、輸出の最も大切な受け皿である国々が、日本の生産コストが大幅に上昇してからは国を閉ざしつつあるといった状況ですから、日本には経済危機が、そしてもしかしたら極度に重大な社会危機が目前に迫っており、政府はその可能性に備えて予防策を講じようとしているのではないかと思われるのであります。

ポール・クローデル

★1 〔原注〕フランス外務省資料「国内および対外政治、一九二〇—二二」（七巻、分類六二一、二二四号）。要伝達——戦争省・海軍省・ロンドン・ローマ。
＊2 〔訳注〕犬養毅（一八五五—一九三二）：政治家。備中（岡山県）庭瀬藩士の子。号は木堂《ぼくどう》。慶応義塾入学。新聞記者。改進党結成に参加。第一回議会に立候補。以来十八回、四十二年間議員。第一次護憲運動で活躍。国民党・革新倶楽部党首を経て、一九二九（昭和四）年政友会総裁。三一（昭和六）年首相。満州事変収拾を図ったが成功せず、軍部急進派の攻撃の的となり、五・一五事件で射殺された。犬養内閣は、第二次世界大戦前における最後の政党内閣であった。
＊3 〔訳注〕一九二二年二月八日付の東京朝日新聞に、「陸軍縮小案上程」「今議会始まって以来

の緊張を見せたる陸軍縮小大論戦」と題して、憲政会の大岡《おおおか》（育造《いくぞう》）氏、国民党の犬養（毅）氏の演説内容と山梨（半造）氏の答弁内容が詳しく報じられている。

＊4　［訳注］高橋是清（一八五四―一九三六）：江戸出身。財政家・政治家。渡米帰国後、英語教師など。のち日本銀行総裁・蔵相。原敬の暗殺後一時首相・政友会総裁。岡田内閣の蔵相在任中に二・二六事件で殺害された。

＊5　［訳注］山梨半造（一八六四―一九四四）：陸軍軍人。相模国出身。日清・日露戦争に従軍。第一次世界大戦では青島《チンタオ》攻囲軍の参謀長。田中義一系の軍人。一九二一（大正十）年原敬内閣の陸軍大臣、高橋是清、加藤友三郎《かとうともさぶろう》の両内閣で留任。二二年陸軍軍備整理（山梨軍縮）を実施。この間大将に進む。二七（昭和二）年朝鮮総督となったが、朝鮮総督府疑獄事件に連座。無罪となったが、公職から退いた。

＊6　［訳注］東京朝日新聞・一九二二年二月二十三日付夕刊に、ほぼ一面全体にわたり「普選案上程の衆議院院内院外大に緊張す」の記事があり、翌二月二十四日付朝刊に「請願者の大雪崩《おおなだれ》、刻刻議会へ押寄せる」ほかの関連記事がある。議会に押しかけた群衆の写真も掲載されている。

＊7　［訳注］東京朝日新聞・一九二二年二月二十四日付朝刊に、「蛇を投げた椿年雄の素性」という記事がある。さらに、十二月十七日に「蛇投げつけ事件判決」の記事がある。

＊8　［訳注］「過激社会運動取締法案」（過激法案）。一九二二年三月十七日付の東京朝日新聞に「過激社会運動取締法案非なり」と題する高柳賢三東大教授の記事がある。十八日付夕刊には「過激法案を如何《いかに》する、貴族院の本会議」と題して、貴族院での質疑応答内容が記載されている。また三月十九日付夕刊には「過激法案握潰か、政友会内反対漸増、幹部板挟みの窮策」がある。

日本の政府が危機にあるという噂★1

【一九二二年三月十一日】

日本では、政府が危機にあるという噂をよく聞きます。とくに短い議会の会期中に耳にすることが多く、原氏が権力を握って以来、危機の噂が絶えません。この強烈な個性の持ち主が死去したことで、彼が選び、ともに帝国の政権を担ってきた数少ない人々の結束は自然に弱まりました。高橋（是清）子爵は財政家、〈独立独行の〉人で、いかなる藩閥にも属さず（彼の交際範囲はどちらかと言えば薩摩藩寄りですが）、政界のなかに深い根を張ってはいません。原氏の殺害によって高橋子爵が権力の座につきましたが、それは応急措置といった性格をもち、大方は一時的なものであると見ていました。ワシントン会議がつづいているあいだは、彼の地位は安泰でした。しかし、日本社会の重要人物たちが、一見、平静で満足しているようにさえ見えていても、ワシントン会議の結果が、彼らのサークル内に真の屈辱とまでは言えないにしても、深い失望を与えたことを見まがえてはなりません。

昨日帰国したばかりの全権の加藤（友三郎）海軍大将や徳川《とくがわ》（家達《いえさと》）公爵が、かつてのポーツマス会議のさいの全権のように歓迎されなかったのは、当時ほど世論が盛りあがらず、愛国心を表に出したがらない傾向があるためにちがいありません。それにもかかわらず、全権が譲歩せざるをえなかったことを非難して、東京や大阪ではきびしい意見を述べる者がありました。それゆえ彼らが港に上陸したときには、歓声よりは当局の配した大がかりな警備のほうが目立ったのです。そもそもこうした反対運動以上に不当なものはありません。時間がたてば、日本の代表たちがワシントン会議で見せた良識と手腕は、正当に評価されるでしょう（日本政府が彼らに押しつけたいくつかの無用な闇取引は別として）。

なにはともあれ、日本政府が危機にあるという噂の発生は、奇妙にワシントン会議の終了と一致しています。議会で、新聞で、そして一般市民のあいだでさえ、普通選挙や軍備削減に対する議論が交わされ、激しい攻撃やデモが起きました。最近では、危機が重大な局面を見せています。衆議院では、政府は政友会に支えられて結束した多数派となっていますから、衆議院は不満や駆引きの中心にはなっていませんが[★2]、貴族院では最も優勢な政党は〈研究会〉であり、この政党は高橋氏の内閣に対してあまり協力的ではありませんから、ごく小さな事件で戦闘が開始されました。

文部大臣の中橋《なかはし》（徳五郎《とくごろう》）[*3]氏は、実業家で有数の船会社〈大阪商船会社〉の経営者でした。そのため、古い流儀の日本人たちから、とくに山県元帥からは、若者の教育問題を担当する適任者ではないと見なされたのです。昨年彼は議会でいくつかの専門学校を大学に昇格させるという不用意な約束をしましたが、予算が窮迫していたため、政府はこの計画を断念せざるをえませんでした。このことから不誠実だ、約束不履行だとの非難が起こり、彼はあやうく辞任に追いこまれるところでした。原首相の庇護がなかったら、この大臣は内閣を去っていたでしょう。

今年この問題は再度予算委員会で提起され、その折、高橋首相は、みずからの内閣の閣僚である彼に対し非難の言葉をすこし口にしたようです。当の大臣は自尊心を傷つけられ、東京を離れて田舎に引きこもってしまい、連れ戻すのがひと苦労でした。貴族院はこの事件を蒸し返し、譴責《けんせき》の動議を提案し、予算の成立を引き延ばすための格好の材料にしたのです。首相は十一人のメンバーから成る交渉委員会に出席しなければなりませんでした。高橋首相は、はじめ口頭で、のちに書面で説明を行なったの*4ですが、同委員会はこれを拒否し、文部大臣の問題を予算問題と切り離す旨、貴族院に依頼するというメモに署名せよと彼につめより、最終的にはこの条件のもとに、首相を〈執行猶予〉にすることを認めました。*5

このように文部大臣の発言に端を発し、外部から攻撃され内部で揺さぶられている内閣の今後の運命はどうなるのでしょうか。この内閣はすでに陸軍大臣（山梨）の辞任発言で脅かされたことがありました。最も可能性が高いのは、差し迫ったイギリス皇太子の日本訪問の前に内閣が崩壊することはないだろうということです。さらに忘れてはならないことは、この内閣は衆議院では安定した多数派に支えられているということです。

それにもかかわらず大方の見方では、高橋氏は前首相の急死という事態を受け、いわば代理職として選ばれた人物であり、首相の地位にとどまりつづける資格はないと思われています。

現在話題となっているのは、朝鮮総督の斎藤《さいとう》（実《まこと》）男爵を首班とする内閣への政権交代で、政友会の大臣らに加えて、東京市長の後藤（新平）男爵、憲政会総裁の加藤《かとう》（高明《たかあき》）氏、場合によっては貴族院副議長の黒田《くろだ》（清輝《せいき》）氏といった憲政会の中心人物たちが入閣するのではないかということです。確かな予測をするのは困難です。ヨーロッパでも、新たな組閣を巡って起こる不測の事態ははっきり見えず複雑なものですが、極東ではさらにわかりにくいのです。私たちに言えることは、ワシントン会議の成果に協力した内閣を変えることは、ワシントンで高橋内閣の名のもとに結ばれた約束を承認しないという印象を与えることになるということです。それはありそうもないことです。

ポール・クローデル

★1［原注］フランス外務省資料「国内および対外政治、一九二〇—二二」（七巻、分類六二—一、三二号）

★2［原注］憲法上、日本の政府は衆議院・貴族院に対して責任を負っておらず、両院とは反対の決定をすることができるが、実際問題としては、桂《かつら》内閣以来、国会の意見に反対して政府が決定することはできないと見なされている。

＊3［訳注］原文は〈Nakanashi〉となっているが、時の文部大臣は中橋徳五郎であるので、そのように訂正した。

＊4［訳注］原文 Chambne des Paris となっているが、Chambre des Paris（貴族院）の誤記と思われる。

＊5［訳注］東京朝日新聞・一九二二年三月三日付夕刊に、「首相の声明から端なくも内閣動揺、中橋文相の去就、先の見えた高橋内閣」「文相東京を去る、大磯別荘で成行観望」ほかの詳しい記事がある。

平和博覧会の開催★1

【一九二二年三月二十日】

さる三月十日、私は各国大使らとともに平和博覧会の開会式に招かれ、凍《い》てつく寒さに加え、あらゆる方向から風の吹きさらす壇上で（日本の春の風は、豪雨が伴うときには、とりわけ不快なのです）、関係者、来賓十一人の挨拶や祝辞を聞き、最後に閑院宮殿下の開会宣言を聞きました。この日私たちは、閑院宮殿下を先頭に、会場内の中庭や回廊を足早に通り抜け、めったに見られない三番叟《さんばそう》＊2（これは通常荘重な開会式に伴って行なわれる人形芝居劇です）が披露されるという演芸館に向かったのですが、目に入ったものといえば、この種の儀式につきものの興行や余興、見栄えのしない陳列棚、工事に使った廃物やセメントが雑然とおきっぱなしになったままの泥道ばかりで、これといった面白いものはありませんでした。

展示場を一度見ただけで私たちは、信じがたいほどお粗末な結果を見てとることができました。日本の芸術家は、こうした機会にヨーロッパの美意識に充分に敬意を表しこれを真似たつもりなのですが、成功していないのがよくわかるのです。青銅製品、絹織物、漆器、日用品、装飾品といった自国の芸術の分野では、会場を再度訪問してみてわかったことですが、品質の低下は残念ながら避けられないとはいえ、好みのよいものや日本古来のほほえましい想像力を示しているものが確かに見られます。しかし外国の美意識については、昔も今も日本人には理解できていないのだろうと私は感ずるのです。ヨーロッパ風の建築、ヨーロッパ風の彫刻はひどくまずい模倣にすぎません。

建築においては、伝統に根ざした西欧の芸術をあまり努力を払わずに模倣した結果、まったく精彩を欠く陳腐さに陥っていますし、西欧の現代派の気まぐれや乱暴さを見、合わない材料を手当たりしだいに組み合わせて真似ようとした結果、醜い混沌の世界のなかで身動きがとれなくなっているのです。出品者たちが、自分の作品の梱包を解いて陳列したあとで、その空箱をでたらめに積みかさねたといったぐあいなのです。彼らのつくった〈塔〉や〈城〉は、積み木を並べただけのようなもので、子供の頭でも組みあわせられるようなものです。

彫刻にいたっては、もしも外国人旅行者に心の準備ができていなかったら、つまり彼らが東京の街中でフロックコートを着た珍妙な紳士や羽根飾りをつけた小柄な将軍の像をあらかじめ目にしていなかったら、あたかも仏教徒が地獄の刑に処せられたような、あるいは解剖の一部ででもあるかのようなすさまじい裸体像を見て、彼らは奇妙な感覚を味わうかもしれません。

この博覧会は、平和を記念すると称して平和博覧会と名づけられており、ふたつの会場があります。ひとつは桜で名高い上野公園の高台にあり、純粋に日本的なものです。そこには陳列台がところせましと設置されており、なかには有名なミキモトパールの五重の塔のような美しいというか奇妙なものもありますが、それと並んで、陳腐な機械仕掛けの安物、芸術家を悲しませ、技術者を興ざめにするような工業製品がうんざりするほど際限なく並んでいるのです。つぎに、世界じゅうの代表的な建物や絵画をコピーしたパネルが展示されている広間に入ります（そのなかには、緑の芝生に囲まれた凱旋門やドガの描いたオペラ座の舞台裏があります）。そこを通り抜けると、一種の池というか、あるいはダンテの作品を思わせる壮大なマレボルジェ（ダンテの『神曲』に出てくる地獄の悪の濠）のようなところに出ます。*3 岸の片側には植民地の旧市街に見られるエキゾチックな建物があり、片側は先ほど私が描写した〈悪意の街〉とでも呼びたいようななんともとっぴな失敗建築の見本群があります。

これらの建物群のなかに、外国の出展者用のあまり広くない建物（外国館）があります。外国館全体がお粗末です。故意にやったのでしょうか。日本人が外国人を招くことを望まなかったのか、外国からの出展はないだろうと思って狭い場所しか用意しなかったのかのどちらかです。フランスは、私が確認できた範囲では、ほどほどの展示の仕方でした。フランスのスペースは、ドイツやアメリカに割り当てられているスペースと同程度です（イギリスの展示は隣の建物で行なわれています）。ル・クルゾ社、ラフォレスト氏の代表する冶金《やきん》会社、フランスのおもだった香水会社、染料会社、自動車会社などがまずまずのブースを出しています。これは横浜のフランス商業会議所（現在の商工会議所の前身。一九一八年設立。当時は商業会議所と呼ばれていた）の大きな手柄です。本国の産業界からは冷たくあしらわれ、なんの補助も受けられず、自腹を覚悟で広いスペースを確保するというイニシアチブをとったのですから。

　しかし、この博覧会のなかでいちばん混みあっているところは、植民地展示会場と言われているところです。そこには台湾館、朝鮮館、南洋館、樺太（サハリン）館、シベリア館、ギリヤーク館、満蒙館があります。中国は、日本が満州を植民地に加えたことに反発し、この博覧会への参加をボイコットしましたし、中国公使の胡《こ》（惟《い》徳《とく》）[*4]氏は開会式に出席しませんでした。急ぎ足の群衆は、ここで自分の国に新たに併合された領土の豊かさを知りました。つまり台湾の樟脳《しょうのう》と砂糖、朝鮮の米、シベリアの木材や水産物、満州の鉱物資源や羊の群（しだいに発達してきた羊毛工業にとって、なくてはならない原料を提供することを約束するもの）です。

　この博覧会の主たる目的は、軍事力と幸運な状況によって、かくも短期間につくりあげられた新たな帝国という印象を、一般国民に与えることであったと考えることができます。この平和博覧会はとりわけ〈征服の博覧会〉なのです。

　こうした帝国主義的理由以外には、このものものしさを説明できるものはありません。大不況のさなかにあって負債をかかえて苦しんでいる国庫が、血眼《ちまなこ》でどこかに節約できるところはないかと探しているときに、博覧会の費用は総計一千万円以上にのぼるのです。さらに付け加えなければならないことは、博覧会に集まる多数の見学者によって、もともと高い生活費がさらにあがり、とくに住居費が高騰するであろうということです。この実りのない出費、国民資産の浪費は、外国の見学者が落とす金ではとてももとり戻すことはできないでしょう。なぜなら、海外に向けてはこの博覧会の宣伝はぜんぜん行なわれませんでしたから、日本以外ではごくわずかの人しかこれに関心をもたないであろうと言えます。

　しかし、東京は〈日出ずる帝国〉のすみずみからやってきた見物人であふれています。神社仏閣は人でいっぱいで、旗を先頭にしたお上りさんの長い列が、兵隊たちに助けられて、どの駅からも吐き出されてくる光景が見られます。そして彼らは博覧会の珍しい展示物を見つくすと、こんどは首都の珍しい事物をぽかんと口を開けて眺めて感嘆しています。先日こうした見物人の一人の女性が、皇居のそばを通りがかったときに、テロを目撃しました。[*5]しかしこのテロについては、今日あらゆる手段を用いて沈黙を守るよう努力が払われています。

★1［原注］フランス外務省資料「技術的商業的次元の問題、一九一八—二二」（四二巻、分類六九、四五号）

＊2［訳注］原文はSambashoとなっているが、さんぼそうの誤り。

＊3［訳注］当時の新聞に、植民地館や外国館のあった第二会場は、〈不忍池《しのばずのいけ》〉の周囲に設置されたことが書かれているので、これは〈不忍池〉のことと思われる。

＊4［訳注］胡惟徳：原文は〈Hoo〉氏となっている。外交史料館史料〈六・一・七・二—三〉「支那の部」のなかに、中華民国十年（大正十年）十一月四日付の中華民国特命全権公使胡惟徳の名が見られ、また、東京朝日新聞・一九二四（大正十三）年一月十五日付に「汪（榮寶）支那公使信任状奉呈。前任公使胡惟徳氏の解任状を奉呈したるに……」の記事があることから、この間の一九二二年三月の平和博覧会時点の公使は胡惟徳氏であると思われる。

＊5［訳注］東京朝日新聞・一九二二年三月十八日付につぎのような見出しの記事がある。「爆弾を懐《ふところ》にして二重橋上に惨死、労働者風の一怪漢多数の拝観者のなかから躍りいで衛兵に突倒されて轟然《ごうぜん》爆発」。また「二重橋事件」に関する議員質問と床次《とこなみ》内相の答弁も記されている。「本人は政治運動に関心をもち、長い上奏文を携えていた。最近は健康を害し死んでしまいたいと友人

に口外していた。自殺場所を二重橋に選んだのみで他に気危を加えようと意思はなかったと察せられる。上奏文の内容を公表することは差し控えたい」講談社刊『日録20世紀』にはつぎのように記されている。「元満鉄工員・藤田留次郎、政府弾劾の上奏文を所持して、宮城の正門前で爆弾自殺」

広報活動の再編成★1

【一九二二年三月二十八日】

一九二二年三月十三日の手紙で閣下にお知らせしましたように、日本における広報担当のA・メボンが、フランスへの帰国許可を求めにきました。彼に許可を与えるよう私は閣下にお願いいたしました。彼の任務遂行の成果については、私の日本滞在があまりに短いということがあって評価しがたいのです。要するに彼は自分にできることをし、そしてそれ以上にうまくすることはできなかったのだと思います。

広報に関する私たちのそもそもの誤りは、往々にしてこの難しい仕事を環境に不慣れなフランス人にまかせているということです。ですから、彼らは多くの苦しい経験をして、その環境を学ぶことから始めなければなりません。

かくも特殊でかくも複雑な日本という環境においては、人選の誤りはとりわけ目につきます。

私たちはやりかけた仕事を放棄しなければならないのでしょうか。この人口六千万の国民、極東全域に重大な影響を及ぼしている有能かつ知識欲に満ちた国民を、わが国については不案内のまま、わが国の情報がないままにほうっておいてよいものでしょうか。

わが国とライバル関係にある国々や、かつての敵国の人間はそうは思っていません。ドイツの諜報員が、かの〈重工業〉の援助金に支えられて、ドイツ国家の代表者たちと公然と連絡をとりながら行なっている活動について、私は再三にわたりフランス外務省の注意をうながしてきました。ノースクリフ卿のこの点に関する電文の内容は正しいのです。イギリスとアメリカはさらに強力な広報手段を有しています。イギリスは極東において、世界全体においても同様と思いますが、ロイター通信によって電信情報を独占しており、ワシントン会議のさいに見られたように、これを巧みに用いて大きな影響を与えています。アメリカは、イギリスほどではありませんが、フィラデルフィアの『パブリック・レッジャー』紙のような、自前の大新聞の情報をもっています。極東全体における同紙の記者や特派員はとても人数が多いのです。

ヨーロッパの再建の問題が全世界で重要な位置を占めている今、フランスがみずからの意見を知らせることなく、敵（場合によっては味方のこともありますが）のあまり好意的でない解釈だけが報道される状態にしておくのは、望ましいことではありません。こうした他の国々の偏見や利害は判断を惑わせる可能性がありますから。

電信情報に関しましては、ボルドー発の無線電報を日本で受信できるように試みるべく奔走しました。中国の新聞はすでにボルドー情報を利用しています。しかしながら、なかなか私の思うようには進まず、障害に阻まれております。まずはフランス語の連絡を受けることのできるオペレーターが不足していること、そして、とくに日本ではほかのどの国よりも、省庁間の垣根が高いことがあります。唯一我々の電信を受けとることのできる海軍は、それを積極的に外務省に知らせようとはしません。それでも私はあきらめるつもりはありません。極東にあるこの元同盟国日本の人々に、みずからの情報源を増やすことがいかに有効かを理解させたいと願っているのです。

付け加えなければなりませんが、うまくいった暁には、ボルドーの電信電報の内容を変える必要があるでしょう。今は〈文学〉や新聞の分析があまりに多く、ニュース、とりわけ世界の人々が関心をもつニュースが充分でないからです。わが外務省の各部門がこれを担当してくれるのが望ましいでしょう。

これらの情報は、言うなれば世論を育む素材ですが、これと並行して、世論とうまく接触して、世論に影響を及ぼす機関を準備しなければなりません。電報によって提供される情報ばかりでなく、より詳細かつ広範な内容の資料を用い、さらに情報を知らせるだけでなく説明を加えることによって。この役割に適している人物は、わが国に関する知識と親近感をもっているだけでなく、自分の国のことをよく知っていて、良識があり、国民に呼びかけてこれを動かすという困難な仕事ができる人物です。

私はそれにふさわしい人物を見つけたと思います。五来《ごらい》（欣造《きんぞう》）という人で、パリ東洋語学校の元日本語講師です。彼は十二年間フランスに住み、現在、早稲田大学教授です。政界やインテリ層に広く知られており、わが国に対し熱烈な愛着を抱いています。それは彼の言動からわかります。私は儀典に関する第二号の書簡のなかで、五来博士のためにレジオン・ドヌール[*2]のシュヴァリエ勲章をお願いいたしました。

私は五来博士につぎのような活動をしてもらおうと思っております。まず東京に〈広報事務所〉を設立し、そこで彼はフランスの主要新聞、政治・文学雑誌を受けとる。さらに大使館を通じて、外務省が私宛に発送する今日の主要な問題についてのあらゆる政治的発表や要約を入手します。

こうした書類をもとに、五来氏は私と打ち合わせをして、日本の人々にフランス文化やフランスの立場に興味をもってもらうべく、定期的に記事を書き、日本の主要新聞に掲載してもらうことができるでしょう。記事の中身はかならずしも現在の政治に関するものばかりではないでしょうが、読者がわが国のことを考える習慣をもつこと、いわばフランスになじみ、フランスに学び、フランスを理解するように読者を導くことを目的とします（五来氏はまた、ポーランドやチェコスロバキアの大臣や、東ヨーロッパにおける親仏の国々の日本での代表者たちとも連絡をとることができるでしょう）。

フランスという国がどれほど日本で知られていないか、ご想像以上なのです。日本には優れたフランス史の本がありません。フランス革命についての本もなければ、フランス文学についての本すらありません。

そういうわけで五来氏は、ジャーナリストとしての本来の仕事に加え、フランスの事柄についてのいくつかの本を日本語で書きたいと私に提案しました。ですから、彼の必要とする文献資料を提供し、特別の補助金を与える必要があるでしょう。少し時間がたてばやがてこの補助は必要なくなるし、これらの本は、読み物や知識を渇望している日本の人々から大歓迎されるようになるであろうと彼は予測しています。私は五来氏のために、A・メボンに与えられていた金額とほぼ同額の補助をお願いしたいと思います。月五、六百円つまり年間約三万フラン相当の金額です。そのほかに、私が先に記しましたような主要な新聞・雑誌・書籍が必要です。

五来氏は自分の広報担当の仕事のほかに、青年、学生、インテリ層を私に紹介してくれるでしょう。改革途上にある日本のような国においては、フランス大使は将来を担うこれらの知的エリートたちと信頼と友好の関係を保たねばならないと私は思います。

この国におけるフランスの知的影響が、今日までいかにささやかなものであったか、それは想像もできないほどです。日本のなかにわが国の存在感がないことを、私は日々、驚きを新たにして発見しているのです。日本の若者にフランス語の基礎知識を教えるいくつかの施設はあります。だがそれだけです。あらゆる学問の領域において、つまり医学、哲学、科学そして法律においてさえも、フランスの影響は皆無に等しいです。大学の総長や大多数の教授は、ドイツに留学しドイツで学んだ人たちです。それは、規律の点で、学習意欲の点で、開かれた精神という点で、教師たちに示す忠実さや信頼の点で、日本の若者を高く評価している私のような者にとっては、嘆かわしい光景です。商売とか物質面のことであれば、フランスがほうっておかれたままでもよいと思います。しかし知性と教育の分野では、わが国は第一の場所を占めるべきであったと思われます。現在わが国は、ドイツに遅れ、イギリスに遅れ、アメリカに遅れ、最後尾にいるのです。

ポール・クローデル

★1［原注］フランス外務省資料「フランスとの関係、一九二二—二九」（五九巻、分類五五九—二、四六号）

＊2［訳注］レジオン・ドヌール：一八〇二年にナポレオンが制定したフランスの最高勲章。シ

ユヴァリエ、オフィシエ、コマンドゥール、グラントフィシエ、グランクロワの五級がある。クローデル大使とともに日仏会館を設立した渋沢栄一《しぶさわえいいち》は最上級のグランクロワを授与され、関西日仏学館の設立に貢献した稲畑勝太郎《いなばたかつたろう》と藤田平太郎は二番目に高いグラントフィシエを授与されている。山梨半造はじめ何人かの軍人たちもコマンドゥール以上の上級勲章を授与されている。

（外交史料館史料〈六・二・一・二―三〉ほか）

イギリス皇太子の訪日★1

【一九二二年四月十九日】

イギリス皇太子*2が四月十二日から日本を訪れています。皇太子は日本各地で歓迎されると思います。皇室は、当然ながらこの訪問を可能なかぎり華々しく扱おうとつとめています。みずからの威信を高めることに役立つでしょうから。また日本人に特徴的な感情といえば、一種の単純な〈見栄〉です。彼らは内心、世界の大国のなかで自国が占める位置が相対的に不安定だと感じていらだっていますから、たとえ意図的に仕組まれたものであっても、世界に存続する最大の王室の後継者が、日本を表敬訪問するという名誉に快感を覚えています。

ですから誰もが自分にできるやり方で歓迎の意を表わしました。あちこちで「万歳」が唱えられ、提灯《ちょうちん》行列がありました。たくさんの小旗が振られ、ときには厚化粧の芸者たちが魅力を振りまきました。軍隊の分列行進も多く見られました。イギリス皇太子は、若さと率直さと優雅さによって、日本国民にすばらしい印象を与えました。

しかしながら、表向きの熱狂のなかに、なにかはよくわかりませんが、ある種のわだかまり、ぎごちなさが、日増しにつのっていくのが感じられました。日本は、イギリスが、自国にとってはわずらわしいものとなった日英同盟を廃棄し、条件付きの表面的な友情におきかえた無礼な振舞いを忘れてはいません。

日本で最大の新聞、発行部数百万部以上の『大阪毎日』[*3]は、イギリス皇太子到着の当日、きつい表現の記事を掲載して「大英帝国の苦悩」について述べ、日本は今後イギリスがアジアの領土で困難に遭遇しても冷淡で無関心な目で見るつもりであると宣言しています。他方、皇太子の取巻き連は、他のいかなる国にもまして重要な存在であり短気でもある日本の新聞記者たちを、かなり不手ぎわに扱いました。記者たちはこのような扱いを受けたのは初めてだと不平を言い、新聞紙上でイギリス皇太子の訪日にまったく言及せずにこの件をボイコットすると言って脅しました。もちろん事態は穏便に収拾されました。しかし日本人を知っている者から見れば、彼らの恨みが持続するであろうことは想像に難くありません。

日本の新聞の抄録を同封いたしますが、これをお読みになれば、どれほど事態が緊迫していたかがおわかりいただけると思います。たしかに、東京の記者たちがまったく我慢のならぬ存在だということも、認めなければなりません。一方、イギリスの新聞はその名に恥じずこの件を節度をもって扱いました。

イギリス皇太子は昨日東京を発って日光に向かいました。この地に短期間滞在の予定です。そのあと彼は横浜に戻り、そこで連合軍兵士の記念碑の除幕式に出席します。

私は二、三度イギリス皇太子と話す機会がありました。皇太子は好意的に話をしてくださり、閣下の消息について私にお尋ねになりました。閣下についてはよい思い出をもっておられるようにお見受けしました。皇太子はさらに、私がブラジルに駐在したことを思い出され、今もブエノスアイレスがあの美しい国の首都かとお尋ねになりました。

その他各国の大使とも話をされ、戦争の思い出を語りあい、ドイツ人について激しい言葉で非難しました。このとき、大柄のドイツ大使のゾルフ博士は皇太子のすぐ後ろにいました。インドについては、皇太子も随員もあまり話題にしたくない様子でした。ところが、ドイツ大使が、インドの愛国主義者を煽動するにあたってソビエトの宣伝が果たした役割のことを話しますと、皇太子はその件にはドイツもからんでいたと言いました。私は、イギリス皇太子に敬意を表するために計画された行事のすべてに、神戸のインド人居留民が参加を拒否したことに注目しました。インド人の仲買業者たちが、イギリス領事の支持を請う必要がしばしばあるにもかかわらずこうした態度をとったことは、かなり印象深いことです。

皇太子は、京都と日本の興味深いいくつかの地域を訪問してから、五月二日に帰国の途につくことになっています。[*4] 皇太子はその足でマニラを訪れ、その地に何日か滞在し、スエズ運河経由でイギリスに戻る予定です。

ポール・クローデル

★1〔原注〕フランス外務省資料「イギリスとの関係、一九二〇―二二」（一一巻、分類なし、五五号）

＊2〔訳注〕ジョージ五世の長男（一八九四－一九七二）。一九三六年にエドワード八世として即位したが、離婚歴のあるシンプソン夫人と結婚するため十一か月で退位し、国外に去った。翌年「ウィンザー公」の称号を与えられた。

＊3〔訳注〕当時は『大阪毎日』と『大阪朝日』がともに発行部数百万部以上で日本最大の新聞であった。

＊4〔訳注〕当時の新聞によれば、イギリス皇太子が実際に日本を離れたのは五月九日である。

日本における五月一日（メーデー）★1

【一九二二年五月二日】

日本全国どこでも同じだと思われますが、東京でも、五月一日（メーデー）の祭典は、きわめて平穏に執り行なわれました。首都でのデモ参加者は二千人弱でした。その大方は若者で、彼らをとりまく警官隊のほうが人数が多いように見えました。参加者はささやかな隊列を組み、芝浦から出発して工場街のいくつかの通りを歩きまわりました。その隊列のなかには行商人組合の旗や失業者の会の旗が見られました。いくつかのプラカードは、〈八時間労働制の実施〉や〈ソビエトの承認〉★2を訴えていました。

誰かが赤旗を掲げるとたちまち警官に没収され、それを持っていた者は逮捕されました。総勢百人の逮捕者が出ました。このほかに五十人の予防拘禁があり、そのなかには社会主義運動の指導者のほぼ全員がふくまれていました。

いわゆる〈急進的〉な考え方に対して、政府は国会にきびしい対処を要求してはいるのですが、そうした政府の考え方を支持する人は、日本国民のなかにはまだ多くないように見えます。

ポール・クローデル

追伸――『ジャパン・アドバタイザー』紙は、デモ隊が歌って聞かせていた革命に関するふたつの歌『革命の歌』と『テロリストの歌』の歌詞を掲載したとして、差し押さえられました。*3

★1〔原注〕フランス外務省資料「国内および対外政治、一九二〇―二二」(七巻、分類六二一一、六六号)

*2〔訳注〕木賃街富川町の組合旗。東京朝日新聞・一九二二年五月二日付に、「洋刀に囲まれて大気勢の労働祭」。

なお、講談社刊『日録20世紀』(一九二三年二月六日)に、「失業者に施米」という見出しで写真とつぎの説明が載っている。「深川富川町で労働救済本部が不景気のため職のない労働者に一人当たり二升の白米を配付した。写真は引換券で米を求める群衆で大混雑になった白米救済所」

*3〔訳注〕当時の『ジャパン・アドバタイザー』紙は、国会図書館にマイクロフィルムの形で保存されているが、五月一日と二日の分は欠けている。差し押さえのためと思われる。

日本の経済危機★1

【一九二二年五月十七日】

日本がひどい経済危機に見舞われていることについては、すでに何度か閣下にお知らせする機会がありましたが、その激しさは増すばかりです。慶応大学の堀井教授がこの問題について『中央公論』と『東京日日』に興味深い論文を書いており、これは要約に値する内容と思われます。

堀井氏は冒頭に、この困難な状況は一九二〇（大正九）年三月に始まったものだが、自分たちにはふたつの慰めがあると言っています。そのひとつは、この危機は日本が戦争中に享受した好景気の反動にすぎず、たとえ損失があっても、別のところで利益もあったのだから、埋め合わせはついているというのです。ふたつ目は、日本だけが経済危機に苦しんだのではなく、世界全体が同様の事態に見舞われたのだというのです。

しかし、ふたつの慰めがあるという考えは間違っています。まず第一に、戦争中の儲けの大半はこの国では例によって浪費されてしまったことが指摘できます。第二に、得られた資産の一部は、むだな建設や計画に浪費されました。第三に、危機が、好景気以上に長続きしないことを示す根拠はなにひとつありません。最後に、失った人たちと儲けた人たちは同じ人間ではないということがあります。好景気だった戦争中でさえ、給与生活者、従業員（日給月給の人間）、中産階級は物価の高騰に耐えなければなりませんでした。物価の上昇によって彼らの給料の増加分は吸収されてしまいました。

もうひとつ、日本を襲っている経済危機は日本だけのものではなく全世界を襲っているのだという論法には、日本が恵まれた状況にあったという点が抜けています。なぜなら、この国は直接戦闘に加わったわけではなく、本土が侵略を受けたことがあるわけでもなく、産業も国民も動員されなかったからです。今日の日本の危機を招いたのは、経済政策の重大な誤りの結果です。商工業が軍需で潤っていたとき、さらに景気刺激策をとるのがよいと政府が判断してとった措置が、狂乱投機を引き起こすもとになったのです。

今日政府は、商業活動を建てなおすための方策をとらずに、放任政策をとっています。これはみずからの無策を偽装するものにほかなりません。たしかに大半の国々においては、事態は成行きにまかせられたのですが、自然に均衡をとり戻しています。物価が大幅に上昇したことで需要が減り、その結果、物価はさがったのです。これがイギリスやアメリカで起こったことです。しかし日本では、充分物価がさがっていないことは、つぎの表を見ればわかります。

	最高値	現状
イギリス	三二三・一（一九二〇年四月）	一五五・九
アメリカ合衆国	二二五・一	一二三・五
日本	三二一・五	二〇九・五

と同時に、奇妙な現象ですが、事業全般が停滞しているにもかかわらず、金利は依然として高水準にあります。ヨーロッパの主要各国では、公定歩合はおよそ四ないし五パーセントです。日本では八パーセントで、その上を行くのはヘルシンキの九パーセントだけです。リスボン、ウィーン、ワルシャワは七パーセントです。この異常な現象の原因は、他の国々が支出を減らし労働者の賃金を減額したのに、日本の人々は今なお戦争で景気がよかったときと同じ暮らしをしており、支出が上昇しつづけていることから、利子の引下げや賃金の引下げができない状態になっていることにあります。

しかしながら、高橋（是清）子爵派の偽エコノミストたちは、厚顔にも、物価が上昇すればそれに比例して賃金もあがるから、生産者側も高い製品を売りつづけることができると主張しているのです。

しかし、この議論にはつぎのふたつの事実が考慮されていません。その第一は、この不景気な時期に希望どおりの賃金を得る仕事にありつけるのは、求職者のごく一部にすぎないということです。第二に、いかなる国も国内市場のことを考えているだけではだめで、海外市場を視野に入れなければならないということです。日本の製品が高額のままで、一方、外国製品が戦前のレベルに戻るとすれば、日本は、海外に販路を広げるとかあるいはこれを維持するのがますます難しくなり、海外からはますます大量の商品が日本に入ってくることになります。木材その他の建築材料は、カナダやアメリカから大量に日本に入ってきています。最近では楊枝《ようじ》の原料にいたるまでこれらの国々から輸入しています。傘《からかさ》は中国から来ます。下駄用の木材もまもなく海外から輸入するようになるでしょう。一方、日本が獲得した新たな市場は、ヨーロッパの競合国にふたたびとられてしまいました。このような状況下で、とくに運送料、海上保険料、外国人旅行者が落とす金といった貿易外収入も減少していますから、日本の貿易収支が不均衡になったのは当然のことです。

こうして日本は、外貨準備をますます多くとり崩さねばならなくなるのですが、国の返済に備えるには、外貨を蓄えておかなければなりません。海外における外貨準備高が減少すれば、現地での信用取引はいっそう困難になり、国債を頻発したとしても状況は改善されないでしょう。大恐慌から二年半が経過しましたが、状況は根本的には改善されていないということなのです。株式相場が現在のように下落したままだと、新規企業は生まれず、株主は手持ちの債券を売って現金に換えるのは難しいと思うでしょう。また、銀行にとっても売買操作をするさいに重大な打撃になります。このような状況が長引き、支払い遅延の会社や銀行が出るようになれば、新たなパニックが起こる危険性があります。

最近、この対策として、手形交換所の総会に出席した銀行家たちが、以前の償却方法を復活させ、国債の買い戻しに毎年五千万円を割り当てるべきだと主張しました。しかし、政府が年間三億円を民間から集めることによって企業を育成しようと積極的になっているとき、五千万ばかりを償還したところで、市場の負担は軽くなりません。また別の措置も考えられています。銀行の支援を得て輸入をよりきびしく管理すること、政府による交換銀行への円の売却の停止、外国での公債発行などです。

最も常識的な措置をとるのがいちばんよいのです。私にはふたつしか思いつきません。第一は、物価を他の国の水準まで引きさげることです。第二は、政府の側の節約と経費削減です。国が消費を減らすことによって物価の抑制をもたらし、紙幣の濫発をやめさせることです。

★1 ［原注］フランス外務省資料「経済状況、一九二二―二九」（七〇巻、分類五六一―一、八六号）

京都帝国大学での講演「フランス語について」★1

【一九二二年五月二十四日】

みなさま

京都帝国大学というこのりっぱな、そして名高い大学にお招きいただきまして、私は心から感動しております。

みなさまはフランスに親しみを感じ、今日、私をフランス国の公式の代表としてのみならず、一人の詩人として招待してくださいました。

今村（新吉）教授（医学部）の今しがたのすばらしい講演を聞いて確信したのですが、詩人というものは、難しい外国語で話しても、みなさまの知性にそしてみなさまの心に語りかけることができるのです。私は世界のなかでも、この日本という国以上に詩に耳を傾ける感性をもっている国はないと思います。日本では詩をつくることは特別の才能ではなく、思想家や活動家の一般教養なのです。また詩は、京都がもつ芸術的雰囲気と自然のすばらしさのなかではしっかり根づくことができるが、ほかの場所ではできないことも私にはわかっています。京都は、美の虜《とりこ》になった人間、想像力に富んだ人間が好んで安らぎたいと思う場所のひとつとなっているのです。

二十三年前、私はこの国を旅行いたしましたが、それは私にとって最高の思い出となりました。そして私はいつも友人たちに言っていたのです。多くの国を旅行した私の人生で出合った都市のなかで、最も美しい三つの都市は、ローマ、ダマスカスそして京都であると。三つの都市とも数世紀にわたる王朝の歴史が刻まれています。いずれも宗教と芸術の雰囲気につつまれています。いずれも山と庭園に囲まれ澄んだ空の下にあります。いずれもたえず流れる水の音につつまれています。そのせせらぎの音は、あたかも人々が小声で終わりのない物語を口ずさんでいるかのようです。

しかし京都は、ほかの都市よりも、街をとりまいているすばらしい自然と密接に調和して溶けあっています。京都という街は偶然の結果としてこの地に出現したのではありません。京都はまた、いくつかの具体的状況が重なりあった結果この地に現われたのでもありません。京都はまわりの景観に支配されてはいません。逆に景観を服従させたのが京都なのです。一人の女帝がみずからの地位を認めさせるために玉座に昇っただけなのだということができましょう。静かな波のような起伏をもつ大和の地は、あたかもこの女帝に敬意を表するかのようにその足元にひれ伏し、堂々たる周囲の山並みがこれにしたがっているかのようです。

本日、私はふたたびみなさまがたのもとにやってまいりました。この新鮮さ、静けさに、そして数々の偉大な寺院をすっぽりとつつむ夜のとばりに、いっときそのじゃまな影を添える無名の巡礼者としてではなく、京都のエリートたちが関心をもっている国の正式な代表者としてやってまいりました。

しかし、私たちを隔てているこの垣根をとりはらうことがなければ、すなわち私たちの言語でみなさまに呼びかけるのでなければ、私は未知の友人たちと、いかなる主題について深い会話が交わせるでしょうか。このフランス語という言語は、少しでもそれを勉強した人にとっては、それ以後、これに自分たちの心と知性の耳をそばだてずにはいられなくなるような言語なのです。

そういうわけで私は、このフランス語という言語についてみなさまにお話ししたいと思うのです。このフランス語は、私のかたわらにおられるオリアンティス神父のような称賛すべき方がたの努力にもかかわらず、日本ではいまだ充分には学ばれておらず、普及していません。オリアンティス神父のような方がたは、教えるためだけではなく、フランス語についてもっと知りたいという意欲をもってもらうために、みずからの一生を捧げてきました。私は、近代文明の教養ある市民にとって、このダンテの言う「明快な言語」、それを用いて表現すれば思考が明晰になるこの言語に関する知識があれば、どのような具体的で広範囲にわたる利点があるかを、手短にお話ししたいと思うのです。

具体的利点については、私は長々と説明するつもりはありません。ただもう一度思い起こしていただきたいことは、フランスは本国だけで四千万の人口を擁する強力な国家だということ、そして国外にフランス語を話すヨーロッパ人、アメリカ人が千五百万人いること、さらにフランスは一億五千万の人口を擁する植民地を統治しているということです。植民地のなかには、みなさまがたのすぐ近くにすばらしい国があり、かの地の人々はたいへん熱心に私たちの国語を学んでいます。その植民地とは仏領インドシナのことですが、そこではまもなくフランス語が第二国語になります。

さらにご存じのように、美術品や高級品の分野はフランスの独壇場です。また、いくつかの産業に関してフランスは最高水準にあり、日本にはとくに興味があると思われる水力発電のようにフランスでしか研究できないものがあるのです。またヨーロッパの鉄鉱石のほぼ全量がフランスにあります。付け加えますと、世界のかなりの地域で、東洋やラテン・アメリカ全土でも、フランス語は商売のうえでも文化のうえでも欠かすことのできない言語なのです。

また、フランス語は古代のギリシャ語やラテン語を受けついでおり、ヨーロッパ全土で通用し、さらにご存じのようにスラブ民族がフランス語を重視するようになりましたから、すばらしい世界的な言語になったと言えます。すなわち日本の人々に門戸を開く言語でもあるのです。フランス語で議論ができフランス語で考えることができれば、仕事の世界が開け、すべての国々へ自由に行くことができ、それらの国々の〝市民権〟が得られるのです。

ところで、申しあげるまでもないことですが、今日、他人から割りあてられた職務に縛られたたんなる歯車でありたくないと望むなら、私たちは誰しもふたつの文化を受けつがなければなりません。第一は、母国の文化です。それは、母国、その歴史的使命、その物的・人的資源、国が必要としていること、国体、国の魂などに関する知識を与えてくれます。第二は国際的な考え方です。今日各国が考慮しなければならないのは、世界のなかで孤立して生きることはできないこと、それぞれの国は大きな世界全体に属しているのだということです。そしてこの世界全体のなかで重要な名誉ある役割を演じるためには、世界を導く力やアイデアが生まれる大きな国際会議の場で、自分からも議論しあう価値のあることを提案し、参加し、自国の考えを理解させることができなければならないということです。

私はこうした国際的な議論の場に、フランス語ほど適した言語はかつてなかったと申しあげたいのです。フランス語の長所は、その明快さにあると的確な評を下した人がいます。たしかにフランス語は、ずっと以前から〈体系化された〉言語なのだと私は申しあげたい。フランス語においては、それぞれの単語は長い歴史のなかで偉大な作家たちによって手を加えられ、いわば〈公認の〉正確な意味をもつようになったのです。フランス語はさらに、分節という巧みな方式があることから、柔軟な言語であると言えます。フランス語においては、まず主要な〈考え〉が主節に示され、それに付随する一連の〈考え〉は従属節の形で示されます。それぞれの〈考え〉は、重要度と力強さに応じて、しかるべき順位、しかるべき場所に配置されるのです。

私は東京で、種々の大学の仏文学科の学生が一堂に会した場で行なった前回の講演のさいに[*2]、フランス語がいかにして完成度の高いものになっていったか、その理由について説明しました。そのとき私は、この高い完成度は、天才的で希有な言葉の創造者たち、つまり偉大な文学的才能をもつ作家たちのみの功績なのではなく、民族がそれを必要としたのであること、民族全体が何世代にもわたってつくりあげてきたものであると説明いたしました。

フランス人はふだんからごく自然に議論をします。フランス人は生まれつき法律家なのです。なにごとにおいてもフランス人には、〈原因（cause）〉を探し、そして〈弁明（cause）〉をする必要があるのです。今、私は言葉遊びをいたしました。と言いますのは、フランス語ではこのコーズ（cause）という言葉が、物事の〈原因〉という意味で用いられると同時に、法廷でみずからの正当性を〈弁明〉するという意味でも用いられるのです。あらゆるフランス人は、専門家のいる法廷で、すなわち、彼が述べるひとつひとつの言葉の説明が求められる法廷で、話す習慣をもっていたのです。

国際的な討論の場でフランス語が好まれる第二の理由は、フランス語が普遍的な、そして客観的な特色があるからです。これは第一の理由の結果でもあります。大方の言語はそれを生みだし、使用している民族の生来の性格の影響を強く受けています。言語は考え方を表わしているばかりではなく、ある類型の人間が、ある考え方に対してどのように反応するかを表わしています。

私が英語にいちばんの称賛を覚える点は、その力強さ、スピード、軽やかな上品さ、〈認識〉の早さと容易さです。これは行動の言語です。しかし討論に適した言語ではありません。それぞれの単語は、概念というよりは行為を示すものです。英語を話すためには、イギリス人にならなければなりません。イギリス風の考え方をしなければなりません。それはひとりでに流れ出る考え方ではありません。三次元の物体のように私たちの前におかれる文章でもありません。それはきまった実用目的のために文章を独占し使用する人物と結びついているのです。

反対にフランス語においては、客観的かつ抽象的な考え方の表現が大切で、そのほかは二の次なのです。文章は自立した生命を有する独立した文法的な存在です。長いあいだフランスにおける良書の理想というのは、いわばそれ自体が語る作品でした。

読者はその思想だけに耳を傾け、作者の名前は忘れます。

　こういうわけで、さまざまな国の人々が、みずからの思想に一般的で最終的な形を与えたいというときには、フランス語で書くことを好んだのです。ブルネット・ラティーニ[*3]、ダヌンツィオ[*4]、プロイセン王のフリードリヒ二世[*5]、イギリス人ハミルトン[*6]やベックフォード[*7]など、フランス語で書いた外国人作家の輝かしいリストには脈々と名前が連なっており、その名前は今後も増えつづけることでしょう。

　要するに、フランス語がすべての国の人々にとって普遍的な外国語となる資格を備えているとすれば、それはフランス語が思想を表現するという難しい役割に最も適しているからであり、最も巧みに構成されているからであるということがおわかりいただけたと思います。フランス語は易しいからではなく、巧緻な言葉だからこそ普遍的な外国語たりうるのです。鉄砲が中世の武器の石飛ばし具より複雑で、刈取り結束機が半月鎌よりも複雑であるがゆえに普遍的になったのと同じ理由です。

　なおかつ、まさにその難しさゆえに、フランス語の学習は頭の体操になります。文法と語源を示している単語、名詞の性別、動詞の活用、構文などはかくも特殊で変則的であり、あえて言えば悪巧みがされていますから、たえず注意を集中していなければフランス語を正確に書くことはできません。それが頭の訓練にとって有益なのです。フランス語を学ぶ学生は、好奇心をそそり、興味深い偶発事態に遭遇するたびに困難を切りぬけなければなりませんが、それを不満に思うことはないでしょう。みなさまの街のような記念碑や伝統に満ちた街を訪ね、一歩ごとに目を楽しませ興味をかきたたせる、何千という思いがけない絵のようなディテールを見て、旅行者が不平を言わないのと同じことです。

また、フランス語を学ぶことは、言葉の組み立て方のレッスンでもあります。フランス語で正確に話したいという望みをもつ人間にとってまず第一に必要なことは、文章を組み立てることを学ぶことです。まず主語、動詞、補語の働きを念頭におき、エンジニアが堅固な柱身の上に円天井のカーブをとりつけるように、つぎにやってくる従属節の主節に対する関係や長さを、頭のなかで描くのです。フランス語は〈構築する〉ことを教えます。そしてひとつの文章を〈構築する〉には、自分の考えを〈構築する〉ことを学ばねばなりません。

ところで、考えを〈構築する〉ことは、実際にそれを表現することでもあります。表現とは知性や感性を的確に表わすことです。あたかも人体の各器官が有機的に関係しあっているように、感覚や記憶によって漠然と与えられた概念を、論理的で生き生きした順序で示すことです。自分の考えを表明すること、それは論理的なものに生命を与えることです。それを紙に記せば残すことができます。考えを表明することによって、私たちは考えをいわば試すのです。それらの考えが相手にどういう影響を及ぼしていることができるのです。思考が導く結果、その展開、その周辺からどういう付随的な思考が生みだされるかを見ることができるのです。

表現する技術は、知性に向けられた生活の知恵とでもいうべきものです。いかなる時代においても、偉大な文明がみな表現の技術を一般教養の教育の主要な目的としたことは驚くにあたりません。たとえば、医学の知識は建築家には役に立たず、化学の知識は公認会計士の役には立ちませんが、自己を表現するという技術は、政治家にも医師にもエンジニアにも軍人にも役に立つのです。そして自分を十全に表現する技術を学ぶうえで、フランス語の習得は不可欠と言わないまでも、相当役に立つと私は申しあげたいのです。

こういうわけで私は、日本においてフランス語の学習がしだいに学校の若者の注意を惹き、採用されているのを見て嬉しく思っております。私立学校においても公立の教育機関においても、フランス語の知識を得たいという人たちが、かなりの割合で増えていると聞いています。

最後に私が嬉しく思いましたことは、日本の政府が、フランス語が日本で受けている不公平な待遇を是正する措置をとり、大学の卒業資格や弁護士など自由業の資格を得るうえで、フランス語を英語やドイツ語と同等に扱うとしたことです。このような動きは始まったばかりだと思います。フランス語の知識は、それを身につけるのは贅沢であるとか優雅であるといったものではなく、また限られた学者だけが用いる専門用語なのでもなく、大きな実用価値があり、そのうえ科学の分野でも文学の分野でも役立ち、知性の形成にとって申し分のない道具なのであり、同時にあらゆる時代の人類全体と意思の疎通を図ることができるすばらしい手段なのだということが、納得していただけたと思います。

講演を終えるにあたり、日本のこの歴史の都である京都において、日本の最も貴重で最も洗練された芸術や文化を保存し豊かにしてきたこの京都において、フランス語の学習がますます広がりますよう、そして、日仏両国を隔てている大陸がいかに広大なものであろうと、たがいの努力によって、優れた精神をもつ人たちがスムーズに往来できるような橋が架けられますよう、私は願っております。

★1 〔原注〕フランス外務省資料「フランスとの関係、一九二〇―二二」（八巻、分類六二―一、八八号）。一九二二年六月二日付の外交文書に添付、「京都・大阪旅行」（第八巻）。『日記Ｉ』五四八ページを参照。この文章は一九二二年五月二十日に書かれ、二十四日に講演され、八月にこの大学の文芸雑誌に掲載された。これは日本の雑誌『ロワゾー・ノワール（黒い鳥）Ⅲ――一九八二』にも掲載された。この内容はこの時期に行なわれたほかの講演内容と類似したものである。

これは、全集（ガリマール書店刊）の二巻、一一二ページにも掲載された。ただし冒頭の部分が大阪向けに変更されている。

＊2［訳注］『日記I』（ガリマール書店刊）五三六ページに、「一月十五日日曜。すべての大学の仏文学科の学生が、上野精養軒で自分のために歓迎会を開いてくれた」との記載がある。

＊3［訳注］ブルネット・ラティーニ（一二二〇頃—九四頃）：イタリアの学者・政治家。ダンテの師。フランスへの亡命中に博学の書『宝庫』を著わした。

＊4［訳注］ダヌンツィオ・ガブリエーレ（一八六三—一九三八）：イタリアの作家。『サン・セバスチアンの殉教』はフランス語で書かれ、ドビュッシーが作曲した（一九一一）。

＊5［訳注］フリードリヒ二世大王（一七一二—八六）：プロイセン王（在位一七四〇—八六）。軍隊を強化し国土を拡張。プロイセンをヨーロッパの強国にした。若いときから文学や芸術を好み、フランス語での著書『アンチ・マキャベリ』（一七四〇）、『私の同時代史』（一七四六）。一七四五—四七年にポツダムに建造した宮殿をフランス語でサン・スーシ（sans-souci 無憂宮）と名づけた。

＊6［訳注］アンソニー・ハミルトン（一六四六—一七二〇）：フランス語で著作したアイルランドの作家。『グラモン公爵の一生』（一七一五）、『千夜一夜物語』の模作もある。

＊7［訳注］ベックフォード（一七六〇—一八四四）：イギリスの大富豪・作家。唯一の小説作品であるフランス語で書かれた奇書『バテック』は、幻想文学の傑作として、バイロン、マラルメに絶賛された。

京都・大阪旅行★1

【一九二二年六月二日】

先月、私は京都帝国大学から招待されました。一月に東京で仏文専攻の学生向けに行なったものと同様の講演をするよう依頼されたのです。私は大学の招きを断わってはならないと思いました。さる四月十八日付で閣下に報告いたしましたが、元ドイツ大統領のミヒャエリス博士が現在日本に滞在中で、ドイツのために講演旅行をしており、とくに京都では夫人といっしょに講演をしたのですから。しかしながら、博士の講演はさほど成功しませんでした。ドイツは平和を望んでいたのだが、まわりの国々にけしかけられた結果戦争が起こったのだと、過去を振り返ってドイツを弁護したことが、聴衆には滑稽とは言わないまでも納得できないことと思われたのです。

こういうわけで、私は数日前に日本の古都にまいりまして、京都帝国大学の大講堂で二千人の学生を前にフランス語について話しました。そのコピーを閣下宛のこの手紙に同封させていただきます。その翻訳は、医学部の今村（新吉）教授が読みあげました。英文学の厨川《くりやがわ》（白村《はくそん》）教授が、前もって私の文学作品についてたいへんすばらしい講義を行なっていたようです。荒木《あらき》（寅三郎《とらさぶろう》）*2総長（ストラスブール大学の元留学生で医学部の教授）が、日本語で私を紹介し、フランス語で私に感謝の言葉を述べました。

翌日、馬淵《まぶち》（鋭太郎《えいたろう》）*2京都市長から、市の公会堂でもう一度講演してほしいと依頼されました。私はこの人とは個人的に友人関係にあります。さまざまな階層に属する聴衆が、前日と同じぐらい大勢集まっていました。このときは私の講演の前に「フランス文学の最近の形について」という井汲《いくみ》（清治）*2氏の講演と、「フランス人気質」についての五来（欣三）教授の講演がありました。翌日、日仏協会が東本願寺*3のすばらしい庭園（枳殻邸《きこくてい》）で小さなパーティーを開いてくれました。

閣下はすでにお気づきでしょうが、私を聴衆に紹介してくれた教授のなかには、フランス語の教師はいませんでした。この事実からおわかりのように、不思議なことに帝国日本の大学で第二の地位にある京都帝国大学にフランス文学の教授がいないのです。フランス語講師のオリアンティス神父はいます。この人は、わが政府からさほど認められてこなかったにもかかわらず、長年にわたり、称賛に値する熱心さで、基礎に重きをおいたフランス語教育を行なってきました。この尊敬すべき老神父は、まわりの人々から友情と尊敬をもたれているのがわかりました。しかし、このような教育だけでは充分ではないということは誰しもが認めています。

大学の教授たちが夕食に私を招待してくれたさい、その席には総長のほかにインドのサンスクリット語の榊《さかき》（亮三郎《りようさぶろう》）*2教授、中国語の加藤教授、歴史学教授で文学部長の原（勝郎）氏、元大使の兄弟で電磁気学の本野《もとの》（亨《とおる》）*2教授がいました。みんなフランス語をよく話します。フランス文学の講座を開設することが決まっているのですが、これをフランス人に担当してほしいとの希望があると聞きました。

フランス人教師が着任すれば、私たちはドイツの影響力をかなりくい止めることができると期待しております。京都では医学部や理学部のみならず、文学や哲学の分野においてもドイツの影響が大きいのです。このことに関する資料を同封してお送りいたします。京都帝国大学哲学科の学生たちが、一九二二年に論文のテーマにとりあげた表題のリストです。ドイツに関するものが多いです。

京都旅行が終了したあとで、大阪まで足を延ばしました。私立の関西大学からも学生の前で講演をするよう依頼されていたのです。この大学は、三十六年前にボアソナード*4の弟子たちの手で創立されましたが、最近、地元の裕福な実業家であり農商務大臣の友人でもある人*5が、気前よく援助したことで大幅に拡充されました。ボアソナードはフランス人教師で、日本の主たる法典はこの人物のおかげで起草できたのです。この大学はわが国に対し一貫して友好的でした。今日までは、法学・政治経済学・商学しか教えていませんでしたが、まもなく文学部が開設されるのでフランス人教師を招きたいとの意思表示がありました（最近同じ大阪に開設された外国語学校でも同様の話がありました）。学生数は約三千人です。大阪市は伝統的なものに好奇心と愛着をもつ一方で、今日の日本経済の中心地であるだけに、この文学部開設は興味深いものです（大阪は旧体制の徳川時代には日本における文学の中心地でした）。

　大阪市民には伝統にのっとった礼儀正しさがありますが、アメリカ風とは言わないまでも、〈進取の気性〉がそれと独特に混ざりあっているように見えます。これは、『大阪朝日新聞』の社長に会ったときに私が認めた大阪人の長所なのです。この新聞社は日本最大で、新聞の発行部数は百五十万部（原文のまま）です。その年配の社長が私を昼食に招待してくれました。この人には、最近つくられた日仏親善団体が心からの友情をこめて私を夕食会に招いてくれた折に、再会しました。

　今回の旅行は、極東フランス学院[*6]から派遣されて日本で研修中のオルッソーといっしょでしたが、この旅行で私が改めて認識したことは、私たちのほうはいささかなおざりにしてきたのですが、この国においては、依然としていかにフランスの声望が高いか、フランスの思想の動向がこの国ではいかに好意をもって受け入れられ、強い関心をもたれているかということです。アメリカは人気がなく、ドイツの権威は失墜しました。イギリスは物質主義的です。わが国民と同様に芸術的で勤勉なこの国民を精神面、知的面で導くのに、フランスにとって今ほど望ましいときはありません。この任務は個人によるその場限りの善行だけでは充分ではありません。制度の上に立った、たゆまぬ努力が必要です。フランス会館の設立は、東京に赴任したとき以来の私の主たる関心事のひとつでありますが、この会館がそうした活動の礎《いしずえ》となってくれることを私は願っているのです。

ポール・クローデル

★1〔原注〕フランス外務省資料「フランスとの関係、一九二〇―二二」（八巻、分類六二―一）

＊2〔訳注〕日本人名は『京都フランス事始め』を参照し、さらにその著者、宮本ヱイ子氏に調べていただいて訂正した。原文では誤記が多かった。馬淵鋭太郎京都市長と荒木寅三郎京大総長については、外交史料館史料〈六・四・四・一二―一三―一〉にも記載があった。

＊3〔訳注〕東本願寺：原著には、「この寺は一千年以上前の藤原時代に源 Otaro によって建立された」とあるが、史実と異なるので省いた。枳殻邸《きこくてい》（渉成園）は東本願寺の別邸。一六四一年徳川家光により現在の土地が寄進され、一六五三年石川丈山《じょうざん》が策定。源　融《みなもとのとおる》の屋敷跡地と言われていたが、現在は否定されているという。

＊4〔訳注〕ボアソナード（一八二五―一九一〇）：フランスの法学者、パリ大学教授。一八七三（明治六）年、法制整備のため日本政府に顧問として招かれ、民法、刑法を起草。九五（明治

二十八）年帰国。
＊5 ［訳注］ 山岡順太郎。
＊6 ［訳注］ 極東フランス学院：二十世紀はじめ、仏領インドシナ、ハノイに建設された。

マルセル・ジョノー司令官の離日、日本の軍用機★1

【一九二二年九月一日】

日本での任務を終えたマルセル・ジョノー司令官が、横浜を出航する大型客船〈エンプレス・オブ・オーストラリア号〉で、明日フランスへの帰国の途につきます。

この地に深い思い出を残したフォール大佐のあとを継いだジョノー司令官は、構造とか操縦といった狭義の技術指導任務を担ってはいませんでした。彼の役割は、とりわけ日本軍の指導者に、有事のさいに航空機が果たすべき戦略上の役割を教えることでした。この任務において、わが同胞は、優れた知性、深い知識、過去の教訓をもって新たな状況に対処することのできる希有の才能もあって、すばらしい成功をおさめたと言っても過言ではありません。彼は、軍隊を率いる立場でありながら慎重すぎて行動に出ない日本の指導層に、真の改革を起こしつつあると言うことができます。

ジョノー司令官のきわめて率直で天才的な構想というのは（天才的などという陳腐な形容詞で、この将校の名声に傷がつきはしないかと懸念しますが）、日本はその地理的・政治的状況から見て、近年長足の進歩をとげた航空機を利用するのに最適の国だということです。私が言う航空機とは、行動半径数千キロの大型機のことです。複数のエンジンを有し、ひとつが故障しても他のもので飛行ができるため航行不能のリスクがなく、機関銃や大砲まで装備し、一千キロの爆弾が搭載可能なものです。技術者の見解によれば、今日ではこのような航空機は実現可能です。その意思はたしかにあると思われるのですが、日本がもしジョノー司令官の計画を採用するとすれば、その効果は一目瞭然です。それはアメリカ艦隊に対する防衛力となるでしょう。アメリカの装甲艦は、接近して標的となる危険は冒さないでしょうし、かたやアメリカの航空母艦は、これほど大型の〝機械の鳥〟を搭載することはできないのですから。

日本は、従来の方法よりもはるかに経済的な、したがってはるかに一般受けする方法によって、極東を支配できるようになれるのです。

こうした軍事的状況についてはすでに前回の報告で閣下に注意をうながしましたが、それがどのような政治的影響をもたらすかは明らかです。フランスにとって有利な影響ばかりだとは言いきれません。しかし今日、ひとつの国がたとえ物質面で力をもったとしても、他の国を完全に支配できると考えることもまた大げさな考え方であろうと私は思います。インドとエジプトの事件がそれをよく証明しています。インドの事件はインド人とイギリス人のあいだに起こりましたが、中国人はインド人ではありませんし、まして日本人はイギリス人ではありません。私たちに期待できることは、中国における日本の行動は、アメリカがこれまでこの不幸な国に対してとってきた行動とは異なり、ひょっとすると中国にとって唯一最大の必要事である、秩序回復に役立つ方向で発揮されるかもしれないということです。

ジョノー司令官のこの計画は、自然の成行きから見て、日本が遅かれ早かれ採用しなければならなくなるようなものなのです。もしフランスが日本を助けることを引き受けなければ、ドイツが喜んで日本に協力するでしょう。私には確信がありますが、イギリスもまた、それを拒否することはしないでしょう。わが同胞のこの計画は、わが国の航空機産業および関連産業全体に莫大な発注をもたらします。フランスの士官から指導を受けた日本の軍人たちが手を貸してくれるでしょうから、日本におけるフランスの威信と権威が確固たるものとなり、今後は政治面でも経済面でも、日本はフランスだけを活用するようになるのです。

日本はヨーロッパのなかに、同盟国とは申しませんが〈特派員〉を必要としています。ヨーロッパの思想、新技術、政治全般の動きに日本が接触していられるような相手です。イギリスがかなり乱暴に断わったこの役割を、フランスに引きついでほしいとは、日本は言っておりません。日本が、私たちの隣国の人々に対してそうであったのと同様に、わが国の忠実な友好国になることを、私は疑いません。

出発前に、ジョノー司令官は日本の士官たちを招きました。彼は日本で協力関係にあったこの人たちから、帰国されては困るという最高に喜ばしい抗議を受けました。軍の高官たち、とりわけ彼の考え方に強い感銘を受けた教育総監の秋山《あきやま》（好古《よしふる》）大将は、司令官に来年早々にも戻ってきてほしいと望んでいます。

航空機購入にあてるための多額の費用が、目下準備中の予算に計上されます。多くの将校がフランスに向けて出発しました。そして、日本陸軍航空部本部長の井上《いのうえ》（幾《いく》太郎《たろう》）中将がジョノー司令官に語ったところによれば、近ぢか彼自身も出発するとのことです。

ポール・クローデル

★1 〔原注〕フランス外務省資料「軍、一九二二―二六」（八八巻、分類五七三―五、一三四号）

平田子爵、内大臣に任命される★1

【一九二二年九月二十二日】

日本の政治行政機構は、長州と薩摩というふたつの強力な藩の対立に基礎をおいているのですが、この二藩のバランスが大隈侯爵と山県公爵の死後、薩摩に有利に傾きました。二人の死によって、今や元老は薩摩藩出身の松方侯爵と西園寺公爵の二人がいるだけとなったのです。しかしながら、年老いた松方侯爵が内大臣を辞任して公爵の称号を受け、さらに彼が去ったあとのポストに、最近の組閣にきわめて重要な役割を果たした平田《ひらた》（東助《とうすけ》）子爵が任命されたことで、長州藩はいささか安堵の胸をなでおろしたものと思われます。平田子爵は大物で、公式称号こそ受けていませんが、〈元老〉山県公爵の政治的後継者の地位に昇進したからです。

平田子爵の経歴は興味深いものですが、明治時代の日本に特徴的であると言えます。庶民の出で総理になったことはなく、国の政治に個人的、個性的な影響を及ぼしたことがないにもかかわらず、徳川体制を受けついだ明治期の密室的な〈幕府〉を形成していた知識人、財界人、思想家からなる集団の討議にはつねに関与していたのです。

平田子爵は一八四九（嘉永二）年に生まれました。したがって彼は現在数え年七十四歳で、西園寺公爵と同じ年齢です。彼は東北地方の出身で、先祖は代々、米沢（現在の山形県）に封地をもつ上杉藩主の藩医を務めていました[*3]。一八七〇（明治三）年に江戸に遊学し、やがて〈大学南校〉と呼ばれる小さな学校の校長（大舎長）になります。政府は彼を留学生としてロシアとドイツに送りました（岩倉使節団。一八七一―七六）。彼はドイツに長期滞在し、そこで政治学と経済学を学びました。帰国後は西欧の科学に通じている貴重な人材として迎えられ、内務大臣の御用掛を務めます。一八八二（明治十五）年、伊藤（博文）公爵が、ヨーロッパ諸国の憲法を研究する目的で行なった有名な視察旅行を終えて帰国しました。これは、ドイツ、オーストリアを模範とした日本国の新憲法の起草という形で実を結んだのですが、平田は井上《いのうえ》（毅《こわし》）と金子《かねこ》（堅太《けんた》郎《ろう》）とともにその任務に参画しました。

帰国後、平田は一八八四（明治十七）年大蔵大臣の秘書官（大蔵兼太政官大書記官）、八五年参事兼参事院書記官、同年に法制局参事官、八六年宮城県知事、九八（明治三十一）年法制局長官、その間九〇（明治二十三）年貴族院議員、九八年枢密顧問官、一九〇一年から六年にかけては桂内閣の農商務大臣、一九〇八年から一一年にかけては内務大臣を務めました。はじめは桂公爵と親密な関係にありましたが、のちに義理の親族となった山県公爵と親密な関係になります。彼の妻は品川子爵の娘で山県公爵の姪でした。

『時事新報』はこう書いています。「政治のあらゆる駆引きに通じている平田は、いつも舞台裏にいたがった。桂公爵は彼についてこう語っている。『彼の立場はいちばん居心地のよいもののひとつで、彼の生き方は国務大臣や、へたな総理大臣の生き方よりも興味深いものだ。危機のさい、政治家とともに曲芸をする手品師は彼なのである。優れて傑出した人物ではないが、彼は強力な上司に出会うという幸運をもったのである』」

これはもちろん無責任な発言です。平田が優れた判断力と知性の人であったことは、山県が彼を重視しつづけたことからもわかります。

平田はあれほどの影響力をもっていたのに、なぜ一度も総理にならなかったのでしょうか。誰もが政党内閣のことを語らなかった時代に、彼にはこの高みに到達するチャンスがあったのです。このポストに山本権兵衛《やまもとごんべえ》や清浦（奎吾）が押しあげられたのは、彼らの個人的才能のためではなく、〈元老たち〉の後ろ楯があったからこそなのです。平田にとっては、首相となって内閣をつくり協力者を見つけるのはそう難しいことではなかったでしょうが、彼はそうした政治活動は回避しました。その理由として、彼は自分の健康問題をあげていました。平田は誰にでも、自分の理想は山県に仕えることであり、お気に入りの従僕のように彼の「草履《ぞうり》の紐をほどくことだ」と明言していました。この偉大な男と親密な信頼関係にあったがために、自分は首相に指名されなかったのだとも平田は言っていました。『時事新報』はこう書いています。「しかし実際には、山県はもっと積極的に政治にかかわるようしばしば彼をけしかけたのである。彼の返事はつねに、『時期尚早だ』というものであった。彼はこうして時機を逸してしまったのである」

平田子爵は博識なことで有名です。政治、財政、経済学のことならどんなことでも、いくらでも議論することができます。彼はまた教養人であり、芸術作品に通じており、練達した書家であり、和歌の達人でもあります。

彼の性格はまじめで、昔の官僚のようにいささかもったいぶった厳格なところがあると、新聞は断言しています。

彼が今回担当する職務は、純粋に肩書だけのものであるようです。内大臣の役割は、御璽《ぎょじ》（天皇の公印）と国璽《こくじ》（国家の公印）、さらに天皇の詔書や勅書、そのほかのあらゆる皇室関係の書類を尚蔵《しょうぞう》（保管）することです。天皇が国事にかかわっているときは天皇を補佐します。こうした機能が重要なのは、あらゆる公式の決定が最終的になされるときには、有資格者である内大臣がその場にいなければならないからなのです。

ポール・クローデル

追伸——平田子爵の写真が新聞に載っていましたので同封いたします。[*4]

★1［原注］フランス外務省資料「対外政治、一九二二—二四」（五一巻、分類五五五—一—二、一五〇号）

＊2［訳注］内大臣：歴史的には六六九（天智八）年に藤原鎌足《ふじわらのかまたり》が任じられたのが初見である。近代の内大臣は、内閣制度創設と同時に一八八五（明治十八）年十二月に宮中に設けられた重職で、第二次世界大戦直後まで存続した。内大臣は「天皇を常時補弼《ほひつ》」し、内大臣府を統括し、内大臣府は「御璽国璽を尚蔵し、及詔書勅書その他内廷の文書に関する事務を掌《つかさど》る」とされた。「常時補弼」とは、天皇の側近につねに奉仕し、国務大臣が補弼できない場合に、天皇の下問に応じて天皇を補弼することと解されていた。したがって、政変などで首相が欠けた場合に、天皇と政界上層部とのつなぎ役になることが予想されたのである。大正末期には元老が西園寺一人だけとなり、西園寺は首相候補者の推薦にあたって内大臣をふくむ重臣の考えを求めるようになり、やがて内大臣が天皇の下問を受け、元老の意見を聞いてとりまとめにあたるようになった。

＊3［訳注］養子として藩医の家を継いだ。

＊4［訳注］東京朝日新聞一九二二（大正十一）年九月十三日に写真入り記事が載っている。

横須賀海軍造船所の創設者L・ヴェルニの胸像除幕式でのスピーチ★1

【一九二二年九月二十九日】

みなさま

本日の記念式典にフランスの代表をお招きくださいましたことに感謝申しあげます。今朝私は、このすばらしい横須賀造船所*2を見学いたしました。この横須賀造船所は、人間が知恵をこらして国防兵器を鍛造している大造船所のなかでも、最もすばらしいもののひとつであります。この巨大で複雑な設備のなかで、機械と作業する人々の調和のとれた動きのなかで、私はこんなことを考えました。たかだか五十何年か前には、つまり私の生まれる何年か前には、こうした施設は存在していなかったのだと。当時まだ封建国家であった日本は、当然のことながらその古来からの文明に誇りをもってはいたでしょうが、みずからの意志による執拗な鎖国からようやく目覚めたばかりの状態で、考えもつかない力や応用知識をもつ外部の世界に対面したのだということを。このような状況下にあって、さまざまな陣営のなかで祖国救済の道を探し求めていた日本の指導者たちが、国を愛するがゆえにどれほどの不安や恐れを抱いたかを私は理解することができます。そして私たちは、今ここに彼らのこんなに大きな努力の結果を、生きのびる意志の成果を、目にしているのです。

六十年前の日本では、さほど実戦力のない大砲を備えた木造帆船が戦いに使われていました。今日の日本はワシントンで、世界最強の海軍力をもつ強国とともに条約をとり決め、批准《ひじゅん》しています。その協定が結ばれること自体、日本の四囲の全海域で日本に勝る強国はもはやないということを意味しています。

みなさま、このすばらしい発展のさなかに、その礎となった人、横須賀造船所の創設者であるフランス人技師ヴェルニを思い出し、胸像として保存してくださったことに感謝いたします。ヴェルニの名前はフランスではほとんど知られていません。前世代の人々を精神面、技術面で育てた師の思い出を顕彰するという伝統を大切に受けつぐということは、日本の美徳のひとつです。ヴェルニが日本に残したのは、偉大なそして正直な人物であるという思い出です。彼は、良心とみずからの意志のみにしたがって生きた人間という点で偉大です。そしてそれ以上に、与えられた困難な仕事をやりとげる人間として、神に選ばれた人物であったということができましょう。

彼は中国で、わずかばかりの未熟な労働者に助けられながら、中国人を意志と気力をもって導き、四隻の戦艦を建造するという前代未聞の功績を残しました。そのことから彼は、一八六六（慶応二）年当時の、未発達ではあるが可能性に富んだこの日本という場で活動することでなにが成しとげられるかがわかったのです。彼がやりとげたことについて語ることのできる証人はご存命ですし、彼の建造した施設がここに存在しています。この建造物が拡張されていることからも、創設者の才能がわかります。横須賀という土地を選び、そこに最初の工場を建設したのがフランス人であったことを思うと、私は誇りを感じます。

彼はあなたがたの国にやってきた、傑出した一群のパイオニアの一人でした。これらの人々は、日本が大きく豊かにそして強力になった今ではなく、変革と見習いの時期に、そして卓越していると同時に希有なふたつの資質が教育者に求められた時期に、名もなきこの日本にやってきたのです。その第一の資質は、私は誇りをもって申しあげたいのですが、そしてこれはフランス人の変わらぬ精神の特長でもあるのですが、その資質とは特殊な問題に新たな解決法を見出し対処することができる率先行動と即興の才でしょう。第二の資質は、私はごく単純に〈人を信頼すること〉と申しあげます。ヴェルニがこの国で大きな仕事をなしえたのは、彼が日本を信頼したからであり、彼が日本を信頼したのは日本に愛着をもっていたからなのです。私が今眼下にしている光景は、彼の信頼が正しかったことを示しています。

★1［原注］フランス外務省資料「海外政治、フランスとの関係、一九二二―二九」（五九巻、分類五五九―二、一六〇号）

＊2［訳注］横須賀（海軍）造船所：幕末には鉄工所と呼ばれ、明治に入ってから造船所となり、一九〇三（明治三十六）年に海軍工廠《こうしょう》と改名された。東京朝日新聞一九二〇（大正九）年八月二十二日に、「横須賀工廠の創立五十年祭・小栗上野介と仏人ベルニー氏の銅像を建設・面影うつす崩れ石垣」という記事が載っている。

横須賀海軍造船所の創設者L・ヴェルニの胸像除幕式[★1]

【一九二二年九月三十日】

横須賀市は昨日、横須賀造船所の創設者であるわが同胞レオンス・ヴェルニの胸像の除幕式を行ないました。この造船所は瀬戸内海の呉の造船所につづき、今日では日本帝国で最も重要な施設であります。私はこの式典に出席するよう招待されたのです。

一八三七年十二月二日にアルデッシュ県のオブナースで生まれたレオンス・ヴェルニは、エコール・ポリテクニック（理工科学校）を卒業した船舶技師で、一八六二年、二十三歳（原文のまま）のとき、上司のデュピュイ・ド・ロームの推薦で中国に派遣されました。ジョレス海軍大将の指揮のもとに配備される四隻の軍艦（戦闘用内火艇）を、現地で製造するためです。時あたかも太平天国の時代で、中国の沿岸には海賊が横行しており、これを威圧する必要がありました。ヴェルニは寧波《ニンポー》に赴きました。わが同胞のエグベルが奪回したばかりの伝統的な木材製造の中心地で、そこでヴェルニは、何人かのフランス人とともに（彼の配下の三分の二の人たちが、最初の年にコレラで亡くなりました）、ほとんど廃墟となっていまだに匪賊《ひぞく》がはびこっていた同地で、中国人労働者の助けを得て、十八カ月間でまかされた仕事をやりとげています。

そのころ、当時のフランス公使のレオン・ロッシュと友好関係にあった日本の幕府が、その本拠地江戸の近くに造船所をつくることを計画しており、フランスに支援を要請したのです。造船所の建設にはヴェルニが最適であり、フランス政府も当然彼を選びました。海岸線が入りくみ、山が迫っていたにもかかわらず、横須賀を選んだのは彼です。こうして一八六六（慶応二）年に工事が始まりました。

私は、藤原海軍中将の執務室で、コロジオン感光膜を使って撮影された古い写真のアルバムを、感動しつつめくりました。そこにはわが同胞のヴェルニと、彼の有能な部下である技師のチボディエとフロラン、医師のマルテル、ちょんまげを結い日本刀を差し、当時の風変わりな衣服に身を固めてヴェルニらの警護にあたる日本人の役人、当初のかんたんな設備やドックや初めての建造船が写っています。ヴェルニの部下の一人がスケッチしたという必要不可欠な道具の図を、私は手にとって眺めました。まずはそれをつくることから始めなければならなかったヤスリ、コンパス、ツルハシです。幕府の信念と気力に支えられ、しかしその後は幕府を引きついだ明治新体制の官僚たちに陰で反対され妨害されながらも、わが同胞は偉業をなしとげ、一八七六（明治九）年、フランスに帰国しました。

港は完成し工場が建ち、最初の学校が創設されていました。わが同胞は苦労しつつも熱心に、みずからの任務を引きつぐことのできる日本人技術者を養成していたのです。彼が創ったその学校で学んだ多くの生徒は、フランスに渡って学業の総仕上げをしました。私はこの除幕式で紹介された人々と歓談したとき、師の思い出がいかに彼らの心のなかに生き生きと尊敬の念をもって刻まれているかを知りました。

ヴェルニは、フランスに帰国後、海軍を去り、全生涯をロワール川流域の炭鉱開発に捧げました。彼はサン＝テチエンヌの鉱脈がさらに延びているのではないかと考えたのです。近年のリヨン地方の鉱脈発見にいたる研究を手がけたのは彼です。彼は一九〇八年五月二日にオブナースで亡くなりました。

このわが同胞の業績を記念しようと言いだしたのは、彼の教え子の一人でフランスに親しみをもちつづけている一老人でした。引退した主任技師の桜井さんという人物です。彼がこのために委員会をつくるや、かなりの数の賛同者を得ました。しかしながら彼の企画は、外国人の名をいつまでも記憶に残しておきたくないという日本政府からは援助を得られず、暗礁に乗りあげました。わが同胞への支援を惜しまなかった将軍（徳川慶喜《とくがわよしのぶ》）の忠実な僕《しもべ》、小栗勘定奉行《おぐりかんじょうぶぎょう》*2も合わせて記念するという案が出てこなかったら、援助は受けられなかったでしょう。

幕府の財政状態がよくなかったにもかかわらず、小栗はみずからが最重要と見ていた〈造船所〉の建設資金は滞りなく用意すると約束しました。造船所の人たちが、この偉大な官僚の驚くほど気の弱そうな、そして利発な顔を写した古い写真を見せてくれました。小栗はねばり強く精力的な人で、何度となく解任されながらも、そのつど復活しました。彼が最後に仕事に呼び戻されたのは、将軍慶喜がまさに譲位をしようとして江戸から沼津に赴こうとしていたときです。小栗はあくまでも戦うよう将軍に勧めました。その代償として彼は残酷な仕打ちを受けることになりました。明治維新後、彼は生まれ故郷に帰り、そこで運命のときを待ちました。やがて明治新政府の死刑執行人がやってきました。彼らは二人の従僕もろとも小栗の首を斬り落としました。今日では過去のいさかいはすべて忘れ去られ、政府は過去に生じたあらゆる亀裂を埋めたいと考えているのです。そして国の伝統にしたがって叛徒小栗を称えるようになりました。伝説となった反逆者西郷《さいごう》の姿を崇めているのと同じことです。

　こうして政府は、小栗の記念碑を、わが同胞ヴェルニの記念碑を見下ろす位置に建《こん》立《りゅう》することを承認しました。そしてその除幕を行なったのは、なんと小栗勘定奉行の孫でした。

　私は、横須賀市および軍当局が、フランスの代表である私を招待してくれたことに大いに満足しました。街じゅうに日本の旗とフランスの旗が飾られていました。鎮守府司令長官は、私を世界で最も美しく最も近代的な造船所のひとつである〈海軍工廠〉に案内して、巨大なクレーンやドックが、かたわらに建つ、フランスの指導によって建てられた日付が刻まれている小さな煉瓦《れんが》の建造物の上にそびえているさまを披露したあとで、私を官邸の昼食に招いてくれました。

それから私たちは除幕式のために、ヴェルニと小栗のふたつの胸像が建っている丘の上に向かいました。そこからは横須賀の港と広い東京湾の入口が一望できます。除幕式では、将校たちを中心に、三百人近い人たちが演説を聞きました。市長と県知事がわが同胞に最高の敬意を表し、わが国を称える挨拶をしました。それに応えて私も話をいたしましたので、その内容を閣下に同封してお届けいたします。

ヴェルニのつくった施設がすばらしく発展しているのを目の当たりにしたとき、私はみずからの初期の経歴で見聞したことが思い出されて、これとくらべざるをえませんでした。すでに中国の福州《フーチョウ》では、偉大なフランス人、プロスペル・ジッケルが、あらゆる点から見て日本でヴェルニがつくった施設に匹敵する建造物をつくりあげていました[*3]。

ところがジッケルは、中国人のために働いたというのに、彼の仕事は不毛のままに打ち捨てられていたのです。一八九六（明治二十九）年、海軍造船所の契約を更新するために福州に赴いたときに私が目にしたのは、わが同胞がつくったとき以来、なんの変化の跡も見られない建物や機械や労働者や技師の姿でした。道具にも人々にも厚い錆《さび》の層が堆積しているかのようでした。のちに派遣されたドワイヤンの使節団も、ジッケル以上の成果をあげることはできなかったのです。

中国人に率先行動を起こすように仕向けることは、ヨーロッパ人にはできない話なのだと言えましょう。ただちに金儲けにつながる目的でないかぎり、中国人は進んで動こうとはしません。これとは逆に、日本人は技術を望み、これを理解し、なしとげることができます。この国のなかで生活すればするほど私は、日本人を中国人から隔てている、あるいはおそらくこれまでつねに隔ててきた、根本的な民族性の違いに驚くのです。中国人と日本人が似ているのは外見だけです。

ポール・クローデル

★1〔原注〕フランス外務省資料「フランスとの関係、一九二二―二九」（五九巻、分類五五九―二、一六〇号）

＊2〔訳注〕小栗忠順《おぐりただまさ》（一八二七―六八）：江戸末期の幕臣、上野介《こうずけのすけ》と称す。一八六〇（万延元）年日米修好条約批准交換使節の一人として渡米、帰国後外国奉行となる。のち勘定奉行、軍艦奉行などを歴任。この間フランス公使ロッシュに交渉し、フランスから二百四十万ドルを借款《しやつかん》して

横須賀に製鉄所、造船所、修船所の建設を開始した。これはのちに横須賀工廠に発展した。さらに翌六六年には六百万ドルの借款契約を結び、フランスからの軍艦、鉄砲の購入費や陸軍教官の招聘費《しょうへいひ》にあてることにしていたが、幕府の倒壊で大部分は実現しなかった。戊辰《ぼしん》戦争では徳川慶喜に抗戦を進言したが入れられず、上州群馬郡権田村に引退したが、六八（慶応四）年四月、新政府軍に逮捕され斬刑に処せられた。

＊3 〔訳注〕一八六六年、福建《フーチエン》省に設立された福州船政局。ここではおもに軍艦の製造が行なわれ、付属の船政学堂では外国語や航海術が教えられた。一八八〇年代に整備された北洋海軍の幹部には、この福州の船政学堂から英仏に留学した経歴をもつ者が多い。

アインシュタイン教授の訪日[★1][*2]　【一九二二年十二月四日】

雑誌『改造』（〈再建〉あるいはドイツ語の Umbildung〈再編成〉の意味です）が、高名なアインシュタイン教授を招待し、日本で一連の講演会を開催しました。

日本人は、高等数学に対する趣味や格別の才能を有しているわけではありませんが、誰であれ、なんらかの理由で今現在脚光をあびている人に対しては、まるで子供のような好奇心をもつのです。

彼らの自己愛は、このような人たちが来日の労をとるのを見ることで満たされます。とはいえ、世界のいかなる国においても言えることですが、ある人物を称賛するということは、かならずしもその人物なりその論理を理解したということにはなりません。

こうして、アインシュタイン教授は、しばらくのあいだ東京の王者〈ライオン〉でした。[*3] そして私たちは年に一度の宮中の祝賀会、観菊会の折に教授の美しい頭部を見ることができました。その頭部は、天才にふさわしい豪胆さを示していると同時に、ピアニストのような、あるいはロベール・ウダン[*4]のような巨匠の風貌を示していました。

ドイツ人たちは、この偉大な人物が自分たちの文化に与えた功績を、極力宣伝に利用しようとつとめました。

しかしながら、彼の旅行に同行した石井（菊次郎）伯爵によれば、アインシュタインは、彼の妻と同様にスイスのチューリヒ育ちであるということを、機会あるごとに強調していたそうです。

もちろん、相対性理論はしばらくのあいだ流行しました。人々は客間で、喫茶店でこれについて議論しました。新聞記事を信じるなら、閣議においても大蔵大臣と農商務大臣のあいだでこれについて激しいやりとりが交わされたそうです。アインシュタインの学説そのものについてではなく、ただ一般の日本人がそれを理解できるかどうかについて、なのですが。書店はこの理論に関係するあらゆる本を大量に売りさばきました。

人々がなぜこれほどまでに熱狂したのかについては、かなり滑稽な理由があったのは確かです。日本語では〈相対性〉を意味する三つの漢字が、男女間の関係を連想させるということがあったらしいのです。関連本のなかの一冊は、〈吉原（東京の遊廓街）〉を連想させるような名前の教授（石原純教授と思われる）が書いたものですが、男女学生のあいだでは相当な売行きでした。おそらく失望もまた相当なものだったでしょうが。一方、連続〈七時間〉にわたってこの著名な学者の説明を聞かなければならなかった聴衆たちもまた失望したことでしょう。こうした試練に耐えるには、能の観客と同じほどの忍耐が必要ですから。

なにはともあれ、アインシュタイン教授の来日がドイツの科学の威信を高めたことは確かです。このことから、科学、文学、芸術の分野で、教授と同格のフランス人が来日することがフランスにとっては必要であろうということがわかります。

ポール・クローデル

★1［原注］フランス外務省資料「教育、美術、一九二二―二九」（九一巻、分類五七七―一、一八三号）。この講演のことは日記には書かれていない。とはいえ、数多くのメモから、一九二一年から五一年まで、この物理学者の学説にクローデルがたえず関心をもっていたことがうかがえる。彼は『詩法』（ボアロー）に関するみずからの哲学的考察（二一年十二月の『日記Ⅰ』五三四ページ、二二年三月の『日記Ⅰ』五四二ページ、三一年五月の『日記Ⅰ』九六〇ページ）に、また彼の詩作品『五つの大讃歌』（二二年五月の『日記Ⅰ』五四八ページ）や『聖書に関する考察』（三六年四月の『日記Ⅱ』一三七ページ）に、その学説を関連づけている。彼は、宇宙の性質や、時間と空間の関係について、アインシュタインの学説を引用し（三一年二月の『日記Ⅰ』九五一ページ、三七年十二月の『日記Ⅱ』二二六ページ）、その考察をメモしている（五一年八月の『日記Ⅱ』七七九ページ）。しかし、アインシュタインに関心をもっていたからといって、それは新聞に載った一枚の写真を、彼がいつもの茶目っ気をもって批評することにかわりはない（二九年二月の『日記Ⅰ』八四七ページ）。――［訳注Ⅰ『日記Ⅰ』八四七ページに書かれていること。「アインシュタインが産婦のように部屋着姿でソファに横たわっている。彼は新しい学説を生みだしたばかりなのだ」］

＊2［訳注］東京朝日新聞アインシュタイン関連記事。一九二二（大正十一）年十一月十三日、十四日、十五日、十六日、十二月二日、十一日。

＊3［訳注］ライオンが百獣の王であることと、アインシュタインの髪形がライオンを思わせるのとをかけたのではないか。

＊4［訳注］ロベール・ウダン（一八〇五―七一）：手品を芸術の域にまで高めた手品の達人であると同時に有能な機械技師・発明家。手品の興行に合わせて〈不思議な機械の部屋〉（電気を用いて幻影の効果を起こす装置）をつくることを考えた。一八四五年には中世の手品から脱却して、彼の有名な劇場と〈ファンタスチックな夕べ〉を創設した。芸術家としての経歴は短かったが、現代手品の推進者である彼の名を冠した劇場の知名度は、彼の死後五十年以上のあいだ、世界じゅうに忘れ去られずに残った。

一九二三年

（大正十二年）

無題（叙勲候補者リスト）★1

【一九二三年一月二日】

去る六月二十二日付の閣下宛の手紙に書き、一六五号の電報で確認いたしました日本の人々への叙勲のお願いに対し、閣下からはさる十二月三十一日の電報で、叙勲を妥当と見なす理由が充分とは思われない旨、お返事いただきました。

私が閣下にお渡ししました途方もなく膨大な候補者リストは、あれでも日本人が私に非公式に示したリストのなかからかなりの名前を削ったものであり、たしかに私自身、あのまま受け入れていただくのは無理だと思っておりました。しかしながら私どもは、つぎのような一連のしかるべき事柄を考慮したうえで、あのリストを作成したのです。

つまり、

一、まず、重要でない人物よりは重要人物に勲章を授けるべきである。なぜなら、重要人物は私たちのためにより多くのことをしてくれることができるのだから。

二、官僚がすでに日本国から勲章を授与されている場合、それより低い等級の外国の勲章を受けることは、日本のエチケットでは許容されない。
三、リストに載せた高級官僚たちは全員、高位の自国の勲章をもっている。
四、ジョッフル元帥の旅行は日本全国にわたり、各地で歓迎されたので、世話になった官僚のうちの誰かをはずして別の誰かに勲章を授けることはできない。たとえば、東京市長をはずして京都市長にとか、同等の位にある官僚をはずして朝鮮総督に、というのは不可能である。

たしかにリストに載せた名前は少々多すぎますが、右のような理由から私の提案は妥当なものであると思われたのです。候補者をしぼれば不満に思う人々が出てきて、著名なわが同胞、ジョッフル元帥の全国にわたった旅行の上々の成果が台無しになると思われました。受けた厚意に対して充分な感謝の念を表明できたとは私は思っておりません。もちろんイギリス人は勲章をこれほど授けません。しかし、彼らはもっと〈贈り物〉をしています。

ポール・クローデル

★1 ［原注］フランス外務省資料「勲章、一九二二―二九」（四七巻、分類五五〇―九、一号）

普通選挙に対する不穏な動き・国内情勢★1 【一九二三年二月二十六日】

今年もまた昨年の同時期と同様、普通選挙実施を求めるデモ、政治集会、騎馬デモ、ビラ配り、記者大会での声明が行なわれました。*2 しかしながら、政府や国会を牛耳っている政党の平穏を乱すほどのものではありません。結局、これもまた昨年と同様に、選挙権拡大を要求する動議は、圧倒的多数で却下されました。いつものように総理大臣は、自分自身は原則として普通選挙への移行に賛成なのだが、現実には、それと反対の路線にしたがわざるをえないのだと表明しました。そのあとで、デモ隊は来年もまた穏やかなデモを行なうことを期して家路につきました。

昨年の報告のひとつに書きましたように、普通選挙はいつの日にか日本で採用されるであろうと私は確信しております。それが国民のたっての願いであるからではなく(充分に自由主義的な現政権は、思いどおりの代表者を選ぶ手段を広く国民に与えています)、それが世界の文明国の多くで採用されている選挙の基本だからであり、つねに大国の歩みにならって国の歩みを定めている日本にとって、世界の大国に遅れをとることほど怖いことはないからです。私はまた、普通選挙が採用されてもこの国の政治に大きな変化は起こらないことも確信しているのです。

しかし、この国が普通選挙や外国の政治問題に無関心であるからといって、一般庶民の内部に不満や不安の感情がくすぶっていることを無視してはならないでしょう。私はすでに前の報告のなかで、農地問題の重大さを指摘しました。カメネフ氏[*3]やアントノフ氏[*4]が説くようにこの問題が革命を引き起こすところまできているとは思いませんが、それでもやはり外観がかくも堂々とした帝国の構造がよってたつ基盤が、堅固なものでなくなっているのは確かです。国民の不満の主たる原因は物価が高いことにありますが、国の政策が資産家層の利益のみをあまりに優先的かつ露骨に考えていることから、不満がさらにつのっていくのです。公の財源の最も大きな部分を間接税と消費税が占めていることから、税の負担はあまりに重く最下層にのしかかっています。これを指摘している『大阪毎日新聞』は、消費税が国の収入の二十二パーセントしか占めていないイギリスの状況と対比しています。

同紙はさらに、兵役の負担が国民に少々過剰にのしかかっていると付言しています。若くて働きざかりの人間を奪われた貧困な家庭は、金持ちが被らないような損害を受けているのに、これに対してなんの補償もされず、手紙をやりとりするときの切手代さえも受けとっていないのです。

政府はこれまでのところ、この事態に対して一時しのぎの対応しかしていません。間接税を引きさげてはいません。話題にのぼっているのは、取るに足りない石油に対する税を撤廃することだけです。地租（固定資産税）の減税は地主に有利になるだけです。相当量の輸入に対して、輸出品が絹しかないという貿易のままでは、収支が悪化するばかりです。中国は海外移民から多くの外貨を得ていますが[*5]、日本では海外への移民はほとんど中止しています。産業界では、外国とは競合できないようなコストや条件のもとで生産活動をつづけています。今のところ秩序、質素、倹約、折り目正しさといった日本的美徳は保たれており、一方、急進的反対分子のほうは、意志、教養、知性が薄弱で、指導力が脆弱、と言って言い過ぎであれば表現力が脆弱ですから、なんとかもちこたえているものの、もしそうした状況がなかったら、この国にとって事態はさらに深刻なものとなるでしょう。

★1 〔原注〕フランス外務省資料「国内政治、一九二二―二四」（五四巻、分類五五一―一―二、四五号）

＊2 〔訳注〕講談社刊『日録20世紀』一九二三年に、つぎのような記載がある。

一九二三年一月二十日「普通選挙即時断行全国記者同盟大会を開催」。同二月二十三日「東京

で、普通選挙即時断行を要求し、二万人が集会とデモ行進」、「普通選挙即行要求の叫び――東京の芝公園に婦人参政同盟の女性たちを含む約二万人が参集した。集会後、尾崎行雄《おざきゆきお》、浜田国松《はまだくにまつ》、三木武吉《みきぶきち》、河野広中《こうのひろなか》らを先頭に銀座などをデモ行進（騎馬姿でデモに加わった人たちの写真も掲載されている）。その熱意は山本首相に実施を約束させ、二年後に実現した。しかし、女性の参政権は持ちこされた」

＊3［訳注］カメネフ（一八八三―一九三六）：ロシアの政治家。一九〇一年から社会民主党員、一九〇二年から〇八年まで投獄。ジュネーヴでレーニンに合流、のちペテルブルク（現サンクトペテルブルク）でボルシェビキの機関紙『プラウダ』を率いる。一七年、メンシェビキとボルシェビキの団結を支持し、彼はスターリンとイワネフとともに〈トロイカ〉に属し、トロツキーに接近する前に二三年、彼を追放した。三二年、共産党から最終的に排除され、三六年死刑宣告を受け、反体制派として処刑された（モスクワ裁判）。東京朝日新聞一九二二（大正十一）年九月二十三日「カメネフ氏任命」（レニン氏の代理として人民委員および国防会議議長に）。同紙九月二十四日「レニン氏に代わったカメネフ」写真。

＊4［訳注］アントノフ：一九二〇（大正九）年四月から二二（大正十一）年十一月まで存在し、日本軍のシベリア撤兵後ソビエト・ロシアに併合された極東共和国チタ政府公式代表として、日本当局と日チ再開商につき折衝、のち二二年八月、タピタ通信東京支局長として再度来日した人物（時事新報・二二年八月九日付）。日本に長期滞在したソビエト・ロシアのヨッフェ氏と頻繁に会っている。「何となしにざわつく熱海、ヨッフェとアントノフの打合せ」（東京朝日新聞・二三年二月二十七日付）、「来日中のヨッフェ氏をアントノフ氏が築地精養軒に訪れた」（東京朝日

新聞・二三年五月十二日付)、「アントノフ氏帰国」(東京朝日新聞・二三年八月二十九日)。
＊5 〔訳注〕直接の仕送りも大きいが、華僑《かきょう》のつくる送金・郵便・流通のネットワークが中国貿易の促進に貢献した。

フランスの借款の中長期化★1

【一九二三年三月八日】

「わが国の日本向けの三種類の証券および債券を、長期一般借款に置換する可能性」についての閣下の電報（二七号と二八号）を拝受いたしました。閣下のご指示にしたがい私はただちに、市場の動向や、私たちの提案が受け入れられるものかどうかについて、的確な判断を述べてくれると思われる人々に接触をはかりました。日銀総裁、横浜正金銀行総裁、わがフランスのふたつの銀行である東京の日仏銀行＊2と横浜の興業銀行＊3の支店長らに、つづけて会いました。私は大蔵大臣とも話しあうべくつとめました。しかし、繰り返し手紙を書き電話もしたのですが、彼と会うのはとても難しく、まだ実現できておりません。日本は今予算審議の最中であり、大臣は議会の論争に忙殺されているのです。これが、わが大蔵大臣に対して回答が遅れている最大の理由です。どうぞ大蔵大臣に、私が心から遺憾に思っておりますとお伝えください。

市場の動向について私が集めた情報は、すべて一致しています。状況は好ましいものではありません。したがって、今は長期の特別借款を行なう時機ではありません。

まずはじめに日銀総裁の井上《いのうえ》（準之助《じゅんのすけ》）氏は、帝国政府はかつて一度たりとも長期の借款をしたことがないと言いました。日本の債券の期限は五年ないし七年で、ごく例外的に十五年の場合があります。彼は、近い将来、ことによると二年後にはこれが変わるのではないかと予測しています。ですから彼は、この時期になるのを待って、中長期債券化への大きな操作にみずからとりかかりたいと思っています。いずれにせよ債券の期限は二十五年ないし三十年を超えることはないでしょう。そのさいは、八ないし九パーセントの現在の利子が、おそらく二ないし三ポイント切りさげられるでしょう。井上氏の見通しからして、フランス政府は、この時期を待ってから懸案の置換実施を試みるほうがいいでしょう。そうなれば、フランス政府は日本帝国政府と同様の条件を獲得することができるでしょう。彼の意見では、市況は下落傾向にあり、今後の何年間かはこの傾向がますます顕著になるだろうということです。

井上氏はとくに最近発行されたばかりの日銀の年報に注目すべきだろうと私に言いました。そのなかには次のような一文があります。

「金融市場や銀行は、年頭から、私がここに記したような状態なので、市町村債、銀行債や種々の社債の発行は困難であった。これらの債券を比較的発行しやすかった八月あるいは九月ごろには、発行条件は、最も安全な有価証券の場合でさえ、配当は往々にして八パーセントを超えるという状況であった。これが最近十二カ月の状況であるから、債券の発行はつぎのような規模でしか行なわれていない。つまり総額が四億円を超えない額、言いかえれば昨年より七千五百万円少ない額である。しかしながら、昨年は、頻繁に行なわれた銀行間の預金の移管の結果として、自行の預金が増大した銀行は、みずからの負債（消極財産）に対する準備金として、信頼できる担保を探すという状況にあった。

国債の発行においては、比較的満足な結果が得られた。とくに年の後半には、市場の状況からそして政府の側で節約政策を公表したことから、国債がよく売れ、国内の借款の市場を刺激した。十一月には償却基金が復活するというニュースが流れ、相場を顕著に引きあげた。こうして米の購買債券やそのほかの特殊なものの発行を除けば、年間に発行された政府債は六億五千八百五十万円にのぼった。これに対し償却は四億八千五百万円であったから、一億七千五百万円（原文のまま）の黒字となったのである」

以前、フランスからの借款の資金を調達したコンソーシアム（国際借款団）を代表する横浜正金銀行の頭取および副頭取が、その後私を訪ねてきて、日銀総裁の見解と同意見であることを私に確認しました。彼らもまた、金融市場はすでにデフレ傾向を示しており、その傾向は拡大する一方であり、将来その利益が出る可能性があるだろうと考えています。この人たちは私に示すことのできる最良の提案は〈二年期限〉のもので、〈三年期限〉はより悪く、〈四年期限〉は最悪だと言っています。こうした見解を彼らは後日私に書いてきた手紙のなかで確認しています。そのコピーをこの手紙に同封いたします。

支那《しな》興業銀行*3の支店長を呼んで、彼の見解を聞かなければならないと私は思いました。現在日本にある唯一のフランスの金融機関ですから。支店長のジュルネ氏は、同業者たちが市場の状況について言ったのと同じことを言い、その原因を私に説明してくれました。

「現在日本において金《かね》が不足しているのは、仕事がたくさんあって給料をたくさん払わなければならないからではありません。戦後（第一次世界大戦後）猛威を振るっている、そして日本がまだそこから抜け出ることのできていないきびしい経済危機のためなのです。日本の資本家はかなりの資本を多くの企業に使いはたしましたが、その多くが休業に追いこまれざるをえなくなりました。たとえば、鋳物業、鉄鋼業、あらゆる種類の機械製造業、化学工業がそうです（この件に関しては、経営の悪化していたすべての企業が、ルール地方をフランスとベルギーが占領してから*4、景気が全般的に回復してふたたび活気をとり戻したということを私は指摘したいと思います）。常軌を逸した建設に走った船会社の場合も同様です。最後に、大投機家の倒産につづいて、昨年大阪地方が深刻な銀行危機に見舞われました。資本は過度に慎重になり萎縮しています。

貿易収支は赤字になっています。このような状況下では、大規模な操作を試みるために、日本側が期限を一年ないし二年にしたいと言うのは、私には大げさなこととは思われません。現在の状況が悪いことは確かです」

日仏銀行支店長の意見も同様でした。

二月二十七日になってやっと私は大蔵大臣と会うことができました。そして閣下の電報に記されています筋書き、最近アメリカがイギリスに有利なように同意した資金供給の操作が格別の重みを与えていると思われる筋書きを、彼に対して主張いたしました。大臣は丁重に私の話を聞きましたが、約束は避けました。大臣は市場の状況について先に記した意見を繰り返し、自分の省内と日銀の意見を聞いたうえで最終の返事をしたいと言いました。ひとつの点についてだけは、彼は正確な示唆をしました。つまり、私たちの二種類の債券の期限を延長する場合には、共通の払戻し期限を定めるのが好ましいというものです。また大臣は、イギリスが行なった資金供給の操作は、アメリカの民間の貸付ではなく国の貸付のみを対象としている点に、私の注意をうながしました。とくに国債につきましては、国債はまさに期限が短期であることに存在理由がありますから、困難が予想されると大蔵大臣は私に言いました。市来《いちき》（乙彦《おとひこ》）大蔵大臣[*5]は、日本が昨年これらの債券の一部の更新に同意したのは、フランスのためだけにしたのであって、この更新は日本に大きな困難をもたらしたと言いました。

この会談の何日かあとで、私は大蔵大臣から三月五日付の返事を受けとりました。その翻訳をこの手紙に同封いたします。私宛の手紙で大臣は、「現在の金融情勢は長期借款の発行には好ましくない」と考えています。十月二十五日に期限のくる二千万の国債に関しましては、それらが今年の満期に支払われるという約束にもとづいてのみ、それらの更新に昨年同意したことを、大臣は思い起こさせています。したがってそれを返済するよう主張せざるをえません。

これが現状です。交渉続行のため、大蔵大臣のご指示をお待ちしております。

ポール・クローデル

★1〔原注〕フランス外務省資料「フランスの借款、一九二二―二三」（七三巻、分類五六二―五、五一号）

＊2〔訳注〕日仏銀行：一九九八（平成十）年十一月二十七日、日仏会館で行なわれた「日本と外国資金」というシンポジウムの折、詳しい調査結果が発表された。それによれば、「一九一二年設立された日仏合弁の銀行。本店はパリに、東京と神戸に日本の支店がおかれ、東京支店は日本興業銀行内におかれた。日本側の設立目的は日仏貿易の発展、フランス資本の日本への導入で

あった。フランス側ではあらゆる取引を行なうことを考えていた。第二次世界大戦中は、関係は中断し業績は赤字となった。四五年、東京支店は占領軍総司令部となり、五〇年まで活動は停止した。五四年に日本側出資金はフランス国庫に入り、合弁は解消された」。

＊3〔訳注〕横浜の興業銀行・支那興業銀行：外交史料館史料〈三・三・三・八―三〉から、このふたつの銀行は同一のものと思われる。一九一九（大正八）年末、パリに本店をおく支那興業銀行の支店を横浜に設立する請願がフランス側より日本の大蔵省になされ、二〇年二月営業認可されたことが、内田外相よりフランス大使宛の書簡に記されている。日仏銀行は合弁であるから、正確にいえば支那興業銀行横浜支店は唯一のフランスの銀行ということになる。

＊4〔訳注〕第一次世界大戦後、ドイツがヴェルサイユ条約で定められた賠償金を支払わないとの理由から、フランスとベルギーはドイツのルール地方を占領、さらに一九二三年三月、ライン地方にまでその占領範囲を広めた。

東京朝日新聞・一九二三年三月四日付夕刊「ルール併合の魂胆、仏の独警官追放を恨む」「デーリー・クロニクル紙の考えによれば仏国がルール地方から独逸《ドイツ》警官を追放したのは仏国が威嚇によって同地方を併合する意志を抱く証拠である。……ウエストファリア住民は今まで自制を保っていたが、もし同地住民が自制心を失うに至らば実に由々しき事件が勃発するであろう」。同三月五日付「仏軍工場占領、ダルムシュタット及マンハイムのカルルスルーエ港へも進撃せん」「仏軍は占領地帯の関税管理を断行するためライン河を渡ってダルムシュタット及マンハイム港の各工場を占領したが尚カルルスルーエ港をも占領するつもりである」。同三月十日付「仏軍ラインラント包囲、和瑞両境間に関税壁を作る」「フランス占領軍はオランダ国境からスイス国境に至るまでの関税障壁を作り、ルール地方に加ふるに今や全くラインランドを包囲してしまった」。同三月十四日付「賠償履行と比例してルール地方撤兵実行」「仏白（ベルギー）両首脳会議があった結果、ルール撤兵は独逸が賠償義務を履行すると比例して之を実行することを決議した」。同三月二十九日付「仏国の持久策、独逸は馬克《マルク》価釣上に失敗（二十七日ロンドン特派員発）」「ルール地方の形勢はその後何らの変化がない……」。

＊5 ［訳注］原文では〈Izaki〉となっているが、当時（一九二二年六月から二三年九月まで）の大蔵大臣は、市来乙彦氏（一八七二―一九五四）である。なお、二三年二月・三月の東京朝日新聞の衆議院・貴族院本会議および予算総会の報告のなかにも、「市来蔵相」の名が頻繁に出てくる。

部落民の問題[1]

【一九二三年四月二十四日】

有名なEtaの問題が日本でふたたび今日的問題となりました。日本列島の一部の人たちが、Etaの名のもとに、身体的、言語的、宗教的にはそのほかの国民となんら違いがないのに、インドの不可触賤民とほぼ等しい身分にあると見なされているのです。

Etaの起源についての議論はつきるところがありません。古代先住民の子孫だと見る人たちもいれば、正真正銘の日本人だが、彼らの職業ゆえに仏教全盛時代に嫌悪され軽蔑されたのだと考えている人たちもいます。その職業とは肉屋、なめし革製造業者、革なめし工など、動物の死骸を扱う職業です。中国において満州征服後に、床屋や運搬船の船頭の職が軽蔑されたのに似た現象なのでしょう。

帝国憲法があらゆる階級差別をなくしたのですから、市民のひとつの階層全体が同国人から除《の》け者にされているという奇妙な追放状態には、終止符が打たれるはずだと思われていました。ところがまったくそうはなりませんでした。部落民は彼らの住む特殊部落に閉じこめられ、その名は依然として汚らわしい言葉とされているのです。

　こうした状況が彼らにとってだんだん耐えられないものになってきたとしても、それは意外なことではありません。こういうわけで、日本に騒乱や暴動が起こるたびに、Etaがこれに深くかかわってきたのです。たとえば、彼らは寺内内閣のときに起こった米騒動にも加わりました。

　ごく最近Etaは、組織の形をとってみずからの要求を訴えることを決定しました。彼らは〈水平社〉[*2]という組織をつくり、その創立大会が昨年三月三日に、第二回大会がさる三月二日に京都で行なわれました。[*3]日本全国五千二百ある〈部落〉から二千五百人の代表者が集まりました。内務省は、これらの人々の数は百万人と見積もっていますが、運動のリーダーたちは、三百万人を下らないと言っています。彼らはおもに東京、京都、神戸、大阪、名古屋などの大都市に住んでいます。

　大会のあとでデモがありました。奈良では激しい展開を見せ、軍隊が出動しなければなりませんでした。この新しい組織が、対立する組織の〈国粋会〉と衝突したのです。〈国粋会〉はイタリアのファシストやアメリカの〈クー・クラックス・クラン〉によく似た組織です。双方に死者が出ました。そして、米騒動以来初めて軍隊が介入せざるをえなかったのです。当局の命令により、はじめに襲撃を行なったと思われる国粋主義者たちは謝罪をしなければなりませんでした。〈水平社〉が組織のシンボルとして採用した旗〈刺のある月桂樹〉が初の勝利をおさめました。

同時に、議会でひとつの動きが出てきました。資産家や土地所有者を後ろ楯にしている政友会が、旧来のいくつかの政党に対抗して、部落民の立場を守ることを引き受けたのです。

Etaという言葉と、侍の身分を示す〈士族〉という言葉を用いることを、ともに抹消する法案が提出されました。これが、これまでに実施された措置以上の成功をおさめるかどうかは疑問です。人々の偏見を根絶することほど難しいものはありません。そしてEtaの人たちが、その経済状態から隔離された部落に住むことを余儀なくされているかぎり、彼らに対する人々の偏見は変わらないのではないかと思われます。

日本の現状のなかで、この種の事態がいかに深刻なものであるか、どんなに強調してもしすぎることはないでしょう。一国の国民のなかに「自分たちは確立された秩序に対してたえず正当な不満をもっている」と考えるひとつの階層が存在していることは、その国にとって無関心ではいられないことです。とくにこの不満が、日本人の心の琴線《きんせん》に最も敏感に触れるところ、すなわち自尊心が傷つけられることからくる場合には。国民のなかに、いつでも動員できる不満分子の大群がいるということなのです。この人たちはさまざまな暴動の煽動者として動員されます。この国では、農民は貧困の度合いを深めつつあり、労働者階級が搾取され、若者は大挙して自由業へと殺到するものの、充分な捌け口は用意されておらず、結果的にラジカルな考え方が広まりやすい土壌となるというぐあいですから、大物政治家たちはこの問題を優先し、真剣に考えなければならない状況におかれています。

ポール・クローデル

★1〔原注〕フランス外務省資料「国内政治、一九二二―二四」(五一巻、分類五五―一―二、七八号)

＊2〔訳注〕水平社：一九二二(大正十一)年に結成された部落解放運動の全国組織。差別糾弾闘争から社会主義運動と結合する方向へと進んだ。太平洋戦争下に消滅したが、戦後、部落解放委員会として復活、五五(昭和三十)年、部落解放同盟と改称。正式呼称は全国水平社。『日録20世紀』一九二二年によれば、「三月三日正午、通称、岡崎公会堂こと京都市公会堂で、全国水平社の創立大会が開催された。……この日、会場に集結したのは三千人前後とされてきた。が、……実際には約七百人だったという」。

＊3〔訳注〕原文には、この年(一九二三年)に創立大会が開かれたように書かれているが、二三年に開かれたのは第二回大会なので、その旨補足した。

日露交渉[★1]

【一九二三年六月二日】

古い話になりますが、日露交渉に関する私の最後の報告には、ソビエト全権代表ヨッフェ[*2]が、こぢんまりした温泉町、熱海のホテルに逗留していることまで書きました。彼は妻と二人のユダヤ人秘書に付き添われていたのですが、病状が悪化し重態にあると見せかけていたのです。

この時期から、日本ではふたつのグループのあいだでさまざまな駆引きがあり、複雑な変遷がありました。一方はロシアとの関係を促進しようとする元東京市長の後藤子爵[*3]と彼に代表される政治的・商業的利益団体、そしてもう一方は、はっきりと口に出さないまでも、ロシアに対して不信感があり、協調路線をとることを恐れている政府関係者のあいだに。交渉の現状をお知らせする前に、まずは日本がロシアとの関係回復を望む理由はなんなのか、そしてまた日本が躊躇《ちゅうちょ》せざるをえない理由はなんなのかを理解することが大切です。

関係回復を望む理由はもっぱら経済的なものです。戦前（第一次世界大戦前）には対露貿易はかなり小規模なもので、輸出高は六百万円を超えていませんでした。当時、日本の産業は充分発達しておらず、製品はかなり凡庸なものでしたから、競合国と戦える状態にはありませんでした。とくに当時は、ドイツがロシアの対外貿易の六十パーセントを占めていたのです。戦争開始直後から日本の輸出量は大幅に増加しました。一九一四（大正三）年には一千万円でしたが、一五年には七千八百万円、一六年には一億一千七百万円になったのです（この同じ年にアメリカの輸出は三億に達しました）。そこに革命が勃発しました。一七年には輸出高は七千四百万円に減り、二一（大正十）年には千四百万円弱にまで落ちこみ、その後さらに減少しました。

しかしながら、赤軍がウラジオストクを占領し、その結果東部シベリアとの貿易が再開されたことは、貿易促進を望む人たちの目にはあらたな希望と映りました。シベリアはロシア各地を荒廃させた市民戦争と飢饉《ききん》という災禍《さいか》をさほど被っておらず、工業製品の在庫は払底しているものの、シベリアで生産される穀類、木材、貴金属、毛皮などは影響を受けていないことに気づいたのです。世界に先駆けてパイオニアとなれば、この地は国に莫大な利益をもたらす巨大な市場となります。そして日本の主たる競合国であるアメリカが、ソ連に対しては敵意ある不干渉の態度をとっているため、日本は難なくこの道に進みうるのではないかと思われるのです。

そのうえ、戦後、ロシアが日本に求めた製品は、まさに日本が輸出したいと考えていたものでした。労働人口の大半を生かすことのできるもの、そして他の市場では需要が減りつつあった製品です。すなわち第一に、綿糸と綿織物、メリヤス製品、シーツ、靴、医薬品、石炭そしてビールです。つぎに農業用の機械器具、紙、砂糖、マッチ、煙草、食器、陶磁器類などです。一方シベリアのほうは鉱物、皮革類、そして木材、水産物といった日本にとっての必需品を供給できます。

アントノフ、そしてメルクロフ内閣のとき、日本は沿海州に三百万町歩（一町歩＝九十九アール十七・三三平方メートル）の面積におよぶ森林を譲渡され、二十四年間の開発権として二百万円を支払いました。日本人は、彼ら自身が言っていることですが、わずか一年で六百万円の利益をそこから引き出したのです。したがって、この譲渡は約一億五千万円の利益に相当することになります。

満州自体においても、ウラジオストクから哈爾浜《ハルビン》までの満鉄の沿線に、製材、製粉、製油工場、数々の倉庫、煉瓦工場、炭鉱、発電所などをつくり、その投資額は二千五百万円近くにのぼっています。

さらにこれに加えて、ウスリー川沿岸で始めた三万町歩近くの稲作があります。これらの農場には五万人近くの朝鮮人が働いており、農場の価値は千五百万円相当と評価されています。

一方シベリア地方、とくにカムチャツカの漁業は、ポーツマス条約で日本に開発権が与えられ、栄養源の大半を海産物からとっているこの国にとっては不可欠なものとなっています。その漁獲高は五千万円と見積もられています。一千隻以上の漁船が操業し、二万人の漁師と十七の缶詰工場に仕事を与えています。これほど大きな利益がありますから、日本は今年二百万円をウラジオストクの当局の手にためらうことなく渡しました。日本に対して示していた面倒な条件を撤回させるためです。今後漁師たちがソビエト当局のビザを得なければならないことまでも日本は受け入れました。ソ連当局はそのために、日本に十二人の役人を派遣し主要な港に配置しました。

最後に、サハリン（樺太《からふと》）島は日本にとって大きな不安要因となっています。この問題に関しワシントン会議で結ばせられた約束が、日本にとって足かせとなっているのです。サハリン（樺太）島の価値についてはかなり異論があります。漁業は値打ちがありません。島を覆う森林には平凡な種類の樹木しかありません。石油と石炭の鉱脈については評価にばらつきがあります。いずれにしましても、港や交通手段がなく、気候がきびしいことから、開発は困難でしょう。しかしながら、日本が自分の列島の延長上にある地域を所有したいと望むのは当然のことであり、そこを中立状態にしたままでは、いったん戦争が起こった場合、日本にとってはきわめて厄介なことになるでしょう。

これほどにいくつもの強力な理由があるのですから、日本の世論の大半がロシアとの協調を進めるよう強く望んでいるのは、驚くにはあたりません。したがって、〈法律上〉の承認まで、さらには外交関係の再開まで進む可能性があります。このような傾向には、もちろん自由主義的あるいは革命的意見をもつロシア寄りの知識人、教授、学生が結びついています。

しかし、〈協調〉路線の支持者の多くは、自身の活動の場がたえず狭められることに不安を感じている産業界や商業界の人たちです。この人たちには、生活費の高騰、製品の質の悪さ、必需品の調達困難などが原因で、日本の輸出が危機に瀕していることがわかっています。彼らはシベリアとの貿易再開は、有利なそして唯一の販売チャンスで、とにかくうまみのある投機の機会だと見ているのです。

この一派は、活動的な策謀家で野心家の後藤子爵に先頭に立ってもらって日露交渉を推進するのが自然だと考えています。後藤子爵がどういう人物かは、私の前任者の元大使たちが書いた報告を読まれればおわかりになるものと思います。彼はドイツで教育を受けていますから、当然ボルシェビキ（共産主義者）の人たちに親近感をもっているにちがいありません。子爵はまた商人たちや投機家たちの仲間、とくに鈴木家[*4]と姻戚関係にあると言われています。彼は台湾と満州において植民地政策を進めた実績がありますから、彼らになんらかの利益を与えることができたのだと考えることができます。二年前から後藤氏は東京市長でしたが、この報いられることの少ない難しいポストは、野心満々の自分の活動や場としてはふさわしくないものだと考えていたのです。ロシアとの交渉は、市長を辞職するには都合のよい口実であると同時に、ふたたび国民の注意を惹きつけ、彼に対してあまり好意的でない政府にみずからを認めさせる格好の手段であると思われました。交渉が成功すればその恩恵を受けられますし、失敗しても不興を買うのは政府なのです。

こうした理由から後藤子爵は、大胆に表舞台に打って出て、現在の指導者たちの無気力や臆病さを利用してふたつの劇的なことを実行しようと心に決めたのです。その第一がヨッフェ氏を日本に招いたことであり、第二は、彼を静養中の熱海から連れ出して東京に住まわせ、人々の目につくようにしたことです。

一方、このロシアの全権代表は、長春会議[*5]で演じたふたつの役割を演じつづけています。公然と脅迫的で傲慢な宣言をする裏で、自分が見かけよりは強情でないこと、自分と同類のドイツのブローカー独特の隠語〈Sehr coulant（ひじょうに柔らかい）〉を使って見せるのです。こうして、おそらく直接的な物質的代償も手にしたのではないかと思いますが、カムチャツカの漁業開発権と沿海州での森林開発権を、それほど何度も頼まれなくてもたんに契約を更改するだけで、日本に与えたのです。ソビエト共和国は、なんとしても自国を文明世界に結びつけるよい関係を断ち切らないようにしたいと思っています。イタリアやイギリスとの関係断絶はソビエトにとって大きな打撃となっています。ですからソビエトはその埋め合わせが必要となります。

他方日本人の側では、シベリアにおいていくつかの有利な譲渡が得られれば、ライバルのアメリカを〈困らせる〉ことができると期待しています。ソビエトの外交官たちは、かつてフォルツハイムやガブロンツ（ふたつともドイツの都市）の偽の宝石製造業の投資や売買にさいしては効果的だった方法を、外交に適用しつづけています。約束をする、そして巻添えにする、それが彼らのモットーです。パートナーの金銭欲につけこみ、ユダヤ人の諜報員を使って恐喝《きょうかつ》できる立場に引き寄せること、そして同時にライバルがいればライバルに興味をもたせるようにすること、それがここ日本でヨッフェ氏がもっぱらやっているかなりお粗末なやり方であり、彼の外交官仲間が一時的に成功して、模範を示したやり方なのです。

ヨッフェ氏は、ここ日本で後藤氏の熱烈な支持を受けているとはいえ、ほかの人たちは急いで彼に応えるつもりはないことを認めざるをえません。長春会議に出席した日本代表たち（その首席代表が外務省のなかで最も優秀であり、いちばん感じのよい松平《まつだいら》氏です）が、結局は挫折したこの会議の交渉期間中、彼がひどい仕打ちをし横柄だったことに対して、ヨッフェ氏を許していなかったのです。

大臣の内田子爵自身は、革命時に大使としてロシアに滞在していましたが、ボルシエビキに共感する理由などまったくありませんでした。伝統的政党に属する人たちのすべて、警察、内務省、法務省は、ボルシェビキの官僚と見せかけてじつはプロパガンダの本当の〈調剤室〉が、日本に設立されるのではないかと予想し恐れています。日本人はボルシェビキについて不案内で衝動的ですし、自分たちを取り巻く経済的・政治的制度について不平をいう正当な理由がありますから、ラジカルな活動家にとっては、欧米の規律正しい経験豊かな労働者たちより、煽動がしやすいと言えます。

さらに奇妙なことに、ヨッフェ氏の来日の時期が早稲田大学で起きた反軍国主義のデモとかさなり、シベリアに根ざす大きな〈陰謀〉（警察はその計画を発見したとまさに今日言いました）ともかさなったことを認めなければなりません。というのは、〈コミンテルン〉（第三インターナショナル）の最近の議決のことです。それについては、リガ（旧ソ連ラトヴィアの港湾都市）駐在のフランス公使がフランス外務省に報告書を提出しており、東洋におけるボルシェビキのプロパガンダが強化されることを予告しています。

他方、与党の政友会の大半の議員は、野党の党首の一人がイニシアチブをとった政策には好意的ではありません。奇妙なことに、軍人のなかには、ロシアとの協調政策に対する表立った反対はないように見えます。もしかすると、アメリカとの軋轢《あつれき》が発生しうるので、ロシアを丁重に扱うことは重要だという側面を意識しているのかもしれません。首相の加藤海軍中将は、自分が個人的にはソビエト政府の完全承認に反対ではないことを示す声明を発表したばかりか、それを繰り返してさえいます。しかし言行のあいだには隔たりがあります。目下のところ、他の同盟国が尻込みをしている、これほど重要な問題で、日本がイニシアチブをとるかもしれないという考え方には信《しん》憑性《ぴょうせい》がありません。

したがって、彼らはそこまでは行かない可能性が大です。しかし他方では、強い利益で結びついている隣国同士が、なんらかの〈一時的妥協〉で長いあいだ我慢しつづけるのは難しいことです。世話好きな後藤氏の仲介で最近何週間かにわたりつづけられた非公式な交渉のこみいった話をして、閣下を疲れさせることはいたしませんが、議論が終わったあとで作成される計画が、ここ日本で完全に反対されることはないと思われます。〈法律上の〉ソビエト承認の問題および戦争の負債の問題（二億円にのぼる）は棚上げし、とりあえずは現地の役人の裁量にまかされている現実的関係で我慢するのでしょう。

日本は、ニコラエフスクの虐殺[*6]に関しては、書面で遺憾の意を表明するしかないでしょう。そして、日本の軍隊に対するボルシェビキの非難が事実であると証明されれば、日本はそれに対して遺憾の意を表明するしかないでしょう。ロシアは日本と価格交渉をしたうえで、サハリン（樺太）の北半分を売却することに同意するか、さもなければそこでの経済開発を認めることになるでしょう。それと引きかえに、日本はあらかじめ撤退するか、撤退の真似事をするでしょう。日本はポーツマス条約を文字どおり実施するとは主張しないでしょう。この条約によって自国に認められている利益が、新たな条約によって埋め合わせられるのならば。しかし、そうなるかどうかは疑問です。

もちろん、今まで述べたことはこれからの交渉の計画にすぎないのであって、両国が納得したものではありません。それに関する公式な討議は始まってさえいません。そして両国は、大きな影響のある利益よりは〈面子《メンツ》〉や威信の問題をいまだに重視していますから、なおさら困難で不確実な交渉が最終的に成功するまでには、なお多くのもめごとが起きる可能性があります。

ポール・クローデル

★1 〔原注〕フランス外務省資料「アジアとの関係、一九二二—二五」(六八巻、分類五五八—五、一〇七号)

＊2 〔訳注〕ヨッフェ(一八八三—一九二七):ソ連の外交官・政治家。一九一八年、ブレスト・リトフスク講和会議全権、二二年極東全権代表として長春会議に出席。翌二三年には日ソ国交回復交渉のために来日した。ドイツ(一九一八)、中国(一九二二—二三)、オーストリア(一

九二四―二五）の各駐在大使を歴任。早くから神経症を病んでいたが、二七年党内闘争の激化に直面し、前途を悲観して自殺した。

一九二三年の東京朝日新聞から、ヨッフェに関する記事を以下にいくつか抜き出す。二月一日付「ヨッフェ氏入京に物々しい大警戒」。二月二日付「赤露のお客都入り、横浜から乗込んだヨッフェ氏美しい夫人を携えて」。二月三日付「築地河岸の一室にヨッフェ氏と後藤子爵と三時間会談」。二月八日付「赤色は悪者の象徴、ヨッフェ氏妙な顔」。二月十一日付「ヨッフェ氏熱海へ、アントノフ氏と共々」。二月二十七日付「ヨッフェとアントノフの打合せ」。三月六日付「ヨッフェはこの儘《まま》ただで帰るまい」。三月十一日付「代議士連がヨッフェ氏と会見」。三月三十日付「ヨ氏と後藤氏が最後の会見」。三月三十一日付「ヨ氏はこの上長く滞在しない」。

＊3［訳注］後藤子爵：後藤新平（一八五七―一九二九）。官僚・政治家。水沢藩出身。一八九八（明治三十一）年台湾総督府民政局長。初期の植民地経営に手腕を発揮。一九〇六（明治三十九）年、南満州鉄道会社（満鉄）初代総裁。日本の大陸経営の基礎を築いた。逓《てい》相・鉄道院総裁・内相・外相・東京市長を歴任。二三年にはソ連政府代表ヨッフェ氏と私的会談を行ない、日ソ国交樹立を準備した。同年、内相兼帝都復興院総裁として関東大震災後の東京の都市計画の立案にあたった。二八（昭和三）年伯爵。実務官僚の手腕と独自の政治哲学をもち、日本帝国主義確立期の代表的政治家と目される。

＊4［訳注］鈴木家（鈴木商店）：明治・大正期に発展し、一九二七（昭和二）年に倒産した大商社。日本の台湾領有後、台湾総督府民政長官の後藤新平と結びつき、台湾の樟脳、砂糖の取引などで発展し、とくに第一次世界大戦で莫大な利益を得、傘下に五十余社を有する財閥となった。

が、二〇(大正九)年、恐慌で打撃を受け、二七年台湾銀行から取引を停止され破産、昭和初年の金融恐慌激化の因をなした。

＊5 [訳注] 長春会議:日本軍のシベリア出兵下の一九二二(大正十一)年、日ソ国交樹立のために中国長春で開かれた極東共和国間の会議。日本代表は松平恒雄欧米局長、松島肇総領事、極東共和国側はヤンソン総領事、さらにソ連代表ヨッフェが加わった。交渉は暗礁《あんしょう》に乗りあげ決裂した。

＊6 [訳注] ニコラエフスクの虐殺(尼港事件):シベリア出兵中の一九二〇年二月、樺太の対岸にあるニコラエフスク(尼港)の日本軍守備隊と居留民が、パルチザンに包囲された。孤立した日本軍はパルチザンと休戦協定を結んだが、三月に戦闘が再開された。日本側はパルチザンが休戦協定を破ったというが、ソビエト側は日本軍がパルチザンの司令部を攻撃したと報じた。生き残った日本軍将兵と居留民は降伏して投獄された。五月に入って日本軍の救援隊が尼港に向かうと、パルチザンは投獄されていた捕虜を皆殺しにし、尼港を焼きはらって撤退した。七月に日本は、この事件について満足すべき解決が実現するまで北樺太を保障占領すると声明した。ソビエト側は、革命とは無関係の過激派が起こしたものであるとして首謀者を処刑する一方、事件の原因は日本軍が二回にわたってソビエト側の軍使を虐殺したことにあると立証した。

北白川宮の葬儀★1

【一九二三年六月八日】

さる四月のはじめ、不幸にしてフランスで、みずからの過失による事故で亡くなった北白川宮《きたしらかわのみや》の柩が、五月二十九日に神戸に着きました。＊2 私どもの領事館の担当官が弔慰を表わすべく神戸に向かいました。私自身は参事官のド・ベアルン公爵と故人を個人的に知っていた大使館付陸軍駐在武官とともに、その翌日、柩が東京に到着したときにまいりました。

今朝、重々しくかつ簡素に神道の儀式にのっとった葬儀が行なわれました。私たちの目の前を古代の装束・髪形に身を固めた大勢の人々が、黄色と白の細長い旗をもって列をつくって進むのが見えました。つづいて従者たちが、御幣《ごへい》＊3（ジグザグに刻まれた紙で、雷と流れる雨と天地の豊かな影響のあふれ出るさまを示すものだそうです）をつけた小さな木を三十本ばかり肩に担いで、通りました。彼らにつづき、私がフランス共和国大統領の名において捧げた大きな花輪が来ました。そのあとに、中国伝来の笙《しょう》と、鋭い音を出す小さなフルートのようなものを演奏する、二十人ほどの楽隊が来ました。それから二人の神主が、白と青の装束にふたつの海老尾《えびお》のついた馬毛の高い羽根飾りをかぶり、藁《わら》でできた履物を履いてやってきました。最後に兵士たちの担ぐ砲架車に乗った柩が来ました。

皇族、外交官、将官や高級官僚は、ふたつの倉庫風の仮設の木造の建物のなかにいました。同様に白木でできた小さな神殿の中央に柩が安置され、祭壇があり、神道の鏡や剣のつるされた何本かの灌木と大統領からの花輪がおかれました。悲しみ嘆くような奇妙な雅楽の吹奏の音のなかで、神主が食物や地の幸を奉納し、天皇からの勅書の長い朗読のあとで、まず宮家の人たちが、つづいて外交官たちが深々と一礼し、紙で飾った葉のついた小枝を祭壇におきました。これで儀式は終わりました。

すでに記しましたが、皇室と日本国民はこぞって、亡くなった北白川宮の柩に対しフランスで示された配慮に、また妃殿下と朝香宮《あさかのみや》に対して示された厚意に深く感激していました。北白川宮家と国民全体からの感謝をフランス政府に伝えるよう何度も依頼されました。私はその役目を、本日喜んでこの報告をもって果たさせていただきます。

ポール・クローデル

★1［原注］フランス外務省資料「国内および皇室の問題、一九二三―二六」（四九巻、分類五五一―二、一〇九号）

＊2［訳注］北白川宮は、一九二三年四月一日午前十時半、パリより百キロの地点で車が並木に衝突、危篤、のち死亡された。同乗の妃殿下と朝香宮は重傷、フランス婦人重傷、運転手死亡。（外交史料館史料〈六・四・八・一〇〉）

東京朝日新聞一九二三（大正十二）年四月三日「北白川宮成久殿下パリで突然薨去。ご自身自動車を操縦された成久王」。同紙四月四日「両殿下（妃殿下および朝香宮）一命はとりとむ」。同四月四日「妃殿下危機の域脱せらる」。

北白川宮。旧宮家の一つ。伏見宮邦家親王の第十三王子智成親王が一八七〇年創設。一九四七年宮号廃止。

重傷を負った妃殿下は、事故の十カ月後の二四（大正十三）年二月十二日、神戸着の船で、杖をついて帰国された。東京朝日新聞・二四年二月十日付「母親をお待ちかねでお揃いで睦まじい北白川の王子王女たち」、二月十三日付「妃殿下はいま車窓から懐かしい東海道を眺められつつ東京へ」「侍女たちが涙の御帰京」、なお、記事のなかに「出迎えの人の中にクローデル仏蘭西大使の顔が見えていたのが人目を惹いた」とある。

＊3［訳注］御幣：原文は〈gohti〉だが、ローマ字で書けば一字違うだけなのでタイプミスと思われる。

軍国主義精神の衰え★1

【一九二三年六月十六日】

日本は、ワシントン会議で海軍装備の削減を押しつけられたのにつづき、さらに数カ月前からは陸軍の装備をささやかながら自発的に削減しました。三百八十八人の海軍将校が解雇された一方で、陸軍将校三百七十人に対しても同様の措置がとられたのです。これから年末にかけて海軍省・陸軍省は、あらゆる階級の将校を海軍二百八十一人、陸軍千三百七十人解雇する予定です。

この措置を国民や当事者自身がどのように受け止め解釈したかを見ますと、満州での戦争（日露戦争）以来、国民の考え方に大きな変化があったことがわかります。日本の軍国主義の規律とあれほど密接に結びついていた英雄主義や犠牲的精神、栄光を求める気持ちがかなり低下しているように思われるのです。

将校・下士官の離職それ自体は、特別補償金が支払われたために当事者にはむしろ歓迎されたのですが、しかし解雇された将校たちは、加藤[*2]（友三郎）海軍大将の選択が不公平だったと不満を述べ、声を大にして軍当局を非難し、首相の政策までも非難しています。

　こういうわけで国民は、加藤海軍大将とその部下たちのあいだがしっくりいっておらず、そのため最終的に加藤首相が兼任していた海軍大臣の職を去るはめになったことを漏れ聞いて驚きました。新しい海軍大臣には山本（権兵衛）*3海軍大将の娘婿の財《たから》部《べ》（彪《たけし》）海軍中将（一八六七―一九四九）が就任しました。山本海軍大将は一九一四（大正三）年に、ジーメンス・シュッケルト事件*4のスキャンダルのあとで辞職を余儀なくされました。財部の任命は薩摩閥が権力の座に返り咲いたことを示すものです。山本海軍大将は、今なお薩摩閥で最も有力な人物なのです。

　加藤大将は九年のあいだ海軍省のトップの座にいたのですが、そもそもこの元海軍大臣は自分の側近たちをまったく信頼せず、みずからの政策を知らせていなかったように見えます。

　しかしながら、知らされなくても事実が語っています。加藤元海軍大臣の周辺にいた海軍大将たちは、大臣が立案した有名な〈八八艦隊〉*5計画が、二度にわたって便宜的に修正されはしたものの、それでも実現不可能だということにすぐに気づいたのです。戦艦の建造費は十年間で十倍にふくれあがりました。その事実ひとつとってみても、計画を成就させることは不可能でした。それにもかかわらず建艦計画は実行されていました。とはいっても、おずおずと、遠慮がちにではありますが……。というのも、じつは国そのものが数年来根本的に変化していたからです。あらたな支出・犠牲を必要とし無駄遣いとなってしまうような計画は、国にとってなんの意味もなくなっていたのです。国民の多くが大戦中に金《かね》の味をしめ、税金をとられたくないという気持ちが高まりましたから、かりにワシントン会議が、折よくこの問題に対する唯一の解決策を与えてくれていなかったとしても、加藤海軍大将やその後継者にとっては、計画を実現するのはどっちみち不可能な業《わざ》だったことでしょう。

さらに、何年か前から海軍ばかりではなく陸軍の将校や下士官の数が、一般の兵隊の数にくらべてアンバランスに多くなっていました。陸軍省・海軍省のなかでは、将校たちが文字どおり供給過剰になってだぶついてしまった結果、充分な俸給が受けられず、昇進が望み薄であることに不満をもつようになり、機能全般が麻痺《まひ》しています。将校たちは、国民のあいだでは、職業軍人の人気は二十年前から低下しつづけています。将校たちは、幹部の削減が決まったときには真っ先に不満を表明したのですが、恩給額と退職手当が公表されると、不満は解消され大いに満足しました。

というのも、加藤海軍大将は、こうした措置をとらざるをえなかったとはいえ、それがもとで自分が不人気になっては困るというわけで、解雇した将校たちに気前よく多額の恩給を与え、彼らが満足して退職できるようにしたのです。

彼としては上々の首尾でした。なぜなら、大方の幹部にとって退職は金銭面でまさしく恩恵となったからです。その恩恵を受けるために、一世代前なら赤面したような駆引きまでありました。すでに引退していた将校たちは、多くは戦争で負傷したり病気になったりして引退したのですが、自分より恵まれた仲間と比較して、苦々しい思いを抱いています。明治天皇の御陵での仰々しい礼拝行進といったデモが、公然と行なわれました。加藤海軍大将が、退役将校のために開いた宴会の席上、不満をもつ退職者の抗議や脅迫を避けるために逃げだすはめになったようだという噂までありました。

国民のごくわずかにすぎない元武士階級の伝統が弱まるにつれて、国民のあいだでも、かつては高かった軍の人気が衰え、それと同時に募集も難しくなりました。ヨーロッパ人の考え方とは逆に、兵役は国民の上層部には人気があったためしがありません。貴族出身の将校はごくわずかです。そして〈インテリ層〉や市民階級に属する若者は、武器をもつ義務をなんとか逃れようとしています。

新聞は軍の学校の志願者が減っていることを指摘し憂慮しています。新兵補充の負担を一手にかけられている農民は、なんの補償もなく、家族労働のなかで、いちばん若く生産的な働き手を何年にもわたってとりあげられるのは不公平だと感じています。そして、多くの大学で有力な教員たちは、はっきりと反軍国主義者だと言えます。少し前に早稲田大学の学生が軍事研究団[*6]をつくろうとし、陸軍省が公然と関心を示していました。革新的傾向をもつ何人かの若い教授たちの影響で、学生の大多数がこの計画に反対の立場をとり、発会式でその反対派の学生たちが暴力沙汰を起こしたために、研究団の発起人は断念せざるをえなくなりました。こうした事態は帝国政府に大きな不安を抱かせ、それを理由に警察の捜索がありました。かつてなかったことですが、警察は大学構内にまで入りこみ、多くの教授を辞職に追いこみました。一人は逃亡しました。佐野教授[*7]です。

もちろんこれらの現象から、日本が今や無気力な平和主義国家になったと結論するのは行き過ぎでしょう。軍には、指導者、伝統、組織が温存されており、なにはともあれその組織がこの国の主要な実行力、政治力となっているのです。しかし、軍の威信は危機に瀕《ひん》しており、軍の状況は脅かされており、軍は、国が駆り立てられている民主的変革や社会正義の精神に、無関心にならぬよう、敵対しないよう、注意しているにちがいないのです。

ポール・クローデル

★1 〔原注〕フランス外務省資料「国内政治、一九二二—二四」（五一巻、分類五五五—一—二、二一一号）

＊2［訳注］加藤友三郎（一八六一―一九二三）：軍人、政治家。子爵。海軍大将、元帥。広島生まれ。日露戦争時、連合艦隊参謀長。海相として八八艦隊計画の実現に努力。ワシントン会議の首席全権。のち首相。

＊3［訳注］山本権兵衛（一八五二―一九三三）：軍人、政治家。薩摩藩出身、海軍大将。伯爵。海相として日露戦争を遂行。一九一三年首相となり、翌年ジーメンス事件により辞任。関東大震災の翌日ふたたび首相となり、虎の門事件で総辞職。海軍および薩摩閥の巨頭とされた。

＊4［訳注］ジーメンス・シュッケールト事件：ドイツのジーメンス社からの軍需品購入にさいし、わが国の高官が十五ないし二十パーセントのコミッションをとっていたことが、一九一四（大正三）年一月議会で摘発され、三月、時の山本権兵衛内閣を辞職に追いこんだ贈収賄事件。

＊5［訳注］八八艦隊計画：一九〇七（明治四十）年に制定された帝国国防方針にもとづく、戦艦八隻・巡洋戦艦八隻を主力とする日本海軍の建艦計画。一九二一（大正十）年のワシントン軍縮会議（四カ国条約）の結果中絶し、戦艦の〈長門《ながと》〉〈陸奥《むつ》〉と航空母艦に転換された〈赤城《あかぎ》〉〈加賀《かが》〉のみがつくられた。

＊6［訳注］軍事研究団：陸軍は、あまった兵器と将校を各学校に送りこんで、教育の軍国主義化を進めようとした。参謀本部と密接な関係のあった早稲田大学教授青柳篤恒《あおやぎあつつね》は、早稲田大学に軍事研究団を組織しようとした。一九二三年五月十日、陸軍次官白川義則を迎えて発会式が開かれようとすると、学内に「早稲田を軍閥に売るな」などのポスターが突如として張りめぐらされた。十二日には軍研反対学生集会が開かれ、軍事研究団は解散した。

＊7［訳注］佐野学（一八九二―一九五三）昭和初期の日本共産党指導者。大分県生まれ。早稲

田大学講師。二二年共産党に入党し、常任監事。二八年コミンテルン常任委員。三三年鍋山貞親と共同で天皇制下の一国社会主義を主張する転向表明を発表。敗戦後四六年、早大に復帰。反共的な一国社会主義の運動を続けた。

アングロサクソン国連合の存在下における日本★1

【一九二三年六月二十一日】

ワシントン会議において〈太平洋に関する四カ国条約〉*2が締結されたことで、イギリスは必要のなくなった日英同盟を優雅に終結させることができたのですが、このとき私の任地のここ日本の新聞は、この決定の重大さを和らげようとつとめ、まるで合言葉のように、当事国双方に共通の意思表明であると述べてこれを紹介したのです。イギリス皇太子がその何カ月かのちに訪日し、国民のあらゆる階層からこれ以上は望めないほどの歓迎を受けました。人々は表面上は微笑みながら、しかし内心のひじょうな不安、なんとも苦々しい気持ちを抑えていたのです。

アングロサクソンの国々が、あらゆる機会を利用して極東での連携を強めるのを目の当たりにし、日本は、直接的な脅威を感じているとは言わないまでも、危険なまでに孤立していると感じていました。さらにふたつの事情から、太平洋を支配しているふたつのグループの利害の対立が明らかになりました。そして両者のあいだには敵意といってもよいほどの不信が増大しつつあるのです。

第一の事情とは、取り返しのつかない様相を呈している現在の中国の分裂状態です。それが最も顕著に表われたのが臨城《リンチョン》の略奪事件です。*3 この事件は、日本がパリとワシントンで主張してきた説を正当化するものでした。その説とは、隣の共和国で実行された改革は見かけだけのものであって、この国は、どの地域をとってみても、住民を効果的に服従させうる権威をもつ国家として他国に認めてもらうことができないというものです。私たちが中国と呼んでいるのは、幾人かのごろつきの親分たちの野望がぶつかりあっている戦場にすぎないということは、認めなければなりません。しかし英米は早くも、このような中国の状態から日本を深く憂慮させるような結論を引き出そうとしています。アングロサクソンの両国は、日本に山東省《シャントン》と揚子江《ヤンツーチアン》沿岸から撤退するよう強いたあとで、金融・通信・国家警察に国際的管理を打ち立てる体制を推奨しているように見えます。

このような体制には日本は反対しています。日本の愛国主義の大新聞『万朝報《よろずちょうほう》』*4 が、最近この件に関して記事を書きました。その内容は詳細に仏訳されるに値すると思われます（添付資料をご参照ください）（本書には収録されていない）。たしかに激しい内容ではありますが、この記事は国民感情に応えるものだと言いきることができます。この記事を書いた人物はあらゆる国際管理に反対しています。なぜなら、英米連合の勢力下にあっては、中国に関心をもつあらゆる列強と同様、日本はまったくなにもできず無力だと、この人物は考えているのです。彼はこの問題の核心をつくような例をあげています。上海《シャンハイ》の国際租界と南満州鉄道の集団管理委員会です。管理委員会で、スティーヴンス氏は実際に勝手放題をやりました。この指摘がそれなりの正当性をもっていることは否定できません。列強が集団管理を打ち立てようとすれば、日本が中国の愛国主義者たちの抵抗運動を支持するのは確実です。

しかしながら、中国の愛国主義者たちは、日本のこの種の支持は受けつけないだろうと思われます。この外国人嫌いの党が、中国在住の外国人のなかで、最も憎み、暴力沙汰を起こしている相手は日本人なのです。この党は、イギリスが九龍《カオルン》*5および威海衛《ウエイハイウエイ》*6において、わが物とした土地については沈黙しています。一貫して日本に、そして日本が遼東《リヤオトン》半島にとどまっていることに対して、この党は激しい怒りを燃やしているのです。

中国各地で、とくに揚子江流域では最も大規模に、日本製品や日本人に対するボイコット、略奪、暴力行為が広がりました。長春《チヤンチユン》ではほとんど暴動となり、デモに参加した人々のうち十二名が命を落としました。事態は深刻ですから、神戸と横浜の商人は政府になんらかの対策を講ずるよう求めています。政府は困惑しています。なぜなら、北京の政府は無能ですから、対策を講ずるとすれば、局地的な軍事介入しかありえないからです。しかし軍事介入という対策は、たとえ英米がとったとしても、日本政府の側で大きな異論が起こるでしょう。

やがて、混乱した中国のこの危機的状況を、英米の責任に帰する論調が現われました。『ジャパン・タイムズ』をはじめ大半の新聞が、その論調になりました。『ジャパン・タイムズ』は日本では、外務省から情報を得ている新聞と見なされています。野党の重要な機関紙『国民新聞』は、他紙ほど極端ではありませんが、中国で現在起こっている反日運動の根本原因は、日本がパリとワシントンで英米に対して弱腰外交をとっているのが原因だと見ています。

日本の愛国者にとってのもうひとつの不満の種は、シンガポールにイギリス海軍の大規模な軍港がつくられるという計画です。イギリス議会において継続中の議論から、この措置は日本に対抗してとられるものだということははっきりしており、極東で戦争が起こった場合、相当困難が予想され、勝敗の行方が不透明なフィリピン防衛において、アメリカを支援することを目的としているのです。この問題に対する公式説明にはいささか明快さが欠けていましたが、最近の『モーニング・ポスト』の記事ではっきりしました。この記事は日本ではかなりの反発を招き、新聞紙上では激烈な言葉をもって解説を加えられました。執筆者は、……〔以下欠如〕

★1［原注］フランス外務省資料「海外政治、一九二二―二六」（五七巻、分類五五八―一―二―三、一一七号）

＊2［訳注］ワシントン会議と太平洋に関する四カ国条約。第一次世界大戦後、一九二一（大正十）年十一月―二二年二月、西方におけるヴェルサイユ体制と対応し、東アジア・太平洋地域における海軍軍備制限と国際秩序の樹立のために、ハーディング・アメリカ大統領の提唱により、ワシントンで行なわれた会議。

　原敬《はらたかし》首相は、可能なかぎり対米協調を貫く方針を立て、海軍大臣加藤友三郎、貴族院議長徳《とく》川《がわ》家達《いえさと》、駐米大使幣原喜重郎《しではらきじゅうろう》を全権に選んだ。原は会議直前に暗殺されたが、原の方針はつづく高橋是清内閣に引きつがれた。

　軍備問題では、保有総トン数の上限をアメリカとイギリス五、日本三、フランスとイタリア一・六七に定めることを骨子とする海軍軍備制限五カ国条約が結ばれた。東アジア・太平洋問題については、太平洋に関する四カ国条約と中国に関する九カ国条約がおもな成果であった。前者によって日英同盟の終了、日米英仏協調体制の樹立が約された。さらに日本は、山東権益を中国に返還し、満蒙借款《しゃっかん》における優先権などの放棄、二十一カ条要求中留保項目の放棄、シベリアからの撤兵を声明し、またアメリカが中国における日本の特殊地位を承認した石井・ランシング協定を廃棄することとした。

　のちに日本は、一九三一（昭和六）年満州事変を引き起こし、さらに満州国建国・承認（三二年）、国際連盟脱退（三三年）、ワシントン海軍軍備制限条約廃棄通告（三四年）によって、ワシントン体制を崩壊させた。

＊3［訳注］臨城の略奪事件：一九二三年五月六日未明、津浦鉄道浦口《プーコウ》発天津《テンチン》行急行列車が臨城駅（山東省）付近で突然土匪《どひ》約千人の襲撃に遭い、イギリス人乗客一名が射殺され十六名が人質として拉致《らち》された事件。

＊4［訳注］万朝報：一八九二（明治二十五）年十一月、黒岩涙香《くろいわるいこう》によって創刊された新聞。九三年に山田藤吉郎経営の『絵入り自由新聞』と合併。編集綱領は〈一に簡単、二に明瞭、三に痛快〉にあったとされ、上流社会の内幕暴露、醜聞摘発のセンセーショナルなキャンペーンによって都市中下流層の人気を博した。日清戦争後には、九万部の発行部数を数え、都下第一を誇った。しだいに社会改良をめざすようになり、内村鑑三《うちむらかんぞう》、幸徳秋水《こうとくしゅうすい》、堺利彦《さかいとしひこ》らの気鋭の論客を入社させた。しかし日露戦争をめぐって、非戦論と開戦論に社内が分裂し、一九〇三（明治三十六）年十月、内村や幸徳らの非戦論者は退社した。日露戦争後は、ジーメンス事件糾弾運動では最も急進的立場に立った。大正中期以降は衰退の道をたどり、四〇（昭和十五）年十月『東京毎夕新聞』に吸収合併された。

＊5［訳注］九龍：中国南東部、香港《ホンコン》島の向かいにある地域。イギリスが一八六一年に併合。商業の中心地。

＊6［訳注］威海衛：山東省北端にある中国の港。一八九八年にイギリスが賃貸借地として譲渡させたが、一九三〇年に中国に返還された。

九月一日の関東大震災★1

【一九二三年九月二十日】

まずはじめに、閣下に感謝の言葉を述べさせていただかなければなりません。もしも閣下が大使館事務局の新築費用として十万フランの予算を私に許可してくださらず、そして大使館旧館の補強工事を行なっていなかったら、私たちは間違いなく全員助からなかったでしょう。責任者たる私やともに働く職員たち、そして使用人たちにいたるまで。というのも、日本のこの不運な地域が、これほどまでに激しい地震に見舞われたことは、いまだかつてなかったのですから。しかし、全職員の集合場所となった新築の大使館事務局は、みごとにもちこたえました。割れたガラス一枚なく、書類一枚失われませんでした。頑丈な支柱で補強された大使館旧館もまた、海にただよう船のように地震に耐え、屋根瓦と漆喰《しっくい》の外装の大部分がなくなりはしましたが、よくもちこたえました。内部は仕切り壁が倒れ、家具はすさまじいありさまでしたが、建物の主要部分に大きな被害はなかったのです。ところが、地震のあとに発生した火災で全滅してしまいました。★2＊3

災害は正午少し前に発生しました。その時刻がわからないわけがありません。なぜなら、地震発生直後、誰もが恐怖に怯えていた数秒のあいだに、しだいに激しくなる揺れがいつおさまるのかがわからないでいるとき、正午を告げる号砲係[*4]が、天地の混乱にもさほど慌てずに、まるで最後の審判のラッパを吹き鳴らすかのように、与えられた任務をまっとうし砲声を轟《とどろ》かせたのですから。

私はただちに事務所の外に出ました。ほかの大使館員たちも同様です。周囲の地面全体が怪物のように、生命のある生き物のように動くのを見、人間の建てた建物がいたるところで砂でできた城のようにぱったり倒れていくのを見ながら、私たちが味わった感覚は忘れようとしても忘れられるものではありません。すでに述べたように、大使館旧館の建物は補強した支柱のおかげでみごとにもちこたえました。しかし屋根瓦、壁の漆喰、間仕切りはすべて崩れ落ち、屋内はすべてが倒れて瓦礫《がれき》の山となり、筆舌につくしがたいありさまだったのです。

直後に火災が発生し、いたるところで煙が立ちのぼりはじめました。大使館のある神田はいつもそうなのですが、このときも真っ先に炎をあげた地域のひとつです。私は聖パウロ女子修道会の建物（白百合学園内）へ行こうとしたのですが、その建物は炎につつまれていました。暁星《ぎょうせい》学園（マリア会員運営）の校舎はもちこたえていました。マリア会員の建物も火災は免れました。しかし小学校のほうは危険な状態でした。フランス人の安否が気づかわれましたが、三、四人それぞれが別々の地域に分散しているので行くのは難しく、被害が少ないと言われている高台に住む司教のところにも行くことはできませんでした。

午後五時の時点では、大使館まで被害が及ぶことはないと思われていました。揺れはたえずありましたが、大使館はよくもちこたえていたのです。宮城（皇居）の濠《ほり》や公園より先の南の地域はことごとく焼失し、ごくわずかな部分だけに家が残っていましたが、大使館は空き地と樹木のカーテンで保護されて無事でした。折から吹き荒れていた台風の風が私たちのところから炎を遠ざけ、浅草と本所を焼きつくしました。

そこで、私は横浜に向けて出発することにしました。私は、これまで横浜の街が東京よりはるかにひどく地震の被害を受けてきたことを知っていました。私の気の毒な友人、デジャルダン領事[*5]は、まさしく数カ月前から予感にとりつかれていたようで、何度か身の安全に対する不安を私に訴えていたのです。フランス人居留民とフランス関係施設が集中しているのは横浜です。それにこのような状況下での私の義務は、同国人とともにいることだと私には思われました[★6]。付け加えますと、私はこのとき、横浜から三十キロ離れた逗子《ずし》の海岸のベルギー大使の家に逗留していた長女のところにも行きたいと思ったのです。逗子は大地震のあとで起こる津波に襲われている可能性がありました。

シャイエ書記官は大使館に残りました。私の車の運転手は行きたくないと言いましたが、航空武官のテチュ少佐が、小型のシトロエンを運転することを買って出てくれました。大使公邸の被害についてはあまり心配していなかったものですから、それが間違いだったことを認めますが、私は書類と原稿のすべてをそこに残していきました。

川崎の橋まではさほど苦もなく行くことができましたが、そこで川岸が崩れ落ちていました。日は暮れていましたが、私たちは車を乗り捨てて歩くことにしました。進んでいきますと、ヨーロッパ風の大きな港のなかに、煙とともに巨大な火柱が立ちのぼるのが見えました。九時になって、ついに私たちは災害の途方もない規模を把握することができました。鶴見区と神奈川区の高台から海にかけて広がっている大きな低地のなかが、三十平方キロにわたってすべて焼失していました。手前のほうは、まるで山脈が真っ赤に焼けているかのようでした。山と積まれた石炭が燃えていたのです。そしてその後ろは、巨大な〈桶〉の中身が風にかきまわされ動いているかのようでした。時折爆発音が聞こえ、五百メートルもの炎が空に向かって立ちのぼりました。ガスタンクや化学工場が爆発したのです。

私たちは線路わきの土手に横になって、難を逃れてきた数人の人たちとともに一夜を過ごしました。こちら側には〈最後の審判〉のようなパノラマが広がり、そしてあちら側は、東京の火災から立ちのぼる炎と煙で空が赤く染まっていました。そのふたつのあいだにある海の上には、月が完璧な清らかさ、えも言われぬ静かさでのぼっていました。身を横たえた大地は揺れつづけていました。そしてかたわらでは、ほぼ一時間おきに連結した何両もの車両が揺すられ、レールからはずれるのではないかというほどの音を立てていました。

夜明けごろ、目の前の火災はかなり下火になっていました。私たちは寸断されたレール、格子のように隙間のできた橋の上を歩いて、横浜駅に、さらに桜木町駅にたどり着いたのです。

なんたる光景！　横浜にはもはやなにひとつ残っていませんでした。日本人の住む街全体が破壊され、平らになり、ぺしゃんこになっていました。〈外人居留地〉の界隈では、最初の震動でつぶれなかった家が火災で焼け落ちていましたが、すでに鎮火していました。道の両側には黒焦げの遺体やからみあった電線が積みかさなっており、私たちはそのわきを歩いていきました。

駅前でパテック大使に出会いました（ポーランドの元外務大臣です）。彼は見る影もない姿になっていました。顔まで泥だらけで、真っ赤に充血したふたつの目だけが斑点のように目立っていました。彼はディマルチノ・イタリア大使といっしょに、公園の五万人の避難民たちに交ざって、地面が割れて大きな口を開いた下水の泥のなかで、夜を明かしたのです（のちにこの災害の記録が書かれたときに有名になった場所です）。私はディマルチノ大使に、埠頭に停泊中のフランス船〈アンドレ・ルボン号〉までいっしょに行かないかと誘いました。私はその船を対策本部にしようと思っていたのです。しかし、彼はもう一度横浜の街中を通り抜けることには抗しがたい恐怖を感じ、東京に向かうほうを選びました。

私は、テチュ武官とそのまま歩きつづけました。じつを言えば、まだくすぶり揺れ動いている廃墟のなかを歩きつづけるのは、愉快なことではありませんでした。私たちは一部が崩壊した防波堤にたどり着きました。そこからロープにつかまってひとつの船へ、そこからまた別の船の階段をよじのぼり（テチュ武官は戦争以来片方の手が利かないのです）、ついに〈アンドレ・ルボン号〉にたどり着くことができました。〈アンドレ・ルボン号〉では、有能な人物が指揮をとっていました。旺盛なエネルギーと知性の持ち主で、以前から私が評価していた人物、クーザン司令官です。この士官が災害のあいだに果たしたすばらしい役割については、別の報告書を後日お送りいたしますが、彼はその数日前には香港《ホンコン》で自分の船を恐るべき台風から救ったのです。クーザン船長は、被害状況が私の想像以上に悪いことを知らせてくれました。〈外人居留地〉はことごとく破壊され、家を失ったフランス人はみな、倒壊した家の瓦礫に埋まった死者や行方不明者を捜している。領事館のふたつの建物は崩壊し、領事は死亡した。すでに何人かの死者が確認されている。そのなかにはル・バルベ神父、ド・

ノアイユ神父、ベアルン公の使用人（公の子息は家の瓦礫の下敷きになってかなりの重傷を負っている）、シャルーブ[*5]一家、ヴィエル、[*5]ジャルノ、善良で尊敬に値するフランス人、オリエンタル・ホテルの支配人コット[*5]、自分たちの礼拝堂の屋根の下敷きになって押しつぶされたサン・モール会（正式名〈幼きイエス会〉）のシスター十人などがいる……。

この状況に対処するのになにがあるかと言えば、機械をとりはらった船（部品を陸上で修理中なのです）が一隻あるだけです。蒸気船も石油エンジン船も一隻もないのです！　それと救命ボートです。善意に満ちてはいるものの、セーヌ河畔ブージヴァルの町で休暇を過ごす学生たちと同程度にしか櫂《かい》を扱いなれていない船員たちが操る、重量のある救命ボートです。恐怖にとりつかれている日本人からはなんの助けも期待できません。日本人は救助や協力を拒み、九月二日の日中はまったく無力な状態に陥っていました。彼らの船は梯子《はしご》をとりはずして、避難民の救助を拒み、多くのタグボートは誰であれ救助することを拒んで港のなかをさまよっていました。海軍の艦隊は横須賀にとどまっていました（遠くにそれが燃えるのが見えました）。二日の晩になってようやく小型の駆逐艦が姿を現わしました。救助活動はすべて、〈エンプレス・オブ・オーストラリア号〉と〈アンドレ・ルボン号〉の救命ボートによって行なわれたのです。

私は状況を把握するとただちに陸上に戻り、一日じゅう領事館の廃墟の前で陣頭指揮をとりました。片足が砕かれて曲がり、顔は穏やかながらすでに青白くなって腫れあがっているデジャルダン領事の遺体が横たえられていました。彼は執務室でビッカール[*5]とイギリス人弁護士とともに永代借地権について話しあっているところでした。すると地面が揺れはじめたのです。二人の訪問客は逃れることができました。しかし、デジャルダン自身が戸口から出ようとしたとき、壁が崩れ落ちたのです。ビッカールはデジャルダンの頭が瓦礫に埋まるのを見ています。彼は庭師に助けを求め、デジャルダンの体を外に引っ張りだしました。片足が砕けているようでした。気の毒なフランス領事は苦しそうにあえいでいました。彼は息も絶えだえに言いました。「家内」「私の子供」「領事館」「水」。奇跡的に難を逃れることのできたシュヴァリエ（訳官見習）が、急いで水を探しにいきました。彼が戻ってきたときには、領事は息絶えていたのです。私たちは遺体を小さな荷車に載せ、屍衣で覆ったのですが、それは靴とともに夜のあいだに盗まれてしまいました。

　領事館周辺の動揺と混乱ぶりは筆舌につくせないほどでした。日本人、外国人、フランス人がつぎつぎにやってきました。それぞれが恐ろしい話を携えて。〈オリエンタル・ホテル〉と〈グランド・ホテル〉のふたつのホテルは瞬時にして壊滅しました。旅行会社の〈クック事務所〉では、観光客全員が水にのみこまれました。〈バンド〉と呼ばれている埠頭は、外国人観光客にとってはまさしく〈鼠捕り〉そのもので、逃げる手段がありませんでした。イギリス人のお嬢さん、ミス・クレーンだけが、この埠頭から海に飛びこみ、港内に停泊していた大型客船に泳ぎついたのです。汚れて、破れた服をまとったチリの代理大使と彼の妻は、経帷子《きょうかたびら》につつまれた死人のように見えました。イラネス代理大使のほうは腕に子供を抱き五階から飛びおりたのですが、怪我はありませんでした。夫人は両足をぼろ布で巻いて気が狂《ふ》れたように叫んでいました。髪を振りみだし、私のあとをどこまでもついてきて離れようとしませんでした。

日本人に交じってフランス人の子供が一人いて、一人の女が口にくわえたおにぎりを引きちぎって食べさせていました。その子は両足に火傷《やけど》を負っていました。私たちは子供を船に運んだのですが、その子はそこで死にました。日本人の女におぶさっている一歳の子供もいました。子供の父親のトリエジェは死亡しました。彼の妻は一年前に亡くなっています。シリア人のシャルーブ一家では、女一人を除いて家族全員が死亡しました。サン・モール会のシスターたちがやってきましたが、彼女たちのうちの十人が亡くなっていました。施設は破壊されましたが、マリア会員たちのほうは命に別状はありませんでした。悲劇の夜の体験を私たちに語ってくれたベアルン公（参事官）、妻を捜し夕方になってやっと見つけ、ほかのすべてを失ったゲゼネック（書記官）。

わが同胞のフランス人は冷静かつ威厳を保ち、すばらしい態度でした。ダルビエのことは特筆したいと思います。娘の一人が焼死したにもかかわらず、〈アンドレ・ルボン号〉の救護班を案内し、解体した機械部品を見つけだして船に運びこみ、自分の会社で組み立てた二隻のモーターボートまで調達したのです。

フランス人たちは、私が危険や不運を共にしているのを見て嬉しく思っています。この日の夕方、妻と幼い息子を救出しようと駆けつけたシャイエ（書記官）から、前の晩に大使館が焼け落ちたことを聞きました。八時ごろになって風向きが変わり、それまでもちこたえていた家々に火の手がまわったのです。大使館はあっというまに炎上しました。なにひとつ持ち出すことができませんでした。シャイエの必死の勇敢な働きと、やっと駆けつけてくれた消防士たちのおかげで、彼の住居と大使館事務局のみはかろうじて類焼を免れることができました。

乗船は整然と行なわれています。しかし、午後二時ごろあらたな危険が発生しました。朝から、無計画に港周辺に設置されていたいくつかの石油タンクから、中身が港内に流れだしたのです。火勢は、風の向きと難破船でできた堰《せき》によってくい止められていたのですが、昼ごろになって風向きが変わると、その堰に火が移りました。火と煙の柱がじわじわと〈アンドレ・ルボン号〉に近づき、船は黒い雲に隠れてしまいました。胸が高鳴り、私たちは最初の炎の舌が船に向かって飛びかかるのを覚悟しました。ところがそうはなりませんでした。陸で修理中のため機械を搭載していない私たちの美しい船が、奇跡とでも呼ぶべき操作によって、火の手から遠ざかることができたのです。船は追ってくる火の流れよりも速く走ることができ、その火もやがておさまって消えました。船は無事です。錨を巻きあげる機械が使えなかったのに、船長は錨をあげることに成功したのです。

折しも風向きが追い風に変わり、船を押してくれました。助けてくれようとするタグボートは一隻もなかったのですが、幸運なことに、大災害のなかで勇敢に救助活動を行なっていたアメリカ人のラフィンという〝冒険家〟が、小さな船で通りがかりました。彼は〈アンドレ・ルボン号〉の乗組員が投げたロープをつかみ、それを係留ブイに結びつけました。船は曳航されて危険地域から遠ざかり、そこから五十メートル離れることができ、助かりました。

夜になると、フランス人は全員点呼をとられ、〈アンドレ・ルボン号〉に乗り移りました。彼らは船上でじつに行き届いた世話を受けました。まず必要なのは衣類でした。なぜなら、ほとんどの人が着の身着のままで飛びだしましたから、男性はズボンとシャツ、女性はかんたんなワンピースしか身に着けていませんでした。目撃者の証言から、この船に集合できなかったフランス人は、すべて死亡したものと考えられました。というのものちに、私たちが日曜の晩に作成した行方不明者のリストから抹消されたのは、ドゥリーユ夫人[*5]の名前だけでしたから。

同じ日、つまり九月二日に、私は閣下に詳細の第一報と救出者の名前をやっと電報で打つことができました。しかし、それがいつ閣下に届いたかは私にはわかりません。無線電信による交信は困難です。もしかすると故意に妨害されているのかもしれません。

翌日、公的義務を終え、ゲゼネックの助力のもとにりっぱに職務を果たしたテチュ武官に指示を出したのち、私はデジャルダンの埋葬を執り行ないました。彼が倒れた場所に国旗でつつんだ遺体を埋葬し、かんたんな木の十字架を立てたのです。[★7] それから、私はシュヴァリエとともに娘を捜しに出かけました。彼女は逗子で無事でした。娘はかろうじて津波にのみこまれずにすみ、神のご加護で一命をとりとめました。[*8] 彼女が滞在していた家もまた、からくも地崩れのなかに消失することを免れたのです。

そのほかの説明はかんたんにできます。私は〈アンドレ・ルボン号〉に戻り、避難態勢を整えました。家族を神戸に連れていったベアルン公が戻り、私の手から指揮を引きつぎました。私は閣下に、震災および横浜におけるフランス人の状況に関する詳細な報告をお送りします。主要国の領事館や諸機関も〈アンドレ・ルボン号〉に移されました。

翌日、私は東京に戻りました。あらかた壊滅し、真っ平らになった東京へ。南部と西部の地区だけが無事に残りました。ビジネス街（アメリカの大きな建物を除いて）、歓楽街、教育施設、工業地帯、港、大学、図書館のすべてが消失しました。大倉集古館も中通り[*9]の工芸品店も壊滅です。アメリカ大使館とイギリス大使館の一部、中国とオランダの公使館が焼失しました。イタリア大使館は居住不能の状態です。今日現在の公式数字では、東京だけで、家屋の倒壊四十一万一千戸、行方不明者二十三万一千人、火災による死者七万二千人です。横浜についての数字はまだ発表されていません。死者は二万五千人といわれています。（のちの数字とかなりくい違うが、この時点では、正確な集計ができていなかったものと思われる）

これは先例のない史上最大の災害です。日本は一夜にして日露戦争の物的損害以上の損害を被りました。しかし日本は、外国の援助は可能なかぎり最小限に求めようという強い決意をもって、精力的に仕事にとりくみはじめています。そういうわけで私は、フランスで集められた義援金の大半を、わがフランス関係の施設、聖パウロとサン・モールの女子修道会、アテネ・フランセ、セント・ジョゼフ・カレッジ（横浜山手にあるマリア会の運営する学校）の再建にあてるべきであろうと考えました。

わが同胞たちは、きわめて悲観的な気持ちで横浜から帰国の途につきました。彼らは横浜港の貿易がまったくできなくなったこと、絹の市場が神戸に移されたこと、横浜港は新設される東京港に置換されることなどを耳にしています。いずれも私には確かな情報とは思われません[★10]。私は、あらたな計画にもとづく、ふたつの巨大都市の復興によって、大きな活動が生まれると考えています。すべてをアメリカ人にやらせるべきではありません。私たちフランス人もこれに参加する姿勢を表明しなければなりません。わが国のあらゆる産業、建設や公共事業用の鉄鋼、機械、セメントなどの産業を代表する派遣団をただちに送ることをお勧めします。

私たちには、某省内に貴重な友人たちがいます。その省は親仏的です。今後ただちに横浜に、私が〈メゾン・ド・フランス〉と名づけるものを建設することをお勧めします。それは仮設建物ながら、領事の宿舎や、自分たちの権益を見守り可能性を検討する目的でこの地に赴きたいと考えているフランス人たちの宿泊施設を備えた建物です。これに店舗や商品展示場を加えることもできるでしょう。この施設建設のために、私は仏領インドシナの援助を求めました。

職務に忙殺されておりますため、この報告をここで終わらせていただきますが、どうぞお許しください。

ポール・クローデル

追伸一――災害後の何日かのあいだ、日本国民をとらえた奇妙なパニックのことを指摘しなければなりません。いたるところで耳にしたことですが、朝鮮人が火災をあおり、殺人や略奪をしているというのです。こうして人々は不幸な朝鮮人たちを追跡しはじめ、見つけしだい、犬のように殺しています。私は目の前で一人が殺されるのを見、別のもう一人が警官に虐待されているのを目にしました。宇都宮では十六人が殺されました。日本政府はこの暴力をやめさせました。しかしながら、コミュニケのなかで、明らかに朝鮮人が革命家や無政府主義者と同調して起こした犯罪の事例があると、へたな説明をしています。

東京と横浜以外では、横須賀（大きな軍港）の町、鎌倉、小田原や小さな村々に甚大な被害が出ました。犠牲者の総数はすでに十万人を超えています。

閣下に以下のものを同封してお送りします。

一、被害を受けた地区を記した東京と横浜の市街地図。

二、写真数葉。『レクチュール・プール・トゥース（万人の読み物）』誌の社長が、これらの写真がほしいと言ってきています。閣下がそうしたほうがよいと判断されますならば、閣下からお渡しいただければ幸いです。

三、『アサヒ・グラフィック』特集号。

追伸二――九月一日の火災で日本人がいちばん驚いたのは、万一空爆があったら、首都がどうなってしまうかがわかったことです。このことから、町の再建にあたっては、道幅は広く、家屋には不燃性の建材を使用すべしとのきびしい規定を設けることが準備されています。

ポール・クローデル

★1 〔原注〕フランス外務省資料「災害、地震、一九二三―二三」(九二巻、分類五八六―一、五三号)

この外交文書には「大統領が読まれた」との書込みがある。この文書は、文士外交官展のカタログに四一〇号として掲載されている(外務省、一九六二年)。

クローデルは、自分の日記の六〇五ページにこの地震の目立った事実を記している。彼は一九二四(大正十三)年一月『レクチュール・プール・トゥース』誌に、「日本の災害」と題して報告を公表しており、『朝日のなかの黒鳥《くろどり》』のなかにも「炎の街を横切って」の表題で再度とりあげている(ガリマール書店刊・プレイヤード叢書・散文作品集一一三三ページ)。

★2 〔原注〕このあとに、災害時に東京あるいはその近郊にいたフランス人のリストがつづく。

*3 〔訳注〕当時のフランス大使館は皇居の北、現在の国立近代美術館あるいは毎日新聞社から清水濠ぞいに九段下に向かう道の右側、九段合同庁舎のある位置にあった。近くの近衛歩兵連隊(現在の北の丸公園)のラッパ吹奏演習の音で電話の声が聞きとれないなどの理由から、芝赤羽橋の有馬邸跡地に移転することが一九〇九(明治四十二)年に決まったが、第一次世界大戦後の

財政悪化から、フランス議会で大使館新築の予算（四百五十万フラン）の承認が得られず（下院可決、上院否決）、その土地はクローデル大使が日本政府に返却した。現在、麻布にあるフランス大使館は、徳川義親《とくがわよしちか》侯爵邸を三〇（昭和五）年に譲り受けたものである。外交史料館史料〈M一・五・〇・四―九〉「在本邦外国公館敷地関係一件」、同〈三・一二・一・一二九〉「芝区三田功運町一番地、仏公使館用地……」。

＊4［訳注］号砲係：明治四十二年測図・大正十年・十四年修正の麴町《こうじまち》区の地図に、現在の皇居東御苑内に「正午號砲臺《ごうほうだい》」の記載がある。なお、東京朝日新聞に午砲に関する記事が二件、載っていた。一九二二（大正十一）年八月十五日「お廃止の午砲明日から市で…」。同九月十四日「後藤市長が午砲の見学」。

＊5［訳注］デジャルダン領事、シャルーブ、ヴィエル、コット、ドゥリーユ、ビッカールの各氏は、一九二二（大正十一）年はじめのジョッフル元帥来日時に、横浜市山下町オリエンタル・ホテルで、横浜在留フランス人が行なった歓迎晩餐会の歓迎委員であった人たちである（外交史料館史料〈六・四・四・一二―一三〉）。ビッカールは商業会議所会頭。

★6［原注］実際、東京在住のフランス人は、この都市に住むその他の国の外国人もですが、家族を一人も失ってはいませんでした。わが同胞の大部分は、シャルトルの聖パウロ会のシスターたちを除けば、住宅や家財に被害はなかったのです。反対に横浜では二十人のフランス人が死亡し、何人かは負傷し、すべての人が家屋全壊の被害を受けました。このことは、横浜は地震によって破壊され、東京は火災によって破壊されたということから説明できます。フランス・ドイツ・アメリカ・イギリス・中国領事館の領事あるいは管理者が死亡しました。

★7 ［原注］ その後〈コルマール号〉の水兵たちが、領事館の柵を利用して墓のまわりにとても慎ましい柵をつくってくれました。近々写真を一枚お送りいたします。

＊8 ［訳注］ 東京朝日新聞・一九二三年十月七日付に関連記事が載っていたので、全文ここに記す。

〈神秘的の脅威〉 高波に浚《さら》われ断崖に打突けられて危機を脱した娘よ

クローデル大使談

「私は今私が腰掛けているこの椅子に腰かけて事務を執っていた時、あの大地震に襲われ、壁の落ちるなかを身をもって庭に逃れた。やがて地震が終ったかと思う刹那《せつな》直《すぐ》大使館の裏手に当って『火事だ！ 火事だ』と叫ぶ声が起った。見れば神田一円は火の海と化していたがこの頃から風が変ったので我が大使館はもう大丈夫だとの自信を得たので、五時頃私は大使館附の航空武官テーチュー中佐と同乗して自動車を横浜から逗子に向って走らせた。それは白耳義《ベルギー》大使と共に同地に避暑して居た長女の身が案じられもしたので横浜市の見舞を兼ねて行ったのだ。処《ところ》が六郷の橋が落ちて通れない。已むなく自動車を捨て足を棒にして九時頃漸《ようや》く横浜の東入口にたどり着いた。が市中へは無論一歩も進めない。遂《つい》に鉄道線路に野宿して一夜を明した。後で知ったのであるが実に此時我が大使館本館は跡方も無く焼け落ちて居たのである。夜明けを待って下火の巷を潜りつつ私はすぐ横浜港に碇泊中のフランス艦アンドレー・ルボン号に避難したが、艦から出してくれたランチのモーターが火熱を受けて燃え出そうとした。私は綱に依って漸く甲板に救い上げられたが、艦長も固唾《かたず》を呑んで実に危機一髪であったと私の手を固く握った。私は此の甲板で直ちに艦員に命じて救援隊を組織し小舟を降ろして在留仏人を初め内外人の救援に取り掛った。こうしてほぼ公務を果し、後事を副領事に託して私は逗子に向った。海水浴中高浪に浚われ幾度《いくたび》か断崖に衝突しつつも不思議に命は助かった娘の顔を見てほっと安心した私は、此の大災禍に対しては只恐怖と不可思議な神秘的脅威とを感じた実に思い出の深い記憶であったと述懐するの外はない」と口を結んだ。

＊9〔訳注〕中通り：外交史料館史料〈三・一二・一―一六〉に、「仏国公使館属舎として築地中通……土地貸渡並返地一件」という記載がある。明治時代には築地に外人居留地があり、大震災まで築地はそのおもかげを残していた。本書に出てくるソビエト代表のヨッフェも築地精養軒に投宿しているから、「中通り」はこの「築地中通」の可能性がある。なお、同音の「仲通」は月島に存在していた。

★10〔原注〕私はすでに横浜正金銀行〔訳注：のちの東京銀行、現在の三菱ＵＦＪ銀行〕の頭取から、生糸市場は横浜港に残るであろうと聞いています。実際に取引はすでに再開されています。最も緊急なのは桟橋が崩壊している港の修復です。湾のすべての海洋測量値が変化したということです。

大震災のあとで★1

【一九二三年九月二十七日】

この書簡に同封して、閣下に震災の状況を示す新しい写真をお送りさせていただきます。大方は横浜で撮影されたものです。そのほかに三枚の写真を加えます。そのうちの一枚には、横浜で難を逃れたフランス人たちとともに私が写っています。あとの二枚はデジャルダン領事の遺体を写したものです。

最近この壊滅した横浜の街を訪問したさいに確かめましたが、彼の遺体はきちんと墓に埋葬され、その墓は〈コルマール号〉の水兵たちがつくってくれた鉄柵と領事館にあった垣根で囲まれています。近々墓の写真を一枚お送りいたします。

あらゆる情報が一致していますが、一九二三年九月一日の大地震は、縦揺れであったようです。ロワイエ（商務担当官か）やそのほかの証人から聞いたことですが、このため防波堤の基礎杭が一メートルももちあがり、その上のコンクリート板が吹き飛び、すぐにそれが落ちるのが見えたそうです。

これは九月の最初の十七日間の震度を示す表です。［原注：日付と日々の震度を示す表がつづく」
今なお、強弱はともかく、揺れをまったく感じないで過ごせる日はごくまれにしかありません。

首都移転の問題は表向きには取り沙汰されていません。東京を旧に復そうと運動する利益団体がひじょうに多いのです。しかし、政府の顧問のなかには、行政と政治の中心はもっと安全な場所におくべきだと主張する上層部の意見があると聞いています。こうした措置をとるべきだと思っている人々のなかに、元首相で現政友会総裁の高橋（是清）子爵がいます。この人たちはこう主張しています。「貴重品を新聞の切れはしにくるんで、うかつにそこらにおきっぱなしにする人はいない。みな安全な金庫にしまっておく。それなのに、国家の命運にかかわる、重要で貴重な、国の頭脳である首都の機構を、安全な場所におかずに、災害に最もさらされている場所においておくのは、矛盾しているではないか」。たしかに、イタリアが首都をメッシーナ（シチリア島北東端の港湾都市。一九〇八年の地震で全滅）におくようなものです。

一六一五（元和《げんな》元）年から一九二三年までのあいだに、東京の街は地震あるいは津波で（火災は数えません）、なんと九回も破壊されているのです！　一六一五年、一六二八（寛永五）年、一六三〇（寛永七）年、一六三五（寛永十二）年、一六九七（元禄十）年、一七〇三（元禄十六）年、一七〇七（宝永四）年、一八五五（安政二）

年、そして一九二三年です。一国の首都をかくのごとき〈ボイラーの蓋〉の上に、あるいは崩れかかった崖の縁においておくのはじつに非常識なことです。

首都移転の提唱者のなかには軍人が大勢います。国家の戦略的かつ工業的基盤が、一夜にして灰塵に帰したことにびっくり仰天したのです。愚かにも町の中心に設置されていた兵器庫が日本海側に移されることは確実です。いくつかの軍の学校も同様です。これは大いに可能性があることなのですが、もし今後、何年かのあいだにあらたな災害が発生すれば、日本における〈ワシントン〉という考え方、すなわち国の指導権力を収容するためだけの都市を建設するという考え方が、実現されることになるでしょう。

東京と横浜という、あわせて数百万人の人口を擁するふたつの大都市が、わずか数時間で壊滅したのは、いくつかの要因がかさなったことによります。外的要因もあれば内的要因もあります。

外的要因としては、大地震と烈風が時を同じくして猛威を振るったことがあげられます。地震が火災を起こすと同時に、消火手段を麻痺させました。さらに猛烈な火炎を伴った烈風が、あらゆる方向に恐るべき速度で火災を広げました。炎が水平方向に広がったのです。

内的要因としては、

一、慎重さに欠け、なおかつその知識のない建築家たちが、安普請で外国式の建物を建築したことがあげられます。とくに横浜における被害の原因がこれです。横浜では露亜銀行、三井倉庫ビル、中央電話局といったいくつかの鉄筋コンクリートの建物を除き、〈外人居留地〉に建つ建物が、まるでトランプでできた城のように瞬時にして崩壊しました。通りの道幅の狭さが災害を大きくしました。

二、東京や横浜は都市というよりは巨大な村というべきで、乾燥した木造の掘っ建て小屋が密集して際限なく広がっていたという事実があります。ふたつの都市は、工事現場が、あるいは森が燃えるように燃えました。災害の広がりをくい止める準備はまったくできていませんでした。

しかし、将来なにが起こるか、いったい誰に予測できるでしょうか。一九二三年の地震は、人々の予想をはるかに超えるものでした。一九二四（大正十三）年に起こる地震がどんなものかわかる人がいるでしょうか。私は今、地質学者テルミエの書いた『アトランティスの崩壊』（アトランティスは、一昼夜のうちに海底に没したとされる大西洋上にあった伝説の島、地上の楽園）をひもといています。この本には、多くを教えられ考えさせられます。

この震災は、神戸から青森にいたる本州各地で感知され、震源は伊豆半島沖にあったと考えられています。東京と横浜以外では、小田原（人口五万）が壊滅し、鎌倉、千葉の町や多くの村が一部崩壊しました。重要な観光地である箱根や宮ノ下地区では甚大な被害がありました。

追伸——東京の震災復興に関する情報をいくつか同封させていただきます。興味深いものと思われます。横浜に関しては、事態はあまり進捗《しんちょく》していないようです。[★2]

★1 〔原注〕フランス外務省資料「災害、地震、一九二二—二三」（九二巻、分類五八六—一、一五四号）。この書簡は文士外交官展に出品された。

★2 〔原注〕追伸は、大使が最新の情報を加えるときによくするように手書きで書かれている。外交文書に添付された『ジャパン・タイムズ』の切り抜き「震災復興委員会が今、公式に発足」の翻訳は、とりあげなかった。大使は委員会の構成メンバーについて記し、委員長が後藤新平子爵であること、そしてその権限についても記している。クローデルは震災復興の問題を何度も報告している。

ポール・クローデルからA・レジェ宛の私信（一）[1]

【一九二三年十月二十五日】

私は、この国の思想や動向の変化をかなり間近に観察できる立場にいますから、来日してからまだ二年しかたっていないとはいえ、なんらかのはっきりした考えがないわけではありません。しかし、それについて公式文書でとりあげるのはためらわれましたので、私信にさせていただきます。私はパリ外務省内の現状に通じていませんし、フランスの全般的な政治方針や状況にも通じていません。以下に記しますことは、最終案というよりはひとつの提案です。しかし、これは議論に値するものであると私には思われます。

古い日英同盟がイギリス側から廃棄されたこと、極東である種の英米ブロックが構築されていること、これについてはシンガポール軍港化計画が提案されたことで様相がはっきりしたのですが、こうしたことが日本を大いに困惑させ、大きな不安に陥らせています。日本は、極東における政策全体を見直し変更しなければなりませんでした。私たちはその様子をこの二年のあいだ見守ってきました。中国で直接行動政策がとれなくなりましたから、一見したところ日本は、その橋頭堡《きょうとうほ》や当初配置した軍隊を引きあげているように見えます。山東《シャントン》、漢口《ハンコウ》、満州北部、シベリアからです。その一方で、周囲が敵ばかりでは困りますから、日本はロシアとの関係改善につとめています。躊躇しつつ慎重に。現内閣には後藤がいますから、〈一時的和解〉には到達するであろうと思われます。それは必要なことですから。

しかし、ロシアと和解するだけでは充分ではありません。日本は、恐ろしく孤立し、あるいは仲間はずれになっていると感じており、偉大な盟友イギリスと手を切っては、世界情勢の中心軸からはずれてしまい、立場を失うと感じています。現在の世界情勢は広大な東半球全体に影響を及ぼしており、そのなかにあって日本は追放され、いわばロビンソン・クルーソーと化しているのです。

日本をとり巻く英米の世界が疑惑を深め、中国ではできるかぎり小さな分け前しか日本に与えまいと決めているだけに、日本の孤立はいっそう危険なものとなっています。どうすればこの孤立から抜け出られるか。日本にはふたつの選択肢があります。

ひとつはロシアやドイツとの協調です。後藤子爵が温めているといわれる考え方で、軍人やインテリ層の有力なグループに共有されているものです。しかし、ロシアとドイツの崩壊は、ますます顕著な傾向になってきていますから、この種の三国協調は現実にはうまみのないものとなっているのです。

第二の考え方は、きわめてゆっくりとためらいがちに明確になり具体化しつつあるもので、上原《うえはら》（勇作《ゆうさく》）[*2]元帥がジョッフル元帥に示した提案のなかで初めて言及したものですが、日本はことによるとフランスと協調する手があるのではないかということです。今日まで両国は儀礼上の関係しか結んだことがありません。しかしながら、わが国が軍事面で協力しつづけてきたことが、日本に深い足跡を残しており、インテリ層、とくに法律家、芸術家、文士たちは長らくわが国から感化を受けつづけているのです。現在までのところ、外務省内ではもっぱら親英・親米傾向が優勢なために、この親仏派の人たちは頭角を現わせない状態です。しかしながら、いくつかの親独新聞の記事にもかかわらず、日本政府は奇妙なことに一九〇七（明治四十）年の日仏協約[*3]を廃棄するイニシアチブをこれまでのところまったくとろうとはしませんでした。この協約はワシントン会議の決定とは矛盾する、相互保証なしの本物の軍事協定となっているのです。九月末に外務省の上層部が一掃され、かわって伊集院男爵の率いるラテン派と呼ばれる人たちがその任につきました。その結果、親仏傾向が目立つようになりました。おそらくこうした傾向は、最近ドイツで起きた事件と無縁ではありません。その事件によって、フランスの意思の勝利が、つまるところヨーロッパにおいてはわが国に勝る大国はないということが証明されたのです。したがって、遠くない将来に日仏協調の兆しがしだいにはっきりしてくるとしても、驚くにはあたりません。

この種の日仏協調が、日本にどのような利益をもたらすかについてはすでに述べました。もはや日本は英米ブロックを前にして孤立することなく、国際連盟においてみずからの意思や判断を知らしめる〈代弁者〉をもつのです。〈代弁者〉の意見には人々は耳を傾けます。その〈代弁者〉とはフランスであり、フランスの背後には全ヨーロッパがあるのです。

フランスにとっての利益も小さなものではありません。そのいくつかを列挙いたします。
一、フランスは太平洋のある東半球で孤独ではなくなります。もはや英米の後塵を拝する必要がなくなります。私たちは彼らの代わりとなる友人をもち、みずからの利益を守る独自の手段をもっていることを示すことができます。私たちは後発ではなく、情勢を左右する決定者になることができます。
二、中国において、わが国の政策が大幅にやりやすくなる可能性があります。日本は中国との関係改善に全エネルギーを注ぎこんでいます。中国に関しては、日本は西欧の侵入を防御するかのように装っています。日本が、二十一カ条要求と膠州湾《チヤオチヨウ》の占領から、中国や諸外国の目をそらせることは可能です。なにはともあれ、日本の活動の場は中国北部ですから、フランスは日本が中国南部に関心をもたないよう仕向けることができます。中国南部と仏領インドシナとの国境線が平穏に保たれることを、日本は妨げはしないでしょう。日本はまた以下に記す経済計画の面でも、大いにフランスの役に立つことができるのです。

三、というのも、私たちにとって、日本と接近するにあたっての最大の関心事は経済面にあるからです。日本は過剰な人口を有していますが、国外への移民という捌け口は充分なものではありません。したがって、貿易および国内産業を振興させることが不可欠です。ところが、日本はあらゆる種類の資源に乏しく、いまや機械化された工場設備は世界のなかでも何カ所かに集中してきているため、日本はアメリカとの貿易がしだいに難しいものになっているのです。これはとくに鉄の場合に言えることで、もはや製鉄業は世界のなかでも特別に原産地に恵まれた二、三の地域でしか成立しえないのです。これら工場地帯のひとつは、フランスのロレーヌ地方にルクセンブルクおよびベルギーを加えた地方です。ドイツが条約を無視してわが国に現物賠償を支払う義務を履行していませんから、その代償としてフランスはおそらくウエストファリア地方（ドイツ北西部ライン川とウェザー川に挟まれ、ルール地方に隣接する地方）の鉄鋼生産設備を直接管理する権利を得ることになるでしょう。そうなれば、製品を売りさばく市場が必要になります。それはたんなるセールスマンの能力を超えており、政府がやらねばならないことです。

国内向けに、あるいは中国向けに大量の鉄鋼や化学製品を必要としている日本が、経済面での絶えざるライバルであるアメリカにそれを求めるかわりに、国益にかなうよう、フランスから一括購入しようとするのは当然考えられることではないでしょうか。また日本は、他国の製品を輸入するかわりに、主要な工業分野で、いずれかの国とパートナー関係を結ぼうとすることも考えられます。日本が大量に一括注文を出すようになれば、わが国の大企業の経営に日本人を参加させ、役員の席をひとつ与えてもよいのではないでしょうか。ことによると日本に直接の資本参加を求めることもできるでしょう。産業界においては、できあがった製品を売るという形から資本参加による提携の形へと、政策は変化するにちがいないと私は思うようになりました。提携政策はとりわけ日本に適用されうるものです。実際、日本では国家が、その手足となって動く有力財閥、有力企業を経由して、外国製品を購買しているのです。

こうした提携政策が夢物語なのかどうかは私にはわかりません。私にわかっていることは、日本でこの政策を実行すれば利益があること、したがってそれは検討に値するということです。もちろん、大きな障害があることは想定されます。つまり、商習慣、現存の利益、地理的に近いアメリカとの関係、そしてフランスとの関係からはさほど満足を得られなかったと日本の商人が主張していることなどがあります。しかし私のこの提案は、これまでに試みられたものとはまったく異なるものです。日本に第一級の人材を派遣して、市場の可能性とそこでの利益を調査すべきです。すくなくとも、日本においてドイツが占めることのできた地位を確保するようつとめるべきでしょう。

ここまでに述べたことは、つぎにするお願いのための前提です。成功させるためにぜひともお力添えをお願いしたいのです。〈日本政府は、仏領インドシナ総督メルラン氏の日本訪問を望むにちがいないと私は思います〉総督訪問は大成功をおさめ、大評判となるでしょう。そして、英米に対抗するうえでは最大の効果を生むものと私は思います。訪日の口実としては、震災見舞いかあるいはあらたに建築する大使館の起工式を用いるのがよいでしょう。総督訪日のために仏領インドシナになんらかの援助を求めることもできるでしょう。私たちの政策を遂行するために、仏領インドシナのような切り札を使わない手はありません。メルラン氏来日は、極東におけるあらたな基盤と権威を私たちに与えてくれるでしょう。フランスの友情が極東では貴重だということが、この訪問でわかるでしょう。なぜなら、日本は友好国を必要としているのですから。［以下欠如］

★1［原注］フランス外務省資料「海外政治、一九二二—二六」（五七巻、分類五五八—一—二—三、号数なし）

＊2 ［訳注］（原文は Uychara となっているが上原の誤りと思われる）上原勇作（一八五六―一九三三）：軍人。陸軍大将・元帥。子爵。宮崎県都城《みやこのじょう》の生まれ。陸軍士官学校卒。一八八一（明治十四）―一八五（明治十八）年、フランスに留学し工兵の新技術を学ぶ。一九一二（大正元）年、第二次西園寺内閣の陸相として二個師団増設を強硬に主張、内閣を瓦解させた。大正政変のきっかけとなる。陸軍内の軍閥の長老の一人。

＊3 ［訳注］日仏協約：一九〇七（明治四十）年六月二日、パリで駐仏日本大使栗野慎一郎とフランス外務大臣S・ピションとのあいだで調印された、日仏両国のアジアにおける相互の利益と安全を保護するための条約。「両締約国ガ主権、保護権又ハ占有権ヲ有スル領域ニ近邇《きんじ》セル清帝国ノ諸地方ニ於テ秩序及平和事態ノ確保セラルルコトヲ特ニ顧念スルニ依リ両締約国ノ亜細亜大陸ニ於ケル相互ノ地位並《ならびに》領土権ヲ保持センガ為《ため》前記諸地方ニ於ケル平和及安寧ヲ確保スルノ目的ニ対シ互ニ相支持スルコト」を約した。秘密文書で福建《フーチエン》省も協約の対象地域に入ることが確認された。この協約の締結により、在日ベトナム人の民族運動（ドンズー運動）に対する日本政府の取締りが始まるようになった。この協約は太平洋戦争勃発時まで存続した。

政治情勢・震災復興の問題★1

【一九二三年十月二十九日】

日本の政治は他の国々の政治と同様、複雑で、そこには少なからぬ変遷や方向転換が見られます。山本（権兵衛）内閣は、なにしろ組閣の真っ最中に震災が起こったのですから、すくなくともその準備段階のころには、世論にかなり好意的に受けとめられたように思われました。国民は、経験豊富で権威ある人物が政権の手綱をとるのを見て、彼なら個人的に恵まれた経済状態にあるのだから、二人の前任者より自由に振舞えるし、大胆な態度をとることができると喜びました。さらに人々は、彼は薩摩閥に属しているのだから、その影響力をもってすれば、混乱状態にある古くからある諸政党にみずからの首相就任を納得させることができるだろうし、彼のほうでもそれらの政党を丁重に扱えるだろうと考えたのです。

おそらく元老の西園寺公も同様の考えから、政友会の了解なしに選ばれた人物を首相として天皇に推挙しようと決めたのでしょう。彼は、長いあいだ議会の多数派を占めていたこの政党の無力さや党内抗争を懸念していたのです。

当初からこの新内閣には不信感を抱かせる要素がありました。最重要ポストのひとつに問題の人物がいたのです。野心家で、落ち着きのない、成り上がり、あるいはかつて言われていたようなまさしく政治〈浪人〉、非常識で放埒で、世に認められているいずれの政党や団体にも属さず、もっぱら、多弁、策略、カネ、格好のよいところを見せようとすることからくる寛大さなどをもって現在の地位を築いた人物です。彼が現在の地位にいられるのは、彼にしたがわなければならない人や義理のある人たち、言ってみれば大勢の〈顧客〉や〈債務者〉たちのおかげなのです。この人物とは、前東京市長、前台湾総督府高官、前満鉄総裁、そしてドイツの盟友である後藤（新平）子爵です。

また、彼と並ぶもうひとつのポストに、彼ほど重要人物ではなくて政治と行政の手腕のない犬養（毅）がいることは嘆かわしいことだと言われていました。彼は古くから存在している政党、国民党の総裁です。しかし、首相である山本海軍大将は、こうした危険な友人たちの手綱をうまくとることができるであろうと期待されていました。そして山本自身、危険な人物を大臣としてとりこんでおけば、敗北によって意気阻喪しているかつての与党（政友会）を手なずけることができるであろうと期待したのです。その与党は、国民のなかで最も信頼のおける健全な資産家の層を支持母体としており、十年近く前から政府を支えてきましたし、今後も支えていくものと思われていました。

不幸にして、現実はそのとおりになったとは思われません。山本海軍大将はみずからの意思を閣僚に強いるのではなしに、有無を言わさず民衆を煽動する閣僚の意思にしたがったように見えます。新しい政府が普通選挙の原則を受け入れたこと、しかもさらに重大なことに、内務大臣が、政友会を支持母体としている知事たちを大量に辞任させていたことも徐々に明らかになりました。これではまるで内閣が政友会に喧嘩を売ったも同然でした。

これに対する不満がひじょうに大きかったので、彼の派閥内の人もふくめて山本海軍大将の友人の多くが彼に背を向けはじめました。この国では政友会が今なおたいへんな勢力をもっていることは、最近の地方選挙の結果からわかります。政友会が大勝利したのです。同党は農民層に支えられており、忠実な農民たちはこの党に愛着をもちつづけています。長いあいだ政権の座にあったことから、農民層のなかに献身的な支持者を大勢つくりだすことができているのです。さらにこの政党は、強固に組織化された唯一の党です。この党に対してあからさまに戦いを挑んでもおそらく勝ち目はないでしょう。新しい首相に寺内（正毅）氏[*2]を擁立することができなかったのと同様に。

政友会は、原氏の死後、党の運命を無能な高橋（是清）子爵の腕にゆだねて以来、分裂し弱体化したのは事実です。しかし、希望の星とも言える人物が頭角を現わしてきたと言われています。老いた高橋氏や善良ではあるが非力な人物、元内務大臣の床《とこ》次《なみ》（竹二郎《たけじろう》）氏[*3]に代わって、あらたなリーダー、関東北部出身のエネルギッシュな政治家である横田《よこた》（千之助《せんのすけ》）氏[*4]がしだいにその影響力をあらわにしてきています。

すべては、山本伯爵が、危険な友人を追放し、政権を支えている人たちと和解できるだけの賢明さを、またその手段をもっているか否か、あるいは敗れる可能性が大きい選挙戦を乗りきることができるかどうかにかかっています。

政友会はたしかに選挙戦では有利な立場をとるでしょう。政友会は、普通選挙の問題にかかわることはもちろん差し控えるでしょう。大都市の労働者や学生はともかく、一般の国民はこの問題に関心がありません。この党が前面に出したいと思っているのは、東京の震災復興の問題です。そして、これに関しては有権者の絶対多数が関心をもっているのです。

日本の納税者の大半は、後藤子爵の広大な計画つまり昔の葦原《あしはら》[*5]を鉄筋コンクリートにおきかえるエルドラド（スペイン人がアマゾンにあると信じた伝説の黄金郷）計画について耳にし、不安をつのらせています。すでにかなり減少している国庫から、この目的のために何十億円も使うのです。外国に援助を要請し、月ごとに減じていく金塊の蓄えをさらに減らすということです。これによって一時的な安全は得られるにしても、絶対安全とは言いきれませんから、月々の生活費七十円を得るのにかくも苦労している小商人や、本所や深川[*6]の労働者に、いかにして建築費にかかった分に相当する高い家賃を払えと求めることができるでしょうか。また、ひどく立ち遅れてしまった産業界が、みずからの安全のためとはいえ、固定資産に金《かね》をつぎこむ余裕があるでしょうか。伝統的な暮らしや、小さな庭、木造の家にたいへんな愛着をもっている日本人に、これまでの風俗や習慣を百八十度転換して非人間的な兵舎のような大きな建物に住むようなじませることが、はたしてできるでしょうか。

少しずつ大規模な反対運動が現われてきており、これに気づいた政府は、豪華な〈大宰相[*7]〉計画を認める時期、あるいはこれを知らせる時期をいっそう先延ばしにしているのです。最終的には、鉄筋コンクリートを使用しなければならないという規制を、いくつかの大きな道路のみに限定し、あとは大きな公園をつくり、道路幅を広げ、あらたな水路を掘ることに落ち着く可能性が最も高いでしょう。日本人は、コンクリートの建物のなかで仕事をし、商売をしたいとは思っても、大昔からの習慣どおり、相変わらず木造の家のなかで生活し、食事をし、楽しく過ごすのでしょう。内務省にとって、国民に等しく備わっている本能にしたがわないやり方は、ひじょうに危険なものがあります。

結局のところ日本の国民にとって、九月一日に起こったような大災害は、船乗りには海の危険がつきまとうのと同じたぐいの危険でしかないのです。エルドラド計画を推進すれば、後藤氏の輝かしい経歴は暗礁に乗りあげ、ついには座礁してしまう可能性すらありえます。後藤氏との縁を早めに切ることができなければ、山本伯爵もまた同様の目に陥るであろうことは、ありうることなのです。

ポール・クローデル

追伸——新内閣が政友会に対してとった敵対的措置は、党にとってはちょっとした内部危機でしたが、国民はそれをしばし楽しみました。この党を構成している議員たちは、その選挙区に応じて、〈関西〉（薩摩閥の影響の大きな南部）と〈関東〉（北部）に分かれています。〈関西派〉は、人々の言うところによれば、床次氏の隠然たる影響下にあり、高橋氏の排除に躍起となりました。しかし、北の一派が党の面子《メンツ》と統一を保つのに成功しました。元大臣を六人残し、ベテラン〈元老〉五人を加えたのです。[*8]〈陣笠〉たちはベテランの権威の前ではしたがうのが習わしです。しかし、昔の首脳はもはやお飾りでしかなく、その権威は別の人物の手に移ったと思われています。政府との交渉は秘密裏に、政策が公正であるかどうかにしたがってつづいており［原注：日本語では〈是々非々の政策〉[*9]という。英語にすれば〈right is right and wrong is wrong〉］、このグループは、新しい内閣の行動や決定について判断を下す意図を示しています。有権者の数が増したとはいえ（かつては三百万、今は二千二百万）、古くからある強固な組織をもつ政党が、あらゆる成功のチャンスを有している可能性があるのです。

ポール・クローデル

★1［原注］フランス外務省資料「国内政治、一九二二―二四」（五一巻、分類五五五―一―一、一七〇号）

＊2［訳注］寺内正毅（一八五二―一九一九）：長州藩出身。軍人・政治家・陸軍大将・元帥・陸相。韓国統監をかねて韓国併合を推進。初代朝鮮総督。一九一六（大正五）―一八（大正七）年首相となり、シベリア出兵、米騒動鎮圧を行なう。

＊3［訳注］床次竹二郎（一八六六―一九三五）：鹿児島県出身。政治家・政友会の領袖《りょうしゅう》。原・高橋内閣の内相など。政友本党総裁・民政党顧問を経て政友会に復帰、のち除名された。

＊4［訳注］横田千之助（一八七〇―一九二五）：栃木県出身。大正期の政治家。一九一二（大正元）年、立憲政友会から代議士となり以後五回当選。原敬に鋭利な才能を認められ、一八年原内閣法制局長官。原首相暗殺後、後継の高橋是清総裁を助けて政友会をリードし、第二次護憲運動に政友会を参加させる。二四（大正十三）年、加藤高明内閣の法相となり、在任中に死亡。

＊5 ［訳注］葦原：クローデル大使は、日本国が「豊葦原の中つ国」あるいは「豊葦原の瑞穂の国」と称されていたことを知っていたために、この言葉を使ったと思われる。

＊6 ［訳注］原文は Fujisawa であるが、深川の誤りと考え、深川と訳した。

＊7 ［訳注］大宰相：この場合、エジプト王ファラオに選ばれ権力の一部を任されていた重要人物。

＊8 ［訳注］東京朝日新聞・一九二三年九月一日付「決定せる顔触」。総理大臣山本権兵衛、外務大臣首相兼任、内務大臣後藤新平、大蔵大臣井上準之助、陸軍大臣田中義一《たなかぎいち》、海軍大臣財部彪、司法大臣平沼騏一郎《ひらぬまきいちろう》、文部大臣岡野敬次郎《おかのけいじろう》、農商大臣田健治郎《でんけんじろう》、鉄道大臣犬養毅、逓信大臣未定。

＊9 ［訳注］原文は〈Zizi héhé〉となっているが、「是々非々」の誤りと解釈した。

海外から届いた援助、フランスへの感謝★1

【一九二三年十一月七日】

指導層の心中の思惑がいかなるものであれ、日本の国民は、東京と横浜を襲った災害に対して全世界で起こった崇高な慈善活動に、感動しないではいられませんでした。このうえない華々しさをもって、美徳を誇示しつつ慈善活動を行なったのは、なんといってもアメリカです。新聞が伝えたことですが、アメリカで集められた義援金はすでに四千万ドルを超えています。さらにアメリカの軍艦は、真っ先に現地にやってきて救助隊を上陸させました。日本政府の活動より早かった事例もあります。東京の川や運河にはアメリカの駆逐艦や哨戒艇が入りこみ、首都の通りにはＵＳＡと書かれた救急車やトラックが走りまわりました。帝国ホテルは、ワイシャツ姿の陽気な救助隊員でにぎわっていました。まるで一九一八年、一九年の大戦後のパリにいるかのようでした。十五日間、小柄な日本人は、いたるところに侵入してきたこの騒々しい巨人たちのなかにあって、心安らかではなかったでしょう。

その後、アメリカ人たちは、自分たちの豪華な救急車が空っぽのまま、コンビーフやアスパラガスの缶詰は店に山積みになったまま、持ってきた衣服は希望者に売られ、結局なにもかもが自分たちとは無関係に、この国の庶民は日々を過ごしていることに気づきました。アメリカ人たちは、海軍大将アンダーソンが言ったとされる「私たちはふたつよいことをしました。すぐに駆けつけました。そしてすぐに立ち去りました」というユーモラスな別れの言葉を残して早々に引きあげました。日本人がいちばん感謝しているのは、ふたつ目のほうです。それはアメリカ大使サイラス・ウッド氏の帰還のさいの群衆の見送りの様子からわかります。多くの人々、そして高級官僚が大挙して桟橋に出かけたのです。「こんなに大げさに見送られて出発したら、彼はもう帰ってくることはできませんね」と秘書官の一人が言っていました。

　国家としての謝意は、アメリカだけでなく、すべての国に対して表明されるのでなければ、不公平というものでしょう。街の角ごとに小さな机がおかれ、通行人が感謝状に添えて名前を記していました。二十万人近くの署名が集まりました。日本の当局は、市内の重要な寺院のひとつである芝の増上寺で奇妙な追悼会を行ないました。災害の犠牲者となった外国人の霊を弔うために、神道、仏教、カトリックの儀式をごちゃまぜにした祭祀を行なったのです[*2]。そして明日は市庁舎において、外国への感謝の大規模な会が行なわれます。各国の外交官団がこれに招かれています。

　日本の無言の呼びかけに応えたフランスおよびフランス植民地の寛大さは、ここでは強い印象を残しました。この点に関しては、ふだんはあまりフランスに対して友好的でない『日日新聞』につぎの記載が見られます。

「アメリカ人の援助が最も早く、かつ最も大規模なものだった。この事実は、アメリカ人の特長である迅速さという優れた資質が発揮された結果であるのみならず、国が豊かで距離が近かったためでもある。しかし、私たちは物質的な援助の規模のみに感謝しているのではない。かつては裕福だったが、四年間に及ぶ莫大な費用のかかる戦争の試練を経たフランス人にとって、現在は一フランでも貴重なはずである。彼らが被った損害にくらべれば地震の被害はとるに足らない。世界のなかの最強の軍隊に対抗して、すさまじい状況下で戦い、フランスは血を流し疲れはて、しかし汚れなき名誉と光り輝く栄光とともに戦闘を終えたのである。このような国民からはいかなる同情の証しも期待することはできなかった。フランス人が悲惨な苦悩のさなかにあって、損なわれた資源の一部を割き、彼らから見れば地の果ての日本へ災害救助にやってくるとは、夢想だにしていなかった。

しかし私たちは、『不幸な人間だけが不幸な他人を理解することができる』という格言を忘れていた。日本や日本人を見たこともないフランス人のなかの何千人かの人々が、友好の気持ちから義援金の呼びかけに応じたのだ。その義援金はアメリカ人の何分の一にすぎないにしても、だからといってそれに対する私たちの感謝の念に変わりはない。悲嘆のさなかにある国民が、他の国民の救助を考えるのは並みたいていのことではない。神に対する畏敬の念、人類愛がこのような寛大な同情を起こさせたのであろう。このようなことができるのは、無限の可能性をもつ偉大な心をもった国民だけなのである」

フランスが示したたくさんの同情の証しのなかで、日本人が最も感動したのは、戦争で夫を亡くした人をはじめとするフランスの女性からの、孤児を引きとりたいという申し出があったことではないかと思います。最後に、仏領インドシナも、かくも聡明にかつ迅速に寛大な援助をしてくれました。おかげで私はある施設をつくることができたのです。それについてはつぎの手紙で閣下にお知らせします。その施設は当地にすばらしい影響をもたらしました。

このたびの大惨事、そして世界じゅうの人たちが同情を示してくれたことが、この警戒心の強い国民を近寄りがたいものとしている心の壁を、とり除くのに役立つであろうことは確かです。しかしながら、『国民新聞』の編集者でこの国の最良の文士の一人である徳富蘇峰《とくとみそほう》氏の書いたつぎの記事が、国の指導者たちの胸中を最もよく説明しているのではないかと私は思います。

「神の意志は推しはかることができない。日本の不幸はかならずしも他の国々の幸福とはならない。にわかに日本を襲った深甚なる災害は、日本に対する世界の同情を引き起こす結果となった。日本の不幸を知って、世界の人々は心を傷めた。アメリカがその友情の証しを真っ先に示した。イギリスでは、新聞記者のなかに、苦境に立つ日本への同情からシンガポール軍港化計画の放棄を主張する者まで出ている。中国では、このたびの災害後に反日の動きが徐々に減少している。これらは顕著な事例にすぎない。しかし、これだけで充分日本に対して世界各国の人々がどんな態度を示したかがわかる。とにかく、日本の不幸は全世界からの同情を得るのに役立つのである。

にもかかわらず、私たちは不安と残念さの入り交じった気持ちでこの事実を認めるのである。世界が日本を哀れんだということは、日本の名誉になることなのか。今や世界は日本が不能になったと考えているためではないのか。将来日本が旧に復したとき、今日の現在の同情は維持されるのか。現在示されている同情の念は、世界が日本の不幸な状況を慮《おもんぱか》った結果生じたものなのである。この状態が改善された暁には、今と同様の同情は期待できないであろう。私たちは、わが国が世界の共感を得られないほど傲慢になるのを見たいとは思わない。しかし同時に私たちは、日本国民が、みずからの力よりも各国の同情を信頼するという態度をとることを、警戒しなければならない。それ以上に危険なものはないであろう。

友情は友情、そして国益は国益である。私たちは日本国民が世界情勢について広い視野をもち、このふたつを混同しないよう望んでいる。友情は時にはライバルのあいだにも存在しうる。そして利益の問題は、友情とは次元の異なることなのである」

ポール・クローデル

★1 〔原注〕フランス外務省資料「災害、地震、一九二二―一九三二」(九二巻、分類五八六―一、一七六号)

＊2 〔訳注〕東京朝日新聞・一九二三年十月九日付「日本の地震で死んだ外人三百五十人の為めに昨日増上寺で追悼会」

大使館に医療慈善施設を開設★1

【一九二三年十一月十三日】

閣下に申しあげましたように、私は仏領インドシナの協力のもと、わが大使館の焼け跡に、慈善活動の施設を開設しようと思いました。神田の施設から焼け出されたシャルトルの聖パウロ会（白百合学園運営）のシスターたちが、活動の指揮をとると言っています。私たちは、大使館の敷地内に二十二人のシスターが寝泊まりできる仮設住宅を建て、つづけて学校で教えるというシスターが、そこから通えるようにしました。庭の奥にはつぎの施設をふくむ一連の建物を建てました。一、診療室、二、処置および手術室、三、医局、四、薬局と売店、五、食堂と炊事場、六、託児所です。この施設を統括するのは、仏領インドシナから派遣された医師ローランスで、日本人の医師がこれを補佐します。

さる十月三十一日に盛大な開所式が催されました。この日、日本政府からは格別の好意が示されました。と申しますのは、摂政殿下の婚約者の母上である久邇宮《くにのみや》妃殿下が式への出席を承諾されていたのです。外務大臣の伊集院男爵も出席しました。彼は、同時刻に帰国の途につくべく乗船したアメリカ大使を見送りに行くのを失礼して、この施設にやってきました。貴族院議員黒田（清輝）子爵、多数の医師、官僚、ジャーナリストが私たちの催した控えめな式典に参加しました。

施設内の見学に先立ち、私はここに同封いたします内容のスピーチをいたしました。

見学のあと、参加者全員で記念撮影をいたしました。その写真も一枚同封いたします。私の妻はかなり重症の腸チフスに冒されて、いまだ病床にあり、残念ながら式に参加できませんでした。*2

この施設は、開かれて以来、貧しい人たちに歓迎され、ますます繁盛しています。毎日、五十人の患者が無料診療を受けにきます。そして食事は（ご飯一杯とみそ汁と野菜です）、一日五百食を超えています。患者は女性、子供、老人です。これは予想していなかったことですが、日本の母親は子供と離れる習慣がありませんから、託児所がたいへんにぎやかになりました。明るく生き生きしたこの人たち、フランス人シスターたちの白頭巾、施設の見学者がたえず行き交い、大使館の敷地では火災が残した悲しみを忘れて、活気に満ちた慈善活動を見せています。*3 それを見るのは嬉しいことです。

インドシナの資金が、このようにありうる最も有効な形で支出されたことに、私は大きな満足を感じています。そして私たち自身の手で、まさに大使館の敷地のなかで、私たちの建物において行なわれている慈善活動は、日本政府の未知の人物の手に多くの義援金を渡した場合よりも、わが国に対する評価と謝意という点で、大きな果実を生むでありましょう。

ポール・クローデル

★1〔原注〕フランス外務省資料「災害、地震、一九二二—一九二三」（九二巻、分類五八六—一、一七三号）

＊2〔訳注〕大震災後、腸チフスが流行したことは当時の新聞に書かれている。

＊3〔訳注〕東京朝日新聞一九二三（大正十二）年十二月七日「尼さん達のお給仕で舌つづみ打つ罹災の子」の記事がある。

パリ外国宣教会から福岡地区をとりあげる計画[★1]

【一九二三年十二月十三日】

閣下は、〈パリ外国宣教会[*2]〉の日本における布教地域が、嘆かわしいことに何年か前から減少してきていることをご存じです。宣教会はつぎの地域を相次いで失いました。四国の四つの管轄地区、函館周囲のわずかな地域を除く北海道全体、さらに秋田、山形、新潟、富山、石川、福井、岐阜、長野、愛知、そして岡山、広島、鳥取、島根および山口、九州地方では沖縄、鹿児島、宮崎、大分です。当初これら最後の四つの県を受け入れていたカナダのフランシスコ会の神父たちは、その後、担当地域から大分県をはずすことを認めてほしいとローマに請願しました。その管轄をあまり広げないためなのか、あるいはこの地区があまりに手応えがなくやりがいがないと思ったためでしょう。いずれの理由にせよ、ローマは彼らの請願を聞き入れました。最近〈パリ外国宣教会〉は、九州北部の大分県に加え重要な福岡県を、イタリア人ドン・ボスコ修道会サレジオ会[*3]に譲るよう指示を受けたのです。

このニュースは長崎の司教から伝えられたわけではありませんが、といって確たる情報でないということはありません。

門司をかかえている福岡県は、大規模な工業施設をもつ日本で最も豊かな県のひとつであり、福岡市は、日本南部における経済および知性の中心地です。福岡には多くの学校、なかんずくふたつの大学と高等学校（旧制）があります。

わが宣教師は、大学の医学部と高等学校でフランス語講師をしています。同市では、フランス人シスターが経営する高等女学校開設の話が進んでいます。一九二五（大正十四）年には、福岡の大学は完璧なものとなります。二学部、法学部と文学部が新設されるのです。同地方は以前からフランスの影響を受けていますが、これらの学部が新設されれば、さらにこれを深めることができるでしょう。ベルトラン神父はこの二十五年来、小倉の若い将校たちにフランス語を教えています。マルタン神父も下関の将校、門司の郵便局員たちにフランス語を教えています。彼は近々国鉄職員にもフランス語を教えたいと考えているのです。

私たちはかくもすばらしい場を、みすみす譲り渡すことはできません。閣下宛に十二月十日付で外交文書一八二号を発送いたしましたのは、こういうわけなのです。この件に関し、私はひどく気分を害しております。これほど重要な問題、わがカトリック施設に惜しみない支援を与えているフランスに深い関わりのある問題の交渉が、大使である私に知らされぬまま始められることに対して、です。

　長崎のコンバス司教は老齢で、仕事に忙殺され、疲れています。彼はこの職につく前は、三十三年間ラテン語の教師をしていましたから、司教の職務に関しては準備ができていなかったのです。彼はヴァチカンのイタリア人代表ジャルディーニ大司教の言うがままになっています。他方、〈パリ外国宣教会〉総長のド・ゲブリアン司教は、生涯を中国で過ごしましたから、日本の事情にまったく通じていないのです。彼はこの反応のにぶい国に対して、やりがいのある国々で布教してきた多くの宣教師たちと同様の偏見をもっているように見えます。ところが実際には何年か前から、日本のカトリシズムに関して、とくに裕福な教養のある層ではっきりした動きが見られるのです。あれほどの辛苦を経て、ようやく収穫が見えてきたというときになって、私たちはよその国の人々に日本を引き渡すというのでしょうか。

　現実を直視しなければなりません。福岡を失うことは、いつの日にか九州全体を、日本におけるカトリシズムの要地を、〈パリ外国宣教会〉が失うことにつながるのです。聖フランシスコ・ザビエルの遺産を継承した六万人のキリスト教信者を、聖職者たちの真の養成所を、そして福岡以外の日本帝国全域を導く役割を失うのです。私はこのような危険な事態が出現することについては、全力をあげて抗議せずにはいられません。ローマにおいて、ド・ゲブリアン司教とただちに話しあっていただきたいと閣下にお願いしたのはこういうわけなのです。カトリック布教聖省に対するド・ゲブリアン司教の影響力と権威は強力ですから、彼が望めば、福岡は今後もフランスの修道会のものでありつづけることができます。

フランスから福岡をとりあげるのは、フランス側には布教活動に必要な宣教師の数が不足しているからだというお定まりの反論を、閣下に向かってする人々がいます。これは間違っています。〈パリ外国宣教会〉であれ、〈ドミニコ会修道会〉〈神言修道会〉〈イエズス会〉〈フランシスコ会〉であれ、よその宣教師たちにくらべても、福岡のフランス人宣教師の割合はそのほかの地域と同じなのです。この管轄区域にはローマ布教聖省の宣教師が四人います。それ以外の宣教師に関しては、大都市をふくむ県ですら、一人も宣教師のいない、あるいはたった一人の宣教師がふたつまたは三つの県を担当しているのです。どうして布教聖省はこうした面に注意を向けないのでしょうか。

長崎県にはかつての信者の子孫たちが大勢いますから、教会としては、最初に伝道活動をした〈パリ外国宣教会〉の宣教師たちを助ける日本人宣教師が後継者として出てくるという望みがあり、確信があるのです。

追伸――日本において、イタリアの〈サレジオ会〉の人物をどうしても助任司祭職につけねばならないのでしたら、熊本・宮崎地区の助任司祭にすればよいと思います。

とりわけ住みやすい地区、伝道活動が最も進捗している地区から、〈パリ外国宣教会〉を追い出そうとローマが意図しているのは、たいへん遺憾なことです。外国人修道会のなかに日本行きを望む人が多く、たとえばチベットや海南《ハイナン》島[*4]に行きたい人がかくも少ないのはどういうわけなのでしょうか。コンバス司教はきわめて臆病な人で、みずからにゆだねられた遺産をみすみすとりあげさせているのです。〈パリ外国宣教会〉の手から福岡をとりあげることは、はるかに深刻な事態に向けての前奏曲であるだけに、許容しがたいことです。おそらく長崎が〈とりあげられ〉、純日本人の宣教師が担当することになるにちがいありません。こうして〈パリ外国宣教会〉は、みずからが布教活動にあたり、全国で七万人の信者のうち六万人が住む九州の島から放逐され、今後、この地はイタリア人の手にゆだねられるのです。私はこの恐ろしい不正をくい止めるため、閣下のお力添えを期待いたします。

★1〔原注〕フランス外務省資料「カトリックの布教、一九二二―二九」（五六巻、分類五五六―一―二、一八九号）

＊2〔訳注〕パリ外国宣教会：東洋におけるキリスト教宣教で重要な役割を演じたフランスの教

区司祭の会。一六六三年パリに神学校を設立、翌年ローマの認可を受ける。修道会組織としては初めて外国宣教に乗りだし、過去三世紀間東洋で宣教した。日本へは一八四四（弘化元）年、フォルカドがフランス軍艦で琉球に到着したのが最初であり、一八五九（安政六）年にはジラールがフランス総領事一行とともに公認された宣教師として江戸に入った。現在日本では、函館、東京、静岡、神戸、北九州市を拠点に活動している。

＊3［訳注］ドン・ボスコ（一八一五―八八）：イタリアのカトリック教育家、修道院創立者。ピエモンテの貧しい農家に生まれ、一八四一年司祭となる。五九年、同志とともにサレジオ会を創立し、これをピウス九世は六八年正式に認可した。彼の修道会は世界各地に発展し、青少年教育に奉仕している。

＊4［訳注］海南島：中国広東《コワントン》省の南にある島。面積三万四千平方キロメートル余で、台湾よりやや小さい。漢代に中国領となる。一九八八年、海南省となる。

関西・東海地方の都市視察旅行★1　【一九二三年十二月十七日】

私は最近、東京以西にあるいくつかの大都市を旅行いたしました。職務で滞在している国を心から知ろうと思えば、視察旅行は、大使が定期的に行なうべき義務のひとつであります。大使たるもの、汚れた人工的な首都の空気のなかで窒息したくないと思えば、旅行に出かけなければなりません。とくにこのたびの旅行の目的は、私の求めに応じ、フランス政府が京都と大阪の何人かの人々に授けてくださった勲章を授与することでした。

この点について申しあげなければならないことは、私の旅行は、肝心な点で期待していた成果が得られなかったことです。と申しますのも、何年か前から私たちの活動および任務に対して格別の関心を示してきた京都市長の馬淵（鋭太郎）氏に、レジオン・ドヌールのグラントフィシエ勲章を授けるようお願いしていたのですが、拒否されました。それがだめなら黒い星グラントフィシエ勲章を、とお願いしたのですが、それもかなわず、私に許されたのはニシャム勲章のグラントフィシエにすぎませんでした。馬淵氏は軽薄な友人たちにそそのかされ、この勲章なら受ける必要はないと思ったのです。その地位にふさわしいと思われる称号、氏がすでに自国から受けている勲章の等級にくらべ、ニシャム勲章は低位のものであると彼は考えたのです。

このような誤解があったとはいえ、私たちのよき友情関係が損なわれることはないのですが、日本の儀典では勲章の位は同等のものでなければならないと考えているのです。私の知るかぎり、今日までそうした同等性をフランス側は認めていません。近いうちに、この件のみに関する手紙を差しあげます。

ほかの叙勲者は氏ほど気難しくはありませんでした。百万人以上の読者をもつ朝日新聞社の社長、村山氏は、誠実な謝意を表わしてシュヴァリエ十字勲章を受けとりました。私は、彼の家族や部下たちの見守るなかでこれを授与しました。神戸のフランス領事館では、同地在住のフランス人グループ、日仏協会の事務所で働くフランス人たちの参加するなかで、私は、古くからのそして忠実なフランスの友人、すなわち日仏協会神戸支部長の草鹿《くさか》（甲子太郎）氏および同協会の創設者の一人である宇川（盛三郎）氏[*2]の胸に、勲章をつけました。ボアソナードの最も優秀な生徒たちの一人だった宇川氏は、重病に冒され、その余命が定まっているだけに、わが政府の好意の印を、感謝の念をこめて受けとりました。私はまた、稲畑（勝太郎）氏[*3]と湯川（忠三郎）氏にも、それぞれの勲章を授与しました。

しかしながら、日本の政府は勲章を気前よく授与していますから、日本人は外国人があまり勲章を授与しないことに驚き失望しています。イギリス大使も、名誉ある勲章の授与にあたって同様の難しさを感じたと言っていました。

私の旅行の主目的のひとつは、旧来、日本で最も活発な工業の中心地であった大和《やまと》地方における工業施設の規模を把握することでした。というのも、大使たるもの、国の外面のみを見て満足すべきではないからです。大使であるなら内面を見なければなりません。容貌や身につけているものだけでなく、国を生かしている〝内臓〟を見なければなりません。

大阪では、積極的に事を進める市が度胸をすえて建設した港を見学しました。大阪市は将来、神戸の手を借りることなく外国とじかに接触しようとしているのです。海の底が砂地だという難点があるのですが、港というものは、船を接岸する水域より倉庫用スペースが大事だというのが本当だとすると、大阪港以上に自然条件が悪い港が輝かしい成功をおさめているのですから、同港の成功は期待することができます。つづいて造幣局、稲畑氏が経営する羊毛紡績および織物工場、染色業、化学製品の製造工場（ここでは政府の援助があるにもかかわらず、ドイツとの競合が激しく、生き延びるのにたいへん苦労していました。完全な輸入禁止という保護策がなければ操業をつづけることはできないでしょう）、機関車製造、住友の銅・アルミニウム精錬を見てまわりました。

私はこうした見学をしながら多くの興味深い事実に気がつきました。それは、日本が近代化するにあたって、フランス人が大きな役割を果たしたこと、にもかかわらずフランスは、まいた種を刈りとることにまったく努力を払わずに、三十年前にこの国をあとにするという投げやりな態度をとったことです。住友の社長は、自社の銅山が驚異的発展を遂げたのは、日本政府から招聘されたフランス人エンジニア、ラロック[*4]のおかげなのだと私に言いました。じつを言えば、私は今日までラロックの名前すらまったく知らなかったのです。この人が従来日本で行なわれていた〈狸掘《たぬきぼ》り〉という採掘法から近代的なそれへと変えたのです。当時からフランスに感謝していたという同社では、何度もフランスと取引をしようと試みたのですがうまくいきませんでした。同社はとくに大量に必要なアルミニウムを発注しようとしたのですが、フランスの会社はいずれも生産制限政策主義に忠実で、自分たちは国内需要に見合った量しか生産していないと彼に答えたのです。

神戸ではふたつの大きな造船会社を見学しました。川崎造船と三菱造船です。川崎造船では、七十人が死亡した最近の事故で沈没し、引きあげられた潜水艦を見ました。川崎工場の面積は両社それぞれ十万坪（約三十万平方メートル）ありました。設備は超近代的で、すばらしい性能のものでした。ワシントン会議後の現在、両社は多数の労働者を解雇しなければなりませんでしたし、いくつかの工場が閉鎖されました。両社の社長は、国の外交上の誤りから自分たちが損害を被ったこと、政府の約束を信じて建設した設備の一部が使えなくなったことに対して、苦々しげに不満を漏らしていました。それらを、鉄道や震災復興用資材の生産工場に転用すべくつとめています。川崎造船は、一社だけで年間二万トンの波形鋼板を生産できる能力があります。

しかし、私が神戸訪問で大きな関心をもったのは、〈鐘淵《かねがふち》紡績〉[*5]の巨大な綿紡績工場です。かつてモスクワにあった綿紡績工場につぐ、世界最大のものだと社長は語りました。この工場では、原料の綿花の入荷から織物の出荷にいたるまでの全工程が行なわれており、すばらしく組織化されていました。とりわけ私には、従業員が使用する施設、寮、食堂、読書室、劇場などが興味深いものでした。

周知のように、日本の大半の織物工場はもっぱら女子の労働力に頼っています。採用にあたっては、高給を支払ってリクルーターを雇います（女子一名の採用につき五十円ないし百円という高賃金を支払っています）。彼らは村々をまわり、十三歳以上の若い娘を採用します。こうした若い娘たちは寄宿生活をします。つまり工場で寝泊まりし、昼夜二交代制で各チームが十ないし十一時間働くのです。食事に三十分、そして三時間半ごとに十五分の休憩があります。夜間の作業には十パーセント増しの賃金が支払われます。

終夜にわたる作業を減らそうという強力な労働運動があります。日本政府はこの問題についてすでにいくつかの約束をしています。日本における生産コストとヨーロッパにおける生産コストの差は、今でさえ小さいのに、夜間労働をやめればその差はほとんどなくなってしまいますから、自然からかくも見放された資源のないこの国が、極東の市場で競合相手の国々に対抗して戦っていくことができるだろうかと人々は自問しています。忘れてならないことは、給料が安くイギリスやフランスのおよそ半分だとは言っても、雇用は不安定で余分に費用がかかりますから（女工たちは、同じ工場に一年以上とどまることはほとんどなく、結婚前に製造業で四、五年以上働くことはまったくなく、結婚後は農業に戻るのです）、収益率が充分ではないのです。このように日本では広義の人件費が高くつきますが、一方、機械類、監督の費用、一般経費については、ヨーロッパのほうが高いです。

産業の分野であれ、教育の分野であれ、日本は一所懸命やっているのですが、うまくいっていません。恐ろしいほどの犠牲を払い、みずからの血肉を削って、かろうじて西欧との僅差を保つことができているのです。夏の猛烈に暑い夜を徹して、年端のいかない娘たちがまるで夢遊病者のようにミュール精紡機の動きに合わせ、休むことなく前に行ったり後ろに戻ったりして体を動かすのを見たフランス人の私は、深い同情を禁じえませんでした。

わが国の産業にとって最も関心のある、かつ希望がもてそうな事実を指摘したいと思います。すなわち、四年前から日本に大量に設置されている梳《す》き毛糸の紡績設備の大部分を、フランスの〈アルザス工業株式会社〉から購入しているということです。さらにイギリスやドイツの競合メーカーの製品に勝っていることが認められたのです。さらに興味深いのは、同社が、オガシ[*6]に建設されたばかりの最新鋭の〈鐘淵紡績〉の綿紡績工場に、紡績機を供給しはじめていることです。この〈鐘淵紡績〉がまもなく京都に建設する絹織物の捺染《なっせん》および仕上げ工場に資材を提供するのも、この同じ会社です。一九二五（大正十四）年末には、同社の日本への売上げ総額は〈八千万フラン〉近くにのぼるでしょう。日本と関係を結びたいと考え、そしてその目的に適した手段を用いたいと思っているわが同胞たちにとって、この数字は、やる気があればできることを雄弁に語っています。

私はこの旅行の機会を利用して大阪に立ち寄り、外国語学校を訪問しました。同校では、ドイツ語の教授資格をもつ優秀な教師マルシャンが、みごとな教育法を導入していました。私には生きた言語の教育に革命をもたらすものと思われたと言っても大げさではありません。教育学者ではありませんから、私は〈デュポンの家族〉という方法に確かな価値があるかどうかについて意見を述べることはできません。しかし私には、それはベルリッツの経験のみにもとづく一貫性のない方法よりは、進歩し優れた方法であるのは明らかだと思われます。ただここで言えるのは、私は、〈七カ月前に〉わが国の言葉を学びはじめたばかりの若者たちと、こみいった問題についてフランス語で会話を交わすことができたということです。これはすばらしい成果です。

同じく私を驚かせたのは、これらのクラスが活気に満ち溌剌《はつらつ》としていたことです。生徒たちはたえず教師と対話しなければなりません。かつて私がルイ＝ル＝グラン高校で受けたドイツ語の授業の生気のなさ、退屈さからはほど遠いものです。ルイ＝ル＝グランのクラスでは二時間のあいだ、苦労しながら『ヘルマンとドロテア』を読んだものです。それゆえ私は、ゲーテを永久に憎むようになってしまったのです。私が参観したふたつのクラスの生徒たちは、熱烈に歓迎してくれました。私は彼らを極力激励しました。それにしても、英語やドイツ語といったライバルを前にして、在日フランス人はフランス語教育を普及させようと、なんと健気《けなげ》に闘っていることか。フランス語を選ぶ学生の割合は、ドイツ語を選ぶ学生に比して二十分の一にすぎないのです。

東京への帰路、いい機会なので、日本で三番目に重要な都市に立ち寄ろうと思いました。いかなる国の大使もこれまでこの都市を訪問したことがありません。人口七十五万の名古屋です。当地では工業がひじょうに発達しています。関西と関東という日本のふたつの歴史的区分の中央に位置しているおかげで、きわめて重要な地位を占めているのです。商業会議所が、来訪を歓迎して、華々しいレセプションを催してくれました。あわせて懇親会と観劇がありました。

翌日、私は最重要の工業施設を訪問しました。自社製品をアメリカに売りさばいている磁器工場、一日あたりバイオリン四百個、マンドリン四百個を生産し、アメリカ、オーストラリア、ヨーロッパに輸出しているバイオリン工場（フランスは弓をたくさん買っています）と、まもなく年間十二万台を生産するようになるという自転車製造会社です。この自転車製造会社は、十五年ほど前にドイツの会社から割賦で何台かの機械を購入したのです。ここでもまたわが大使館の商務担当官は、持ち前の感じのよい性格と日本語に関する知識から、行く先々で評価され、実りある関係を結ぶことができました。名古屋には小さな大学があり、外国人教師を十二人雇っています。医学と経済学の教師はすべてドイツ人です。

最後に私は静岡に立ち寄って、この有益かつ興味深い視察旅行を終わりました。私は今後もできるかぎりこうした旅行を行ないたいと思います。静岡には、サン・モール会のシスターたちが運営する大きな学校があります（不二高女、現在の静岡雙葉中学・高校）。いまだかつて自国の代表が訪ねるという名誉に浴したことのないこれら気の毒な女性たちは、私のために盛大なレセプションを催してくれ、七百人の生徒たちが参加しました。校則では主要外国語として英語を教えることになっているのですが、百人ほどの女生徒がなんとかフランス語を話します。この学校は評判がよく、同地方の良家の子女が通っています。その地域の宣教師が私に言いました。

「このように女子校が成功しているのですから、男子校を設立するだけの人材の余裕がマリア会員にあるなら、設立したら同様にうまくいくと思うのですが」

このたびの視察旅行は十日間でした。来春には、長崎と福岡に同様の視察旅行をしたいと思っております。

ポール・クローデル

★1〔原注〕フランス外務省資料「国内政治、一九二二―二四」（五一巻、分類五五五―一―二、一九〇号）

＊2〔訳注〕宇川盛三郎：一九二三年、京都帝国大学講師。二四年、神戸地方裁判所通訳。（外交史料館史料〈六・二・一・二―三〉）

＊3〔訳注〕稲畑勝太郎（一八六二―一九四九）：一八七七（明治十）年に京都府からフランスに送られた八人の少年留学生の一人。八年間フランスに滞在し染色学などを学ぶ。一八八七（明治二十）年〈京都織物工場〉に染色部長として入社。九〇（明治二十三）年〈稲畑勝太郎染料

店〉を開業（のちに貿易会社〈稲畑商店〉に発展）。九七（明治三十）年〈稲畑染工場〉を創設。リュミエール兄弟の兄とリヨン工業学校の同窓生であったことから、日本に映画を初めて導入した。一九二三年、六十歳で大阪商業会議所会頭となり、ポール・クローデル大使と協力して、一九二七（昭和二）年に日仏文化協会を創立し、京都に関西日仏学館を設立した。

＊4［訳注］ラロック（一八三六—？）：パリ国立高等鉱山学校出身。別子鉱山の将来計画書を作成。これによって別子鉱山の基礎が固まった。

＊5［訳注］原文では、kanagafuchi となっている。

＊6［訳注］オガシ（Ogashi）：カネボウ繊維株式会社総務部に問い合わせ、同社の「百年史」を調べていただいたが、該当する工場名は見当たらなかった。〈Ogashi〉に近い名前の工場は岐阜の大垣工場であるが、この工場は羊毛・ウール工場であるうえ、カネボウのものとなったのは一九四一（昭和十六）年とのことであった。現在は存在していないが、かつて神戸工場があったということであるが、それであるかどうかは確認できなかった。

東京と横浜のフランスの施設★1

【一九二三年十二月二十九日】

私が仏領インドシナ総督宛に書きました手紙のコピーを同封させていただきたいと思います。震災で住む家のなくなった横浜在住フランス人用の施設〈メゾン・ド・フランス〉の開館式の詳細を知らせたものです。開館式は、今月二十三日、大成功裏に挙行されました。わが同胞は、自分たちのために建てられた施設の恩恵に浴することができました。〈メゾン・ド・フランス〉では、幸運なことに、そこで生活を始めたフランス人はいずれも満足しています。彼らは、廃墟となった横浜で、悲嘆のどん底にはありますが、仏領インドシナおよび中国在住フランス人が、寛大にも建物と家具を提供してくださったおかげで、避難場所ばかりか、優雅と言ってもよいほど快適な集会所までもつことができました。これほど恵まれていない国の人たちは、その幸運を羨んでいます。

館内に領事館もできましたが、フランス大使館としては、費用をまったく負担しないでよかったのです。フランス人の友情と尊敬を一身に受けているシュヴァリエがここに居を定め、職務を再開しました。できるだけ長く彼がこの職務にとどまることが望ましく、そうすることが絶対に必要だと私は思っております。

私の手紙には、そのほか閣下に関心をもっていただけると思われる情報がふくまれています。東京における関連の施設、とくに大使館の建設の進捗状況に関するものです。

ポール・クローデル

★1 〔原注〕フランス外務省資料「日本におけるフランス人、一九二二─二九」（六〇巻、分類五八六─一─二、一九八号）

カトリックの布教、日本人司教の問題★1

【一九二三年十二月三十一日】

今月十三日の一八九号の報告のなかで、私は九州で起こりつつある司教区の問題に言及いたしました。この問題はかなり重大ですから、さらに詳しく述べさせていただきます。

だいぶ以前にローマ教皇庁は、布教団を派遣していた各国で、現地人を指導者の地位につけることを考えました。それは、とくにレオン十三世がつねに気にかけていたことのひとつだったのです。その後、世界大戦（第一次）が勃発し、その結果ヨーロッパ人宣教師が徴兵され、戦争当事国の軍の階級に応じて軍隊に編入された結果、宗教組織の人材が不足し支障が生ずる事態になりましたから、ローマ教皇庁の従来の考えにあらたな意味付けが加わりました。さらに、最近になってレブ神父がこの見解を喧伝《けんでん》するようになり、ローマ教皇庁は神父の言い分に耳を傾けるようになったというわけです。

理屈では、いかなる国であれ、教会に必要な人たちを養成する教権の組織を国内にもつのは当然のことであり、真実の前で、神の恵みの前で、あらゆる人種は平等であるというカトリックの原理に一致しています。

実際問題としては、事はそう単純ではありません。世界のなかには、宗教的に成熟の域に達することのできない国民がたくさんいると思われます。したがって、彼らは英雄的かつ無私無欲な意思をもつ、より強く、より能力のある人種の指導を受けざるをえないのです。私は南米における宗教行政の不備を思い起こさざるをえません。こうした地域では、結局、数多くの司教区が立ち直るためにヨーロッパの援助を必要としたのです。

東洋では、当局がヨーロッパ人司教の数を減らしたり、あるいは弱体化しようとするたびに、悲しむべき離反やスキャンダルが起きました。その例はつい最近もありました。

極東では、私たちは特殊な障害に遭遇しています。教育、熱意、経験、聖職者としてのセンスについて私は触れません。極東の宣教師たちは、カトリックの信仰が何世紀にもわたって絶頂を極めた環境からは遠く離れて養成されたのですから、彼らにそうしたものを期待するのは無理なのです。東洋人にまかせれば、布教聖省にとって深刻な事態が起こるにちがいありません。

まず第一に、東洋の人たちの盲目的なそして極端な愛国主義があります。それが東西の教会の分裂を起こしたフォティオスの一件の原因となりました。中国人や日本人の司教は、神の恵みの奇跡的な介入がないかぎり、すぐに自身が教皇と同等だと思うようになり、みずからの司教区の問題に外部の人を介入させない可能性があります。しかし最も大きな障害は、極東では伝統的に個人というものが存在せず、人はみなひとつの家族、部族あるいは村に属しているにすぎない存在であるという考え方があることです。先祖に対し敬愛の念を表することが最優先の義務であり、そのためにすべてが犠牲にされるのです。何世紀にもわたる、伝統や模範や教育でこの傾向が育まれてきました。家族の絆を完全に断ち切って、神から託された子羊の群にのみ忠実に身を捧げることは、ショッキングでスキャンダラス[*2]とは言わないまでも、東洋人にはほとんど考えられないことなのです。

英雄的かつ困難な宗教上の義務と、強固な人間の本性との対立から、なにが生じるかは見当がつきます。うまくいって妥協です。つまり教会が、平和な世襲による管理の状況になく、征服と精神的圧迫の激しい状態にある国で布教する場合、義理などで自由に動けない現地の指導者たちに、教会はすべてを託すことができるでしょうか。福音が教えるところのこの世からの解脱《げだつ》は、ヨーロッパ人にくらべて外国人の場合ははるかに難しく、はるかに考えにくいものなのではないでしょうか。中国や日本におけるわが宣教師たちは、年長者のなかから現地の主任司祭を選ばないようつとめていますが、とてつもない困難を経験しています。司教に関してはどうかといえば、司教区の管理をするのは司教個人ではなくひとつの家族になってしまうのです。

一方、宣教師もしょせんは人間です。これほど苦労して〈開拓した畑〉が、その能力に信をおけない者の手に渡るとしたら、そしてありうることですが、自身が放り出されるとしたら、彼らは落胆するのではないでしょうか。みずからが得た成果を台無しにする後継者のために働くという展望しか描けないときにも、こうした英雄的な人たちを今後補充するのはかんたんなことだと考えられるでしょうか。

私は極東において二十年近い経歴をもっています。私は、知人の、私に心を開いてくれる多くの司教たち、宣教師たちと話しました。中国、インドシナ、日本にいる司教たちや布教団員のなかで、司教を現地人にするという危険を伴う実験をしたほうがよいと言う人は、レブ神父と二、三の頭のいかれた人たちを除けば一人もいないと思います。最も経験豊かで有能な人々の意見がこのように一致していることが、布教聖省には意外なことなのでしょう。私が話しあったなかで最も協調性のある人々は、現地人に教会をまかせるという実験はできるとしても、それが成功するとは考えていません。

とにかく、この実験の対象が最重要な司教区であるというのはひどいことです。これらの司教区は、カトリックの信仰が最も深く浸透し、また最も古くから行なわれており、他のすべての司教区を支えているところなのです。これが中国における北京《ペキン》、日本における長崎のケースと言えます。長崎司教区は、日本全国で七万人いるカトリック信者総数のうちの六万人を擁しています。すべての日本人聖職者そして教理問答の教師の大半がこの地の出身です。結果の不確実な実験をするときに、このような土地を選ぶなどということは考えられません。何人かの影響力の大きい宣教師たちにとって、日本は評判が悪いことはわかっています。彼らは、日本人は宗教に無関心で、日本人の心は執拗なまでに頑固で動かされることがないと非難しています。彼らは、危険な実験をするなら中国は避けて、日本でやってほしいと望んでいます。

しかし、状況は十年前から大きく変化しているのです。改宗者はまださほど数が多くはありませんが、その人たちはプロレタリア層や〈除け者〉ではなく、インテリ、学生、学者、役人ばかりか貴族にまで及んでいます。わが宣教師たちはもはや恐ろしい環境ではなく、好意的な、共感に満ちた環境のなかで生活しています。日本の教会から知識、安全、威信を奪ったり、九州地方の洗練されていないキリスト教徒たちに、あるいはあまり信用できない新しい信者たちに教会をまかせたりしてこのような成果を危険にさらすときではありません。

ポール・クローデル

★1 〔原注〕フランス外務省資料「カトリックの布教、一九二三―二九」（五六巻、分類五五六―一―二、一九七号）

＊2 〔訳注〕フォティオス（八二〇頃―八九五頃）：コンスタンチノープルの総司教。教皇ニコラウス一世と争い、東西教会の分離の端緒をつくった。

一九二四年
（大正十三年）

フランス新聞協会の義援金で建てられた天幕病院の開院式[★1][＊2]

【一九二四年二月五日】

昨日、フランス新聞協会の手で集められた義援金をもとに建設された仮設病院が、芝の赤羽橋近くの環境のいい場所に開院しました。かつてフランス大使館用地でしたが、ある時期に不運にも手放さざるをえなくなったところです。これ以上の場所は見つかりませんでした。

日本政府は当初、フランスのこのすばらしい贈り物を躊躇しつつ受け入れたように見えました。アメリカがこれ見よがしに提供した病院は、まもなく使われぬまま放置されましたし、地震の十日後に各国大使が受けとった通達には、日本は今後、外国の医師も物資も受け入れないと書かれていました。このような状況下にあって、イタリアからの援助の申込みが拒否されたのです。そういうわけですから、新聞協会が義援金をつのることを決定したという通知を受けたとき、私の不安はかなり大きなものであり、それが受け入れられたことを知ったときにはひじょうに安心しました。

当初、日本の当局は慎重な態度をとっていたのですが、わが国の派遣団が着くと格別の歓迎をしてくれました。医師団長ベレ、行政士官フォルグや彼らに随行してきた下士官は、日本側が示した配慮に大いに満足しました。通訳一人と車両一台が一行に提供されました。外務大臣、内務大臣、貴族院議長兼赤十字総裁の徳川家達公爵[*3]が、夕食の席を設けてくれました。テントの設置、資材の開梱および据え付けにあたっては、多くの人たちが手伝ってくれました。大戦中、日本からパリに寄贈された病院で塩田医師[*4]といっしょに働いていた茂木《もてき》医師[*4]が、この病院施設の医療の総指揮をとります。

申しあげなければなりませんが、私たちが贈った機材が、貴重で性能のよい斬新なものだということがわかると、当初はいささか当惑していた日本人の態度がたちまち心からの感嘆と感謝の念に変わったのです。陸軍省は一九二一（大正十）年にフランス製救急車を購入しましたが、これは震災のさいに壊れました。今回の施設は、その救急車のかわりにはなりませんが、患者の治療法に関して最新かつ貴重なデータを提供することができるでしょう。

機材の陸揚げに始まって、港湾内、横浜から東京までの混雑した道を通っての輸送は、容易ではありませんでした。手術用機材を載せた大型トラックの運転がとりわけ難儀でした。しかしながら、こうした障害をすべて克服し、さる四日、大成功裏に開院式を行なうことができたのです。ベレが短いスピーチをして施設を日本側に引き渡しました。赤十字代表の池田氏、内務大臣、外務大臣、新聞協会代表がフランスに対する深甚なる感謝の念をこめたスピーチを行ないました。私自身も短いスピーチをいたしました。その原稿を同封いたします。その後、テント、手術室、X線撮影棟と付帯設備を見学しました。この国の習慣にしたがって、たくさんの写真や映画が撮影されたことは申すまでもありません。何枚かの写真を同封させていただきます。翌日の新聞各紙には、わが国に対する好意的なリポート記事があふれていました。

要するに、フランス新聞協会は一般国民の寄付金をとても上手に使ったと思います。協会が送ってくれた機材は、日本ではフランスで購入するより高価です。商取引のマージンは軽く百パーセント、あるいは二百パーセントに達しているのですから。さらに、この機材は、わが国の産業および科学の評価をすばらしく高めるのに貢献しました。

送られてきた衣類も同様に好評を博しています。

義援金の残りがあると聞きました。じつを言えば、それも日本にできるだけ早くお送りいただければたいへんありがたいのです。日本の当局とのあいだでその最も有効な利用法を協議できると思います。

新しい病院は、茂木医師の指導のもとに稼働しはじめました。最終的には、三、四人の医師と八十人の看護婦を擁することになるでしょう（この人たちはフランスと日本の国旗の色を巧みに組みあわせたバッジをつけています）。地震のあいだ、英雄的に行動したベルギー人看護婦、マドモワゼル・パルマンティエが、フランスの病院の運営方法について若い人たちに講義をしています。それも必要でしょう。というのも、日本の病院を訪問したフランス人医師たちの意見によりますと、日本の病院運営は惨《さん》憺《たん》たるものとのことですから。非衛生的で乱雑そのもののようです。日本では医学については、これまでのところドイツ一辺倒でした。しかし、日本の病院のこのような状況は、ドイツにとって不名誉なものであると言うことができます。今回、仏領インドシナの診療所とフランスの病院が、このように医学領域ではフランス初の大事業を行ないました。これで仏独間の比較や考察が可能になるでしょう。それはたしかに有益なことと思います。

この新しい病院は、とりわけ子供に配慮したものとなります。[*5] 当所で三カ月活動をつづけたあと、病院は解体して、海ぞいの土地に移されます。

ポール・クローデル

追伸一――フランス病院の航空写真二枚を、この手紙に同封いたします。

追伸二――ベレ医師と彼の派遣団は、フランスに向け大型客船〈アンジェ号〉で帰国の途につきました。

一九二四年二月十五日[*6]
ポール・クローデル

★1［原注］フランス外務省資料「地震、一九二四―二九」（九三巻、分類五八六―一、一八号）。送り返してくれるよう要請して新聞社に送付したもの。
＊2［訳注］東京朝日新聞・一九二四年二月三日付、夕刊記事。
「お伽の国のようなフランス寄贈の天幕病院明日開院式
フランス新聞紙組合から寄贈された大天幕病院は芝赤羽町済生会の裏手旧有馬屋敷の空地内に建設が出来上り、愈《いよいよ》四日に開院式を挙行する運びになった。敷地は芝と麻布を境する附近切っての高台一帯、芝公園の深い常緑を眼下にして遠く品川湾の風光を一望することも出来る都下優秀の健康地である。五百の病床を有するこの病院は、大体が青色と土色の二色に彩られ東西ふたつの大きい館に分かたれている。
天幕のなかは白い厚布の中張りが天井から壁から一帯を暖かそうにふっくらと覆うて、窓々から入る光線も柔らかく和やかだ。すべてがバタ臭いというよりも子供の夢に出てくるお伽の家を見るような気持ちがして病人ならずも楽しめる。院長茂木博士以下係員等は毎日出掛けてせっせと開院準備を急いでいる」（写真省略）

＊3［訳注］徳川家達（一八六三―一九四〇）：徳川家第十六代当主。貴族院議長・日本赤十字社社長・済生会会長など数多くの要職につき、ワシントン会議にも全権委員の一人として列席した。

＊4［訳注］新潮社刊『恐怖を生き抜いた男　評伝・武藤山治』のなかに、武藤氏が一九三四（昭和九）年、テロの凶弾に倒れて大庭病院に運ばれたとき、慶応大学医学部の茂木教授の到着を待って手術が行なわれたこと、塩田教授も来診したことが書かれている。十年のずれはあるが、二人の名前が同時に出てくるので、同じ人物であろうと思われる。

＊5［訳注］東京朝日新聞・一九二四年一月十一日付「赤羽橋際に又も天幕病院、仏国記者協会からの立派な贈り物、きょうから愈《いよいよ》組立て」と題する記事のなかに、つぎのように書かれている。「……ベッドは五百あって総て完全な板張床の上に並べられる。内、外、耳鼻咽喉其他総ての診断治療設備をなして居るが、中でもX光線利用の外科的診断治療の上には特に優秀の設備があるとのこと、開院の暁には茂木博士が院長となり各方面の若手医員を集めて一般傷病者の収容に開放される筈であるが、帝大、慶大其他の医学生の研究の為にも開放し尚出来るならば市内小学校の不健康児療養の為にも役立てたならば、との希望を有《も》っている」さらに東京朝日新聞一九二四（大正十三）年五月十三日に「かよわい子供七百名を育てて、あす閉院式を挙げるフランスの天幕病院・有益ないろいろの新研究」という記事があり、同紙一九二四年十月十七日に、「子供の食事について直したい悪習慣…仏蘭西病院の経験から」と題する記事が載っていた。

＊6　［訳注］日付が冒頭のものと一致していない。おそらく書簡本文は二月五日に書いたが、写真を待って二月十五日に追伸を加えて発送したものと思われる。

清浦内閣と国会の解散[★1]

【一九二四年二月十日】

清浦（奎吾）内閣[*2]は、さる一月十七日の外交書簡で閣下にご説明したような状況下で、山本内閣に代わって発足したのですが、見たところ、この内閣ほど幸先の悪いスタートを切った内閣はあまりなかったでしょう。

二人の元老に推挙されたことを後ろ楯とするこの老いたる元枢密院議長は、衆議院の便宜をはかることにはさっぱり配慮しなかったらしく、貴族院を支配している会派、研究会[*3]の指示にしたがって、貴族院議員だけから閣僚を選んだのです。こうしてまたしても除《の》け者にされた高橋（是清）子爵は、復讐の旗を掲げ、はっきりと野党につく態度を見せました。そのうえ彼は、政治の仕事に力を集中させるために、その肩書を捨て、貴族院議員の職を去りさえしました。他のふたつの政党は、勢力を結集して彼の党のもとに合流し、議会の多数派にもとづく政府という原則を確立させるべく正式に協定を結びました。

新聞各紙は口をそろえて、研究会と貴族院からさえ満場一致の支持を得られなかった内閣に、反対の立場を表明しました。貴族院議長で、ワシントン会議では全権の一人として交渉にあたった徳川（家達）公爵は、反清浦を隠していません。彼の親戚の一人である徳川（義親《よしちか》）侯爵は、清浦氏を激しい言葉で非難しましたし、公爵の同僚の一人は無遠慮にも清浦氏は頭が弱いと評しました。何日かのあいだ、興津の別荘にいる二人の老人（現在元老の伝統的権威を行使しているのは彼ら二人だけです）の純然たる意思によって権力の座についたこの内閣を擁護する声など、探しても見つからない状況でした。

紛糾した会期のあと、国会は解散し、対立は深刻なものとなりました。世論と国民の意向を反映した勢力と、貴族と官僚の伝統的な権威（結局、この権威が近代日本をつくったのですが）というふたつの勢力のあいだに、はっきりと戦いの火蓋が切って落とされたように思われました。ヨーロッパであれば、これは明らかに革命的と見える状況です。

ところが実際は革命とはほど遠く、この危機を悲劇的なものであると考えている人は一人もおらず、そればかりかまじめにすら考えていません。外国に広がった、日本は革命寸前だという人騒がせな噂とは、反対の状況なのです。

まず第一に注意しなければならないことは、日本の新聞はすべて、いかなる政府であれ、政府に対しては原則的かつ不変的に敵意をもち、これまでも敵意をもってきたということです。国民の好みと実際の行動がこれほどかけ離れている例は、日本以外のいかなる国にも見られません。新聞の読者は反権威的であり、彼らは私的生活にまで立ち入って政府が批判されるのを見るのが好きなのです。政府を支持する新聞があれば、その新聞はたちどころに顧客を失います。だからといって、その同じ市民が新聞の論調とは反対の意見をもつ議員に投票することができないかというと、そんなことはありません。有権者たちは往々にして、きわめて個人的な狭い利益にもとづいた理由から一票を投ずるのです。日本では誰もが知っています。新聞とは、商業活動のひとつであり情報を売る店なのであって、考えぬかれた強固な行動指標などもたずに批判を加えたり世間話をしているだけなのだということを。

多くの新聞は莫大な借金をかかえており、そのために外部の影響を受けやすいのです。たとえば、数週間前、震災で被害を受けた保険契約者に〈見舞い金〉を支払うべきだと熱心に運動していた新聞が、今は固く沈黙を守っているのに気づきました。保険会社が被害を受けた新聞に対して、保険証券に記載された金額の七十ないし八十パーセントを支払ったのであろうと思われます。財政的理由から、あるいはひとつの問題にいつまでも関心をもちつづけない日本の国民の移り気な性格から、激しいキャンペーンが中断される例を多く見ました。一方、忘れてならないのは、有権者の多くはあまり激しやすくない田舎の人たちから構成されていることです。彼らはあまり新聞を読みませんし、家長だけから成る現在の選挙母体にとっては、保守的な社会構造を維持しようとする政府に忠実であってならない理由はまったくないからです。

　他方、政府を攻撃している三つの党は、陣営のなかに有能な人物を多くは擁しておらず、法律、選挙、地租といった緊要な問題に対して、三党間で意見が大きく分かれています。いまだかつて、選挙が政府に反対する結果に終わったことはありません。官僚と警察の影響力があまりに強力なのです。また、選挙のさいにはカネが重要な役割を演じます。日本の国民の代表となる名誉を得るためには、議員一人あたり三万ないし五万円（フランスの三十万ないし五十万フランに相当します）のカネがかかるとされています。したがって、一般国民がみずからの意思を示すために行なう選挙戦においては、大資本に支えられている政府与党が明らかに有利なのです。

　政友会[*4]の大多数の議員は、高橋子爵の指導に対して長らく不満をもち、何度もあわや反乱を起こすという事態になりましたが、今回ついに彼らが政友会から離脱したことは驚くにあたりません。元田《もとだ》（肇《はじめ》）氏[*5]や、政友会の前内閣の不和を決定的にする姿勢をとった中橋《なかはし》（徳五郎《とくごろう》）氏[*6]、元内務大臣床次《とこなみ》（竹二郎《たけじろう》）氏、新党のリーダーとなった元商務大臣山本氏といった人たちが、反対派のなかで最も目立っています。そのなかで百四十人強のグループ、つまり政友会の半数以上を擁するグループが国会で最大の勢力になりました。このグループは〈政友本党〉[*7]すなわち〝本物の政友〟党と名乗りました。

五月十日に行なわれる選挙の結果はどうなるでしょうか。熱狂的な人々のなかには、政府にとって決定的な敗北になると予測している人がいますが、まったくそうはならない可能性があります。二人の元老（松方、西園寺）、清浦子爵、そしてとくに彼の顧問である内務大臣水野錬太郎《みずのれんたろう》*8、抜け目のない小男で、長いこと朝鮮で総督府政務総監として才腕を振るった人物ですが、これら経験を積んだ策謀家たちがこれほど大胆に戦いを挑んでいるのは、自分たちに成算があると考え、他の人たちが現在起こそうとしている煽動は表面的なものだと考える理由があってのことなのでしょう。

最悪の場合、第二の解散、あるいは再選挙の可能性がありうるでしょうが、そうなれば財源は底をつき、同時に野党の有権者に望みがなくなることでしょう。当面は、昨年決定された予算にもとづいて金を支出できるという憲法の条文に支えられて、そしてあらたな国会で承認されればあらたに支出することができるという規定にもとづいて、国会が解散中なので行政機関は議会に縛られることなく、震災復興という困難な仕事に専念するのです。

新規メンバーによる議会は六月に召集されるようです。政友本党と政友会そして研究会は、結局のところ同じ家族から分かれた子供たちなのですから、その分かれた兄弟のあいだで、そのときまでに話し合いをすることができるでしょう。忘れてならないことは、他の国の議会にまかされている役割を日本で果たしているのは、つまるところ、この種の話し合い、畳の上で、あるいは茶室で交わされるこの長談議なのです。日本の体制とは、議会がむだに時間を過ごす場でしかない立法機関であると言うことができます。六月に、清浦内閣は自分に与えられた役割を終えるでしょう。そして目下の予測では、清浦内閣に代わって、山本内閣、あるいはかつての政友会の若返った人たちからなる内閣ができるでしょう。

結局、これらすべての争いは、大げさな宣言や野心の軋轢《あつれき》の背後に、かなり気がかりなふたつの体質的現象があるのでなければ、きわめて狭量でくだらないものに見えるでしょう。

現象のひとつは、今日まで近代日本を支えてきた伝統的かつ官僚的な古い枠組みがまったく疲弊していることです。明治維新を実行した精力的で知的で無私無欲の小さなグループのメンバー、伊藤（博文）、井上《いのうえ》（馨《かおる》）、大久保（利通）、山県（有朋）のような人々は没し、彼らに代わった清浦や平田のような後継者は、自身が老いぼれてしまい、生涯端役の役割に甘んじてきたため、それぞれの役割を保つことができませんでした。田中（義一）[*9]将軍を除けば、陸軍も海軍もあらたな力を示してはいません。

第二の現象は、国民全般に見られる苦悩と不満です。物価はしだいに高騰し、生活はきびしくなっています。国は借金をし、取引や移民の捌《は》け口は閉ざされ、農民は狭い土地でますますひしめきあい、自分たちの生活費のみならず有産階級の生活費まで捻出するのが難しくなっています。さらに、これはアジア人の奇癖とは言わないまでも、文学や教育の部門がつねに増設され、大学や専門学校では、毎年社会に大量の落ちこぼれや革命家を放出しています。

これらすべてが国を滅ぼす要因なのですが、これに対するに、国がまとまるよう貢献している要因もあります。貧しい人々に備わった忍耐やあきらめ、天皇崇拝、家族の強い絆、適切な時機に適切な譲歩をしてきた指導者の確かな判断力、普遍的な観念を練りあげ、その実現のために力を結集するのに不向きな民族性、といった要因です。それにもかかわらず保守の力が衰えつつあり、左翼の力が増大しているのを見るのはかなり気がかりな状況です。危機に直面するたびごとに、左翼の力が保守の力を抑えて勢力を伸ばしているのです。

ポール・クローデル

★1 〔原注〕フランス外務省資料「国内政治、一九二二―二四」（五一巻、分類五五五―一―二、二一三号）

＊2［訳注］清浦内閣：一九二四年、清浦奎吾を首相としてできた内閣。清浦奎吾（一八五〇―一九四二）、政治家・伯爵。肥後出身。法相・農相・枢密院議長を歴任。一九二四年いわゆる超然内閣の首相。晩年は重臣会議の一員。

東京朝日新聞・一九二四年一月七日付「大難産の末清浦内閣漸《ようや》く生る」

総理大臣清浦奎吾、内務大臣水野錬太郎、外務大臣松井慶四郎《まついけいしろう》、大蔵大臣勝田主計《しょうだかずえ》、陸軍大臣宇垣一成《うがきかずしげ》、海軍大臣村上格一、司法大臣鈴木喜三郎《すずききさぶろう》、文部大臣江木千之《えぎかずゆき》、農商務大臣前田利定《まえだとしさだ》、逓信《ていしん》大臣藤村義朗、鉄道大臣小松謙次郎《こまつけんじろう》。

＊3［訳注］研究会：一八九一（明治二十四）年、子爵議員を中心とし、伯爵、男爵、勅選議員も加えて結成された貴族院最大の会派。

＊4［訳注］政友会：立憲政友会の略称。一九〇〇（明治三十三）年、伊藤博文が憲政党や一部官僚などを母体として組織した政党。ほとんどつねに第一党の地位を占め、第三代総裁原敬のとき本格的政党内閣を組織。二大政党のひとつとして憲政会（民政党）と対抗。一九四〇（昭和十五）年解散。

＊5［訳注］元田肇（一八五八―一九三八）：政党政治家。第一回総選挙で大分県から選出され、以後連続十六回当選。一九〇〇年立憲政友会の創立に参加し、党幹部となる。逓相・鉄道相・衆議院議長を歴任。三〇（昭和五）年引退。三二（昭和七）年枢密顧問官。

＊6［訳注］中橋徳五郎（一八六一―一九三四）：政治家・実業家。金沢生まれ。大阪商船会社社長・衆議院議員として政友会の重鎮。一九一八（大正七）年文相。のち商相・内相。

＊7［訳注］政友本党：一九二四年、清浦内閣の成立を機に、支持派が政友会から脱党して組織

した政党。総裁床次竹二郎。憲政会と合同して二七（昭和二）年民政党を組織。そのさい一部は政友会に復帰。

＊8［訳注］水野錬太郎（一八六八―一九四九）：政治家。秋田出身。内務官僚を経て、貴族院議員・朝鮮総督府政務総監・内相・文相を歴任。

＊9［訳注］田中義一（一八六四―一九二九）：軍人・政治家。陸軍大将。長州、萩生まれ。原内閣の陸相。一九二五年（大正十四年）政友会総裁。二七年組閣。対中国積極外交を推進。張作霖爆殺事件の責を負い総辞職。

長崎におけるフランス布教団★1
――ポール・クローデルからA・レジェ宛の私信（二）

【一九二四年二月二十四日】

親愛なる友へ

長崎のある司祭から、〈近々司教区が分割される〉件に関する手紙を受けとりましたので、内密にお送りいたします。これは、やる気のない司教の無関心が引き起こしたフランス布教団縮小の前兆にすぎないでしょう。全国七万人の信者のうちの五万人（原文のまま）がいる長崎を失えば、私たちは日本における基盤を失うのです。これはきわめて重大な事態です。ですから私たちは、ローマ教皇庁に精力的に働きかけなければなりません。私はすでに二度にわたり、この件についてフランス外務省に報告しました。貴殿のお力添えを頼りにしております。もちろんジョリ神父*2の名は出すべきではありません。

私は外務省から、公邸の家具の購入予算を許可するとの電報を受けとったところです。したがって、前回の手紙には少々不満を並べましたが、その一部は解決されました。しかしこの件のように、パリの考えや意向がまったくわからぬまま不安定な状態におかれるのは、困ったものです。

当地に商船省所属のトゥーブレという使節[*3]がいます。彼はヴァッスールという仲買人の世話で在庫品を売却しました。トゥーブレ自身が直接商売をしたわけではありませんが、ヴァッスールのほうはけっこう利益を得たようです。私はフランスの国益という点から見て喜んでいます。だからといって、困難で厄介な状況におかれる可能性があることを恐れていないわけではありません。この問題については、いずれ話すときがくるかもしれません。その時点までこの情報は内密にしていただきたいと思います。友情をこめて。

ポール・クローデル

★1［原注］フランス外務省資料「カトリックの布教、一九二二―二九」（五六巻、分類五五六―一―二、号数なし）。A・レジェ（サン＝ジョン・ペルス）宛の私信。手書き。

＊2［訳注］ジョリ神父については、この外交書簡集の一九二四年十一月三十日と二六年五月十

四日の書簡のなかに記載がある。福岡の神父。

＊3 〔訳注〕東京朝日新聞一九二四（大正十三）年二月十一日につぎの記事が載っている。「安い値段で仏国の建築材料・トゥーブレ中佐の交渉も纏《まと》まるらしい。仏国政府が特に我国政府当局に帝都及び横浜の再建事業に要する諸種の材料品及び機械類を原価や市価より遥かに安い値段で供給するといふ親切な申出の使命を帯びて来朝し目下、我外務省其他と交渉を重ねている仏国海軍中佐トゥブレイ氏。（交渉は長引いているが）大体決定するらしい…」（ ）内は訳者による補足

アメリカ合衆国への日本人移民とアメリカ議会での投票★1

【一九二四年四月二十三日】

日本にとってアメリカは太平洋を挟んだ隣国であり、渡航しやすく、土地も肥沃ですから、日本人は大挙してカリフォルニアに移住しました。やがて彼らはアメリカ経済にとって重要な地位を占めるにいたり、それがかの地の政治家たちの憂慮するところとなりました。日本人は、理不尽な法律によって追い出された中国人の後釜にすわったのです。とはいっても、中国人が街なかでちょっとした仕事や小商いに従事していたのに対し、日本人は畑仕事に専念しました。野菜を集約栽培するには根気が必要で、島国の帝国のなかでは、農作業はすべてたんねんに行なわれていますから、農業の分野では日本人は他の追随を許さないのです。

日本人は、サクラメント市の近郊あるいはインペリアル・ヴァリーに居住し、カリフォルニアを米の生産地につくりかえました（昨年カリフォルニアは日本に米を八万トン輸出しています）。果物や野菜の生産ということでも多大な貢献をしました。こうして、日本人のなかにはまさしく財を成した者が現われ、その一人は〈ジャガイモ王（Potatoes King）〉というニックネームまで冠せられたようです。

この成功がアメリカの農家に嫉妬を呼び起こしました。アメリカの農民にもいいところはありますが、だいたいが節約家であるとか働き者であるとは言いがたいのです。したがって日本人は、難なく彼らにとって代わり、白人から、農業労働者として気に入られました。日本人は、家族の伝統や連帯意識に支えられて、アメリカ国内で最も肥沃な地域のひとつに少しずつ手を伸ばすことに成功したのです。彼らが多くの敵をつくることになったのは無理からぬことです。白色人種が絶対的な優越感をもち、根強い特権意識をもっているアメリカのような国においては、妬みの感情を抱く日本人の敵が、自分の言い分に耳を傾けさせ、これにしたがわせ、議員をも支配するのに、さほど時間はかからないのです。

まもなく、州のなかで中国人に対してとられていた措置が、日本人にも適用されるようになりました。それだけでは不充分とみえ、この問題は国会に諮《はか》られました。こうした状況の下で、ルーズヴェルト大統領がこの問題に関心をもち、一九〇七（明治四十）年にルート国務長官と高平《たかひら》氏のあいだで覚書が交わされました。[*2] 今日まで秘密裏に保たれてきた紳士協定ですが、埴原《はにはら》（埴原正直。当時駐米大使）氏が国務長官宛の手紙のなかでその協定の存在を明かしています。この協定にはつぎの六つの条項がふくまれています。

一、日本政府は、肉体労働者に対しては、熟練・未熟練を問わずアメリカ向けのパスポートを発行しない。ただし、アメリカ在住の者、その妻および二十歳以下の子供は例外とする。パスポートは偽造されにくいように作成する。不正行為を防止すべく必要な規則をつくる。肉体労働者という語の定義に関しては、日本政府は一九〇七年四月の通達に書かれているアメリカ政府の定義を受け入れる。

二、パスポートは、権限を与えられた専門の官僚によって発行され、これらの官僚は外務省の管轄下におかれる。これらのパスポートは入念な審査ののちに作成され、肉体労働者が身分を偽って入国しないようにする。

三、この〈紳士協定〉は写真花嫁（写真で見合いをし、カリフォルニアに呼んだ花嫁）には適用されていなかった。しかし、この結婚方法は、日本政府によって一九二〇（大正九）年に廃止された。

四、両政府間で適切な統計が交換されること。

五、この〈紳士協定〉の規定は、ハワイ島にも適用される。

六、アメリカへの移民の不法入国を防ぐため、アメリカに近接する国々を経由して移民がアメリカに入国しないよう、日本政府はきびしい監視を実施する。

日本が自国に強いられた義務をりっぱに果たし、この協定の調印後カリフォルニアへの肉体労働者の移民がほとんどなくなったことには、疑問の余地がありません。アメリカにおける日本人の人口が増加したとすれば、それは出生率の増加あるいはハワイからの移住者によるものです。実際にはアメリカにおける日本人人口は減少し、出国者数が入国者数を上回っているように思われます。

それでもカリフォルニアの煽動家たちは攻撃をゆるめず、ハースト系の新聞（新聞王ウィリアム・ハーストの傘下の新聞。センセーショナルな記事と写真で、イエロー・ジャーナリズムと呼ばれる）が煽りたて合衆国全土で猛威を振るっている反日感情を利用して、アジアの移民に対抗する一連の措置をとらせることに成功しました。その措置の影響がさまざまなところにまで及んでいます。日本人の子供たちが公立の学校から締め出されました。一九二〇年十一月二日の住民投票の結果（賛成六十六万人、反対二十二万人）、日本人はアメリカで土地の所有者となることができなくなりました。ついには最高裁判所までが、憲法に照らして、アジア人はアメリカ人になることはできず、優遇措置の適用は白人と黒人に限られるとの判断を下したのです。

この考え方にもとづき、大陸の富はアメリカ人のためにのみ蓄積しようという動きが広まり、その結果として、数週間前には、今後アメリカ国籍を取得することができない移民、つまり自由業を除くすべてのアジア人に、合衆国への入国を禁止するという法案が提出されました。実際にはこの法案はいささかも現実的ではありませんでした。というのは、入国禁止のずっと前から、アジア系の労働者はアメリカには入国していなかったからです。しかし、一部の人種に対して除外の措置をとることを定めたという点で、この法案は道義的に見て、あるいは感情的に見て、大きな重要性をもっていました。ヒューズ国務長官が、アメリカへの移民を許可している国の人々と同じように日本人を扱うよう、そして一八九〇（明治二十三）年における海外在住日本人総数の二パーセント（言いかえれば百四十六人）は毎年合衆国に入国できるよう、法案を改正せよと主張したのですがむだでした。日本政府も国務長官のこの取引を受け入れると表明したのですがむだでした。この法案は下院において圧倒的多数の賛成で可決されました。

このとき、上院で可決されないようにするために、埴原駐米大使は国務長官に抗議の手紙を送ろうと考えたのです。私は、内田外相時代に外務次官であった埴原氏を知っています。この人はなにごとにも手際が悪く、さほど有能ではないように思えましたが、反米の人であるとは思いもよりませんでした。彼はむしろ、外交官仲間には、太平洋のかなたの強大な共和国の意思にはすべからく奴隷のように服従する以外に日本の生きる道はないと思っている数多くの親米派の長であると見られていたのです。しかし、ついに彼はヒューズ氏宛に丁重な抗議文を送って、上院でこの法案が可決されれば〈重大な結果〉を引き起こすと伝えるべきだと判断したのです。

これが戦争にいたる問題だと思った人は一人もいませんでした。この〈重大な結果〉という不穏当な言葉は戦争を意味するのかと、国務省がちょっと確かめてみればよかったのです。上院議員たちにとっては、事をはっきりさせないほうが好都合でした。それゆえ〈日本の友人たち〉(リード氏やロッジ氏が、時に自分は日本の友人だと名乗ることがあったのです)が真っ先にこう言いました。「アメリカの権威が危険にさらされている。純然たる内政問題への不用意な干渉に黙っていることはできない」

法案は反対わずか二票の圧倒的多数で可決されました。

以上が現在の情勢です。クーリッジ大統領が拒否権を行使してくれることを、今なお日本の人々は望んでいます。しかし、埴原氏の平身低頭の謝罪にもかかわらず、首相の清浦子爵の熱心な釈明にもかかわらず、多くのアメリカの新聞や、とくにキリスト教に関わりのある有力な党の抗議にもかかわらず、日本人の望むとおりにはなりそうもありません。日本に対してアメリカ人が感ずる友好的な感情は、軽蔑の混ざった寛容さなのであり、これとはまったく逆に、すべてのアングロサクソンの心のなかに、機会さえあれば爆発しかねない激しい感情があるとすれば、それは皮膚の色に対する偏見なのです。南部の集団暴力行為、クー・クラックス・クラン(白人秘密テロ結社)のような組織の活動、中国人に対して過去に行使された暴力、それらはこの感情がいかに根深く、いかに広まっているかを示しています。目前に選挙を控えているクーリッジ大統領が、議会の決定に対して拒否権を発動するというのはありそうもないことです。

この上院、下院での投票結果は、アメリカにとってもプラスになるとは思われないのですが、日本ではいわば熟慮のすえの侮辱と受け止められました。何年も前から日本では、アメリカの世論が移民問題を忘れ日本を友好国と見なしてくれるよう、政治面でも宣伝活動の面でも、あらゆる努力が払われていただけにいっそう、この結果は衝撃的でした。忘れてならないことは、日本にとってアメリカは主要輸出国である（日本の全輸出量の四十六パーセントを占めています）と同時に日本の輸入のおもな供給国でもあること（一九二二年における輸入の三十二パーセントを占めています）、アメリカは日本の絹の輸出のほぼ全量を輸入し、大量の綿と加工鉄鋼を日本に供給しているのです。

三十年ぶりに日本をふたたび訪れて、私がはっきりと感じた驚くべき事実、最も印象的な事実があるとすれば、それは日本に対するアメリカの経済的、文化的支配の深化です。日本はますます〈新世界の大きな共和国〉の配下となりつつあります。今やそれ以外の世界との均衡は崩れています。国が買わねばならない主要な消費物資、売らねばならない主要な消費物資の点で、ある国がこれほどまでにひとつの国に依存するとき、その国が政治的な独立を保つのは困難であり、また精神的自主性をもちつづけることもできません。日本には、アメリカの広告が、宗教、習慣、教育、建築が、またアメリカ式の生き方が、徐々に侵入してきています。日本の都市はますます極西（ヨーロッパの地図では、中央にヨーロッパがあるので、日本は極東、アメリカは極西と表現される）の都市に似てきています。そして若者たちは、典型的なヤンキーの生き方を外聞もなく真似ています。対米依存はこれほどに驚くべき状況ですから、『国民新聞』社長の徳富蘇峰[*3]氏のような愛国者は不安になり、抗議の言葉を発しています。

実際、日本に対して、これまでのところ物質的・精神的に最も大きな影響を及ぼしてきた国が、先例のない災害によって日本が弱体化した折も折、故意に、公式に、しかもぶしつけに日本に与えた侮辱は、誇り高く、根にもちがちな日本人の心に傷跡を残すような種類のものだと考えるべきです。とくに知識層、すなわち世論を、そして国の政治を引っ張っていくことのできる人々にとっては。

しかしながら、これまでのところアメリカに対する報復が真剣に考えられた様子はありません。ある新聞がカリフォルニアの港湾施設やアメリカ製品をボイコットしようと書きましたが、反響はありませんでした。新聞には、アメリカは正義を、条約を軽視している（日本人に対して宣言された締め出しは、最恵国の条項に違反するものです）とか、あるいは一九二三（大正十二）年の震災のさいに示された友情の誓いを否定するものだといった、感傷に流れた不満や非難が見られただけです。

しかし、あらたな時代が始まろうとしています。ことによると、日本に対するアメリカの敵意の影響は、まだ完全には出尽くしていないのかもしれません（というのも、興奮した人たちが、かつてフィリップ四世がスペインのムーア人に対してしたように、アメリカ全土からすべてのアジア人を追い出そうと言っているのです）。そうした影響は、つぎにあげる三つの結果をもたらすのではないかと予測できるほどに甚大なものとなるでしょう。

まず第一に、機会さえあれば、潜在的な恨みの念が政治、外交および産業の領域で現われることになるでしょう。

第二に、日本国民のなかのさまざまな階層間に、連帯の感情が強まるでしょう。というのも、アメリカの追放政策に対して最も熱心に抗議しているのは、学生や労働者や社会主義者の組織なのだということに注意すべきです。

第三に、アジアの民族とくに中国人との連帯の感情が強まるでしょう。日本人は今後は否応なくそうしたアジア人の陣営に組みこまれるでしょう。これまで日本人は、自分たちの立場は隣のアジア大陸とは違うものであり、自分たちは黄色い肌のヨーロッパ人であると思わせるよう奮闘してきました。彼らは、かなりの程度までそれに成功していたのです。

アメリカ上院における投票は、アングロサクソンの国々がとってきた従来のやり方の延長線上にあるものであり、それは、ペリー提督の〈黒船〉が崩落させた徳川時代の鎖国の壁にかわって、さらに広大で乗り越えられない壁が現われたことを、日本人に向かって知らしめたのであります。アメリカから追放されはしたがその結果自由になったともいえる日本は、しだいに中国に目を向けるようになるでしょう。そしてアングロサクソンは、中国、満州、シベリアにおいて、この日本の恨みと対抗意識がいかなる影響を及ぼすものであったかをいっそう強く感ずるようになることでしょう。

ポール・クローデル

追伸――参考資料として『万朝報』のふたつの記事を同封してお送りいたします。かなり過激ですが、発行部数の多い新聞です。この新聞はまさに戦争と革命のことばかりを書いています。

★1 〔原注〕フランス外務省資料「アメリカ合衆国との関係、一九二二―二九」（六七巻、分類五五八―七、五八号）

＊2 〔訳注〕高平・ルート協定。高平小五郎（一八五四―一九二六）駐米大使とルート（一八四五―一九三七）アメリカ国務長官により、日米間に一九〇八（明治四十一）年に交わされた協定。

中国における門戸開放と太平洋における現状維持を確認した。本文では一九〇七（明治四十）年となっているが、著者の勘違いか、あるいは情報提供者の誤りと思われる。

＊3 〔訳注〕原文は「Tokotomi」とある。

日仏会館★1

【一九二四年四月二十八日】

さる三月十三日付の私の手紙（三七号）で、日仏会館の問題について、その現状を閣下にご報告いたしました。その後、富井《とみい》枢密顧問官、*2 渋沢《しぶさわ》子爵、*3 日仏協会会長古市《ふるいち》男爵*4が連名で手紙をくれました（コピーを同封いたします）。そのなかには、新しい施設の定款《ていかん》（財団法人の資格はすでに得られていますのことや、彼らが払った努力の成果が書かれています。もちろん彼らは十万円（そのなかには日本政府からの三万円も含まれます）を集めることができたことを誇りに思っているのですが、目下のところこの金額では必要な費用のごく一部しかまかなうことができません。とはいえ、これが真の善意の証しであることは間違いありません。日本ではふたつの大都市が大震災を経験し、損害を被り、その結果、ひじょうに深刻な経済恐慌（円の大幅な下落がそれを示しています）が起こったのですから。

私は、黒田子爵（一九二四年六月三日付および七月十六日付の書簡参照）の計画にこれを組みこんでもらうことができるのではないかとも期待しています。黒田氏は相当多額の資金を有しているらしいのです。

日仏会館設立は、日仏双方にとって等しく緊急を要する必要性に応えるものであり、両国のあいだに永続的な絆をつくるものです（それなしでは両国の関係は不安定なものとなりほころびを生じます）。私は、この会館問題にかかわって以来、これを実用的かつ有効な、役に立つものにするにはどのような手段をとるのがいちばんいいか、余暇時間にはつねに考えてきました。閣下にご紹介した前回の計画は、いささか多岐にわたりすぎ、あまりに高尚かつ利害を超越したものであり、日本のような国では受けが悪いであろうと思われます。日本では、目前の具体的な問題にしかかかわっていられないのが現状なのです。一方、フランスでは、戦争で大勢の若者が亡くなったという現実がありますから、日本で何年間かを過ごし、将来に対する明確な見通しのないまま、まったく利害を超越した研究をしてもいいという若者を見つけることが可能なのかどうか、私にはわかりません。

私の考えでは、日仏会館は、優秀なフランス人専門家に宿舎と活動の場を提供することを第一の役割とします。これらのフランス人は、長期にわたって、あるいは短期間、ここに滞在しながら講演会や講義をします。この企画（それは日本人の友人たちからは評価されていますが）については、私の前回のメモで述べた考えに付け加えることはありません。

長期宿泊者に関して言えば、当初私は、芸術あるいは科学の専門家、文献学者、インテリア・デザイナー、音楽家、社会学者などのなかで、日本で興味深い活動分野を見出しうる若い人々がいいのではないかと考えていました。これを完全に放棄したわけではありませんが、三年前から日本に住んでみて、この国の言葉を話すフランス人あるいはこの国の習慣に慣れ親しんだフランス人が極端に不足していることに、私は驚かないではいられません。フランスがこの地域との経済的、政治的関係を進展させたいと考えるなら、そして、そうすることは我々にとってきわめて有意義なことだと思うのですが、私たちは第一歩から始めなければなりません。つまり言葉からです。我々は、日本語を完璧に話す若者が毎年何人か輩出するような施設をつくらなければなりません。フランスの陸海軍は毎年多額の費用を投じて、この地に研修生を送っています。フランスの商業、工業、科学の分野でも、極東全域を支配しているこの国に代表をおけば、軍におけるのと同様の効果があると考えられるのではないでしょうか。

また、大使館だけでは限られた不充分な活動しかできませんが、もし大使館員のほかに多くの青年や知識階級の人々がいれば、より真摯かつ永続的な知的・道徳的活動を行なうことができると考えられるのではないでしょうか。私が日本の知識階級を対象につくりたいと考えているのは、要するに永続的な施設なのです。

日仏会館に長期にわたって宿泊するフランス人青年は、二年ないし三年間、この国の言葉や文字について講義を受け、この国の歴史、経済、芸術、文学を学びます。彼らは、わが領事館にとって、フランスの産業や商業、芸術、科学、政治にとって、はかりしれない〈人材養成機関〉となることができるでしょう。

一方、私の日本人の友人たちがつねに嘆いているのは、フランス語の教師が不足していることです。もちろん日仏会館に滞在するこれらフランス人青年たちは、その時間の一部を割いて、さまざまな教育施設でフランス語を教えることができるでしょう。彼らはこれによって収入を補い、若い大学生たちと接触することができますし、日仏会館が企画する社交的な会合や講演会でも、毎週若い大学生と顔をあわせることができるでしょう。

私の願いはそれにとどまりません。私はこの〈学校〉で青年たちが、日本語のみならず中国語も学んでほしいと思っているのです。東京に住めば、日本語や中国語の勉強がしやすくなるでしょう。これらふたつの言語に共通の漢字を学べることは言うまでもありません。

要するに、東京に極東の言語の学校をつくるのです。効果的かつ実用的な教育をほどこし、三年間で日本語や中国語を実際に話し、書くことのできる青年を養成する学校です。言うまでもなく、わが国にある東洋語学校がこの役割を果たしていないとか、その役割を果たすのが難しいというのではありません。極東の言語は、言ってみれば、教室にとどまっていては学べないのです。その国に住まなければなりません。習得した知識を実際に使い、使わざるをえない環境におかれることが大切です。我々にとって、日本語や中国語を使いこなせる青年がいてくれないと困るのです。このためには、そういう人たちを養成できるかけがえのない手段を、みずからの手でつくらなければなりません。パリとリヨンの外国語学校は、日仏会館に滞在する青年にとって、必要な基礎知識を効率よく授けてくれることができるでしょう。

要するに、この施設の役割は、日仏双方の言語の知識をもち、両国間の関係促進のために働くことのできる人材をできるだけ大勢養成することです。したがってその期待に応えうる施設でなければなりません。この施設は、ふたつのやり方でこれをなしとげることができるでしょう。ひとつは、メイドや低い階級の女たちの使う言葉ではなく、きちんとした日本語の知識をもつフランス人を養成すること。もうひとつは、たくさんの日本人が本場のフランス人と接触し、直接彼らの授業を受けられるようにすることです。

最後に、日仏会館が果たしうる第三の役割があります。私はヨーロッパの小さな国々、つまりポーランド、チェコスロバキア、ルーマニア、ギリシャ、セルビアなど各国の大使と話してわかったのですが、あいだに立ってくれる者がいないために、彼らがいかに日本との関係でハンディキャップを負っているかということです。彼らには、極東の知識をもつ専門家を養成するための教育施設を、自力でもつだけの財源がありません。こうした国々に対して、あるいは多少なりとも政治的にフランスの影響下にある国々に対して、日仏会館の門戸を開放することはできないでしょうか。私たちは、それによって副次的な利益を得、影響力を与えることができるものと考えます。日本と、これら発展しつつある国々の関係がすべて我々の後援のもとに始められることは、決して無益なことではありません。我々はこれらの多くの国々から、ある程度の財源を補ってもらうこともできるでしょう。日本もまた、こういうことでもなければ言語や資源、国情を知る術《すべ》のなかった国民と、接触することができるようになるのです。フランスは現在ヨーロッパ大陸で政治的覇権を行使していますが、こういう手段をとれば、こんどは優雅に、寛大に、有益に、知的覇権を行使することができるのです。

以後、この企画の評価は閣下におまかせいたします。日仏会館の問題については、最終的にどれだけの資金を集めることができるかはっきりした段階で、再度とりあげたいと思います。私たちが最も心配している実際問題のひとつは、新しく建築する建物の用地の選択です。ちょうどいい大きさの建物を借りるのは不可能であろうと思われるのです。一九〇七（明治四十）年に新しい大使館の建設用地として取得することになった土地は、現在は、日本政府に返却することになっていますが、この土地をこの施設用に使用することを、フランス政府に許可していただくわけにはいかないでしょうか。[*5] 日本政府はおそらく喜んでこの代替案に同意すると思います。

費用に関しては、日本人の友人たちは、日仏会館に勉強に来るフランス人青年の旅費や宿泊費および彼らが住む会館を運営する館長の滞在費は、フランス側が支払うのが自然だと想定しているようです。日本側は土地を提供し、今後の維持費、暖房費、電気代、電話代、日本国内の研究旅行費などを負担してくれるでしょう。たしかにフランス人の滞在費用を日本側に支払ってもらうのは、望ましいこととは思われません。我々のほうは図書室の書籍を提供することができるでしょう。

ともあれ、私が頭に描いているこの施設は、日本に対してというよりはフランスにとっていっそう役立つものだということを忘れるべきではありません。

ポール・クローデル

★1 〔原注〕フランス外務省資料「日仏関係の任務、一九二四―二九」(六一巻、分類五八六―一―二、五九号)

＊2 〔訳注〕富井枢密顧問官：富井政章《まさあき》(一八五八―一九三五)。法学者、京都生まれ。フラン

スに留学。東大教授・枢密顧問官。民法起草者の一人。著書『民法原論』など。第三代日仏会館理事長。

＊3［訳注］渋沢子爵：渋沢栄一《えいいち》（一八四〇―一九三一）。実業家。青淵《せいえん》と号す。武州血洗島村《ぶしゅうちあらいじま》（埼玉県深谷市）生まれ。はじめ幕府に仕え、明治維新後、大蔵省に出仕。辞職後第一国立銀行を経営、製紙・紡績・保険・運輸・鉄道など多くの企業設立に関与、財界の大御所として活躍。実業界引退後は社会事業と教育に尽力。初代日仏会館理事長。

＊4［訳注］日仏協会会長古市男爵：古市公威《きみたけ》（一八五四―一九三四）。明治・大正期を代表する土木技術者。江戸生まれ、フランスに留学してエコール・サントラルおよびパリ大学理学部を卒業。一八八〇（明治十三）年に帰国後、内務省土木局に採用され、信濃川・阿賀野川などの河川改修の直轄工事を監督した。一九〇三（明治三十六）年、京釜鉄道株式会社総裁に就任、一四（大正三）年、土木学会初代会長・枢密顧問官、万国工業会長の要職を歴任。第二代日仏会館理事長。

＊5［訳注］芝、赤羽橋の有馬邸跡地。一九二三年九月二十日の書簡、訳注3に詳述。

ポール・クローデルからA・レジェ宛の私信（三）★1

【一九二四年五月六日】

親愛なるレジェ様

……………………………………………………………………

お察しいただけるかと思いますが、仏領インドシナのメルラン総督の来日は大きな反響がありました。とくに日本は、アメリカからこのうえなく屈辱的で無用な侮辱を受けたばかりでしたから。私はこの訪日が実務面で成果をもたらすことを期待しています。この訪問によって、仏領インドシナが日本に対する根拠のない疑惑を払拭し、オランダ領インド（現在のインドネシア）にならって日本に対する関税制度を緩和することを望んでいるのです。そうした措置をとったからといって、オランダ領インドと日本との関係が以前より悪くなったわけではありません。しかし、私たちは関税緩和の合意だけで満足すべきではないでしょう。

私は数日前、いくつかの方面から、満州関係の一連のニュースを受けとり、ひじょうに驚き、なおかつ不安になりました。第一に、バトリーヌが合衆国に満鉄の株を大量に売ろうとしているのではないかというニュースです。第二に、フランス人が満鉄の路線に関しイギリスの管理を受け入れたということです。最後に第三のニュースとして、北京《ペキン》にあるわが国の公使館は満州で、抗日ならびに反張作霖をめざすソビエトと接近政策をとっているらしいということです。

とりわけこの最後のニュースは不愉快です。というのも、以下のことは明らかだからです。第一に、私たちが赤軍やロシアから期待できることはなにもありません。他の地域でもそうですが、赤軍やロシアは、かの地満州においてもフランスをだましており、ほかのだまされやすい人たちをだますために、フランスを利用しているにすぎないのです。第二に、満州における真の実力者は張作霖であり、この人物は表面上はどうであれ、日本に相当依存していますから、日本の意向を無視することは絶対にないのです。我々は中国北部において物質的な力はまったくありませんから、日本と協調しなければ、主として財政面でわが国の利益が守られないであろうことは、明々白々なのです。ロシア人と中国人は暴力や略奪に明け暮れています。であるなら、どうしてフランスは日本と協調しないのでしょうか。

日本人は、満鉄の管理を強引にわがものにしようとは考えていません。しかし、明らかなのは、日本は、いかなる国の口出しも認めることはできないということです。

イギリスであれ、アメリカ、赤色ロシアであれ、中国であれ（張作霖以外は）。満州は日本にとってきわめて重要な案件です。日本はこの地方に、商業、工業、安全保障、国の将来といった点で深い関わりがあります。

フランスの国益にとっては、つぎの三つの理由から、日本が同地で強い立場をとっているほうがいいのです。一、ロシア・中国と英米ブロックのあいだにあって、日本は今後、この地域のことで手いっぱいの状態になりますから、我々の管理する南部の地域[*2]をそっとしておいてくれるでしょう。二、このすばらしい満州が日本の間接的指導のもとで繁栄することは、私たちの利益となります。私たちが望めば、その開発に大いに参画することができるのです。三、フランスの支援でポーランドが建国されましたから、今後も我々がどう出ようと、ロシアはフランスの敵でありドイツの友人でありつづけるでしょう。この点で幻想を抱くことはできません。それゆえ、ロシアが今後ともシベリア方面の問題に忙殺されていてくれるほうが、都合がいいのです。

我々は日本と協調し、日本にとってたいへん重要なこの満州という地域において日本に大きな手助けをし、フランスもそこに満鉄という重要な機構を有するのです。手助けをする見返りとして、我々は日本から約束をとりつけることができるでしょう。今はその大半がアメリカ一国に集中している発注のうち、かなりの部分をフランスに振り分けるという約束です。日本のように何事も国家主導の国では、それは可能なことです。私が確信しているのは、ここ日本では、たんに民間の活動だけでは経済の分野でなにひとつ有用なことはできないだろうということです。政治を利用すべきです。

不幸にして私は、満州および満鉄におけるフランスの利権に関する問題については、ごくわずかの情報しか得ていません。しかしながら、満州問題は中国と同じぐらい日本が関心を寄せている問題ですから、わが国がそこに効果的に介入することは難しいでしょう。残念ながら、北京のフランス大使館は外交を独占することに汲々としており、情報を教えてくれません。すこし前に私は、満鉄に関して結ばれるかもしれない中ロ協定に対抗するべく、日本に働きかけました。三井《みつい》男爵[*3]はそくざに私にそれを約束してくれました。私はこの件で、パリの外務省と北京の大使館に電報を打ちました。また、近く西園寺公爵と話す機会に、満州のことをもちだしてもよいだろうかとパリに尋ねました。私にはぜひとも情報が必要です。

私がここであなたに開陳した意見のなかに、外交政策として採用できるものがふくまれているかと思われます。必要なら、その正当性を認めていただくためにパリに参上することもできます。しかしとりあえず、あなたの友情ある行動を期待しております。

私が最近、日仏会館についてお送りした報告をお読みくださいますようお願いいたします。私はこの会館を、極東の言語を〈実践的に習得する〉学校にしたいと考えております。今のところ私たちにはそれが欠けておりますが、それなしでは困るのですから。我々が、この国の言語を解する職員を養成することに配慮しなければ、極東では絶対になにもできないでしょう。さらに私は、わが国の同盟国、属国、あるいはポーランドをはじめとする各国の学生を受け入れたいと思っています。それによって、いかなる影響が、そしていかなる展開が得られるかおわかりでしょう。日本にとってもなんと大きな利益になることでしょう。日仏会館というのはかくも興味深く多岐にわたる側面を備えるものなのですから、知的活動という点ではとりわけ活発な交流の場となりうるでしょう。

…………………………………………………………………

ポール・クローデル

★1［原注］フランス外務省資料「フランスとの関係、一九二二―二九」（五九巻、分類五五九―二、号数なし）。参照したタイプ原稿では、冒頭と最後の各一行が点線になっている。［訳注：A・レジェが前後の私的内容を除いてタイプし直し、公文書として保存したものと思われる］

＊2［訳注］フランスは雲南《ユンナン》省や広州湾《コワンチヨウ》を管理していた。

＊3［訳注］三井男爵：三井高棟《たかみね》（一八五七―一九四八）。明治・大正・昭和三代にわたる三井財閥の総帥。京都生まれ。一八七二（明治五）年三井同族子弟のアメリカ留学に加わり、七四（明治七）年帰国、財閥形成期の三井経営陣に入った。八五（明治十八）年総領家の家督を相続、第十五代八郎《はちろう》右衛門《えもん》を襲名し、井上馨らの指揮下で家政を近代化、事業を拡大した。九三（明治二十六）年最高統括機関として三井家同族会を設立、九六（明治二十九）年岩崎弥之助と並び、三井家初の男爵に叙された。一九〇〇（明治三十三）年制定の三井家憲のもとで議長に就任、一九〇九（明治四十二）年三井合名会社発足とともに社長となり、大番頭益田孝《ますだたかし》、団琢磨《だんたくま》らそれぞれと名コンビを組んだ。三三（昭和八）年恐慌下に財閥攻撃のさなか、三井合名社長・同族会議議長を辞し、家督を嗣子《しし》高公に譲り引退した。財閥解体を見届けて九十一歳で死去。

仏領インドシナ総督の訪日★1

【一九二四年六月三日】

メルラン総督[*2]が訪日され、職員が不足しており多忙をきわめたため、閣下に手紙を書き、総督の訪日の報告をするのに割く時間がまったくありませんでした。電報でお知らせしましたように、総督の訪日は大成功裏に終わりました。

仏領インドシナ総督は、五月七日、美しいフランスの巡洋艦〈ジュール・フェリー号〉で神戸に到着しました。港にはフロショ海軍少将が出迎えに行きました。彼はフランスの将官のなかでもとりわけ好感のもてるりっぱな人物で、文人でもあります。彼が総督のその後の全行程に同行しました。メルラン総督の同行者には、夫人、子息のアンドレ、副官のベルナール大尉、シャテル官房長、政務長官ジャン・ブレオー総督副官、ダミアン官房次長がいました。その何日か前には〈アンドレ・ルボン号〉で経済使節団が到着していました。キルシェ税関長、デュピュック報道局長、サイゴン、ハイフォン、ハノイの三商業会議所会頭のポメライユ、ポルシェ、グラヴィッツです。

一行は五月八日から二十日まで東京に滞在しました。二十一日は大阪、二十二、二十三日は京都、二十四、二十五日は神戸、二十六日は宮島、二十八、二十九日はソウルに滞在し、そこから満州と中国に向けて出発しました。私は全行程彼らに随行しました。経済使節団は朝鮮には行かず、そのかわりに時間をかけて日本西部の大きな工業都市を訪問し、長崎から乗船して上海《シャンハイ》で一行と落ち合いました。

メルラン総督は、日本での歓迎ぶりに感激し驚嘆しました。その歓迎ぶりは、一九二二（大正十一）年のジョッフル元帥とイギリス皇太子訪日のさいの盛大な歓迎を凌ぐものであったと思います。誠意のこもった細心の配慮が払われ、招待客への関心も高く、気に入られたいという気持ちも強かったのです。総督はいたるところで、通常は君主にしか与えられないような敬意のこもった歓迎を受けました。駅舎では、皇族用の部屋や通路が、総督のために開放されました。皇后、摂政皇太子と妃殿下からとりわけ丁重な招待を受けました。例外的なことですが、皇太子夫妻は、食事の席にメルラン氏と夫人のみならず、使節団の全員を招待したいと言われたのです。

わが同胞は、帝国で最高位の人物の一人で天皇と姻戚関係にある前田侯爵邸に宿泊しました。侯爵は賓客をもてなすために、由緒ある家柄の親戚から家宝を借り受けて客間に飾るという気の配りようでした。総督はさらに、貴族院議長で将軍家の子孫である徳川（家達）公爵の屋敷にも招かれましたし、三菱と三井という経済王国といってもよい財閥にも招かれました。三井家では東京と京都で彼のために本当にすばらしい祝宴を二回催してくれました。京都の宴には一万七千円（十三万フラン近い金額）がかかったと聞きました。高齢の元老、西園寺（公望）公爵みずからが、この人は原則としていかなる国の大使も招待しない人なのですが、私たちを例外として扱い、二度にわたり招待してくれました。一度目は新内閣の組閣人事の推薦で多忙なときだったので、列車のなか。二度目は彼の京都の別荘です。

　帝国の最高位にある人たちの厚意は、さらに新聞、陸軍、海軍といったあらゆる範囲の人々に影響を与えました。陸軍大臣と海軍大臣がそれぞれ私たちを招待してくれたのです。そして最後に一般の人々も影響を受けました。大阪では人々が私たちを大歓迎してくれたのです。

　もちろん総督と私は、訪日の公式目的である震災慰問や摂政殿下のご成婚のお祝いから離れた話題についても会話を交わしました。外務大臣の松井（慶四郎）男爵や西園寺公爵との意見交換の内容は、両国はふたつの面で接近しうることを示すものでした。つまり、純然たる商業・経済の分野と社会全般にわたる分野です。

　第一の点に関しましては、近々閣下に詳細な報告をお送りします。フランス代表を補佐したロワイエ商務担当官がまだ長崎から戻っておらず、必要な資料が手元にないのです。キルシェ税関長は、松平（恒雄）外務次官、佐分利[*3]（貞夫）参事官と話し合い、そのさい彼らが見せた協調的な態度に満足しています。この人たちは、さる四月八日付の外務省からの書簡に示されたフランスの立場を完全に理解し、仏領インドシナにおける最小関税率に関して、なんとしても譲歩せよとは主張しませんでした。彼らは代理店契約や関税の安定化は、項目ごとに個別に討議されなければならないことを認めました。もしもこれがわが国の外務省と商業省で認められれば、キルシェ税関長は再度来日して、この手続きのためにかなり長期間東京にとどまらねばならなくなるでしょう。日本側は、すでにインドシナ側が関心をもつ製品について、フランスにとって価値ある関税率の引下げを約束しました。キルシェ税関長は明言しました。フランス側はおそらくインドシナばかりでなく、フランス本土の産業に関係あるそのほかの製品についても関税引下げを求めるであろうと。

　しかし私の考えでは、フランスが自発的に日本に与える利益に対して、日本から見返りを得ることができるのは、関税面ばかりではないと思います。日本政府およびその管轄下にある大企業が、フランス製品の発注計画を検討することが大切なのです。とくにこれまで、アメリカやドイツから独占的に購入してきた鉄道用冶金《やきん》材料（レールなど）に関してです。松井男爵は私の見方を十全に理解しました。そしてこの件に関し、キルシェ税関長と私に対して、松平氏が正式に約束しました。私がソウルから戻るとすぐ、昨日付の電報で、産業および財務使節団を送るようお願いしましたが、それは彼らがこうした約束を忘れないようにするためなのです。

商業会議所の会頭たちは数多くの工場を訪問し、日本の主たる商工業の代表と話し合いました。日本側は、日本がこれまでオランダ領インドやビルマ（現在のミャンマー）にのみ相当量を求めていた多くの原料は、我々の植民地から有利な条件で供給されうることを理解しました。現在までのところ、わが植民地からこの島国の帝国に輸出していたのは、米とわずかばかりの石炭だけでした。たとえば、木材、砂糖、ゴム、塩、ラッカー、種々の鉱物などについても我々の植民地から供給できます。日本は高度に工業化されているのに、ほとんど資源はありませんから、我々にとっては巨大な販路が開かれているのです。

メルラン総督は同行した商業会議所の会頭たちと同様、いくつかの森林伐採権、農地の利用や鉱山の採掘権のための日仏間の資本提携の可能性を認めたように見えます。これによって着手される事業が、フランスの指導のもとで、フランスの法律にしたがって行なわれるのは当然のことです。

なにはともあれ、多くの工場を見学し、日本の労働力はコスト高なうえ月並みなものであること、日本の物価が恐ろしく高いことがわかりましたから、三人の商業会議所会頭は神戸における私たちの最終的な打合せの場でこう漏らしました。「もう日本が恐い競合相手だとは思いません」

悪夢が消え去りました。私たち両国が接近するにあたっての主たる障害も消え去りました。私がフランス外務省宛にたくさん報告を送ったのは正当であったことがわかります。もしフランス本国の産業人が日本に来て、公平な実情の調査を行なえば、彼らがインドシナ使節団と同じ結論に到達するのは疑う余地のないことです。

外務大臣松井男爵および西園寺公爵との会話のなかで、私たちはより一般的見地から日仏関係を検討することができました。私はこれまでにもしばしば展開してきた、正しいと信じている私自身の考えを述べました。つまり、「今や日本は英米に見放され、アジア大陸の果て太平洋のかなたでロビンソン・クルーソーのように途方に暮れているのだから、国際関係のなかでももしものときには保証人となりうる〈話し相手〉が必要なのだ。思想や技術が日進月歩の世界と接触させてくれると同時に、公平な助言を与えてくれることができ、そして必要とあれば日本を弁護し国際連盟で日本の意見を代弁してくれる状態にある話し相手が」。

フランスは国際社会において、目下のところヨーロッパのすべての友好国から支持されていますから、自分の意見を代弁してもらうには最適の国と言えます。要するに、日本にとっては、みずからが表に出ずして他の国々にその立場を理解してもらうという点で、協力者として最適の国がフランスなのです。また、極東でも太平洋でも、相互のより大きな利益のために両国が協調して歩むにあたって、利害の対立はありません。さらにこの点に関して私は、五月八日付の四〇号と四一号の電報で、ポアンカレ*4

前外相が私に許可してくれた中国東部の鉄道の問題をほのめかしました（余談ながら、これについては、公表された詳細な報告をいただければ、ひじょうに役に立つと思います）。

私は日本人との話し合いのさいに、日本が、これまでフランスとのあいだで交わされたような一時的かつ不確実な性格のものではない、強固で永続的な関係を結びたいと望むならば、それは情緒的共感ばかりではなく、利益にもとづくものでなければならないということをあえて明言しました。また、私は、侵略的性格をもつアメリカ製品の日本への輸入が、あたかも洪水のごとく日本をのみこんでしまわんばかりの勢いで入ってくることは、いかに不安な要素となるかを示唆しました。貿易の半分弱を一国のみに依存している国は、完全な経済的独立を維持しているとは見なされません。

そこで、日本は、大量の製鉄製品の年間需要の大半を、フランスから購入することができるでしょう。そうすれば日本にとって利益があるでしょう。なぜなら、現在フランスの相場はアメリカのそれより低いからです。私たちはニューヨークのみならず、太平洋岸全域にわたって大量の鉄製品を販売しているのです。フランスから製品を買い、フランスと強力な友好関係を樹立すれば、日本は、現在より広い意味の利益を見出すことができるでしょう。日仏が協力して行動すれば、日本の国益にとって不利なように事を進めようとする英米グループに拮抗しうるものとなるでしょう。

私の意見は松井男爵（外務大臣）を大いに驚かせたようです。その何日かのちに（松平）外務次官が、先に詳述したような重要な声明を私たちに対して行なったのです。西園寺公爵に関しては、会談を通じて私が説明したすべての構想に賛同したばかりか、何日かのちには、会談の中身について熟考したが、あなたの見解は自分のそれと完全に一致していると言いました。

最後に、もうひとつの点につきましても、私たちは満足できる結果を得ました。それは、つぎのことです。

私は前便において、日仏会館の現状がどうなっているかということ、この件を引き受けた日仏協会がかろうじて十万円の資金を集めたことを、閣下にお知らせしました。この伝統あるそして尊敬すべき協会の無気力ぶりに満足しなかったわが友、黒田子爵[*5]が、彼は貴族院議員でフランス学士院の通信会員でもあるのですが、あまり人数は多くはないけれども、日本の有力企業の代表をメンバーとするもうひとつのグループを組織しました。三井、三菱、日本郵船会社、台湾銀行などの代表です。〈仏領インドシナ協会〉という名称を冠し、二年前からフランスとの協力関係樹立のために尽力しているのですが、インドシナ総督の訪日を提案し実現させ、日本におけるレセプションの全費用を負担したのが、このグループなのです。

メルラン氏が東京を離れる前日に、会の代表が彼を訪ね、日仏会館の問題は引き受ける、自分たちが責任をもって間違いなく設立させると明言したのです。メルラン氏は、彼らに丁重に礼を述べ、日本人の約束をしかと記憶にとどめた、仏領インドシナとしても一万円を寄付すると言って、その場で小切手を切り、私に手渡してくれました。すばらしい成果です。さる四月二十八日の報告に私が記した構想をフランス側が受け入れてくれれば、私たちは東京市内に、日本に対して知的・経済的影響を及ぼすことのできる強固な手段を有することになると、私は確信しております。

会談や声明、あるいは意見交換を通じて、私はメルラン氏とすべての点で意見が一致していることが確認でき、大きな喜びを感じております。氏は、賢明、冷静かつ頭脳明晰、断固たる意志の人で、その威厳や判断力の点で強烈な印象を与えます。はじめは彼に対する日本人の評価は、さほどのものではありませんでしたが、日を追うごとに好意的なものとなり、最終的にはまったき信頼に満ちた、熱烈な評価にさえなりました。彼の行なった数多くのスピーチは、言うべきことをすべて言いながらも、節度をわきまえ、なおかつ真心と誠実さのこもったもので、日本の友人たちに好感を抱かせるものでした。付け加えますと、メルラン氏はたくさんの土産《みやげ》（摂政殿下へは銀製品）と勲章を携えて来日しました。これは格別の効果をあげました。彼はジョッフル元帥やジリー海軍大将の訪問が残した地味な印象と期待はずれの感を、いくらか払拭することができたのです。

メルラン氏に同行した人物は、とりわけ選《え》り抜きの人々でした。とくにキルシェ仏領インドシナ税関長は称賛に値します。彼の有能さと質の高い議論は、会談の相手にすばらしい印象を与えました。シャテル官房長、ジャン・ブレオー政務長官の、上司に対する補佐ぶりもみごとでした。

閣下に、日本の新聞に載った主要な記事をお送りします。格別注釈が必要なものとは思われません。日本にとってフランスは、かくも長きにわたり、忘れられた、未知の国でした。フランスのPR不足から、私たちのあらたなよき友人である日本人には資料やデータが欠けており、フランスについては、漠然とした一般論で満足するしかなかったのです。メルラン氏はまた、故明治天皇を祀る神宮を参拝し、戦没者を祀る神社および本所の火災の犠牲者四万人を祀る慰霊堂へ参拝したのですが、これらの行為はすばらしい効果を生んだことに言及させていただきます。

ポール・クローデル

★1〔原注〕フランス外務省資料「仏領インドシナと日本の政治経済関係、一九二三―二四」（一一巻、分類なし、六一号）。『日記I』六三〇ページ参照。「商業、財政、農業、植民地に関するコミュニケ」
＊2［訳注］原文はSaburoとなっているが、佐分利（貞夫）参事官。
＊3［訳注］メルラン総督一行の来日に関しては東京朝日新聞が連日、写真入りで大きく報じている。一九二四（大正十三）年五月一日「メルラン総督一行都入りは八日」。五月二日「印度支那を中心に日仏協商進捗の説」裏書きするメルラン総督。五月三日「近く入京するメルラン氏」「仏領印度支那の最恵関税協商」の来日。五月八日「印度支那総督一行先発隊の入京」「メ総督神戸入京」「けふ入京の印度支那総督一行」「メルラン総督一行を迎ふ」。五月九日「花束に埋まってメルラン総督入京」。五月十日「メルラン総督けふ摂政官と謁見」。
＊4［訳注］ポアンカレ（一八六〇―一九三四）：フランスの政治家。一八八七年、弁護士から下院議員に当選。文相・下院副議長を歴任。ドレフュス事件後には野にあってこれと対抗し、上院議員ののち、一九一二年挙国一致内閣を組織、ドイツに対する強硬態度を貫き、モロッコ保護化に成功。翌年大統領に当選。一七年宿敵クレマンソーを首相に任じた。その選択がフランスに勝利をもたらした。戦後ふたたび首相となり、賠償不払いを名としてルール地帯占領という対ドイツ強硬策に出て失敗し下野した。二六年七月第三次内閣を組織し、フランを三分の一に切下げ、輸出増進・景気回復・財政再建に成功した。二九年七月、病を得て辞任。一九〇九年にはアカデミー・フランセーズ会員に選ばれている。
＊5［訳注］黒田子爵：黒田清輝（一八六六―一九二四）。一九二四年七月十六日付の書簡に詳しい紹介がある。薩摩藩士の子。伯父黒田清綱（元老院議官）の養子となる。法律勉強のために一八八四（明治十七）年渡仏したが、絵画に転向。一九一七（大正六）年養父没後に爵位を継ぎ、

二〇（大正九）年貴族院議員に当選、子爵議員研究会に属して政治家としても活躍。画家としては、フランスに渡り、コランに学び、一八九三（明治二十六）年帰朝。九六（明治二十九）年白馬会を創立。東京美術学校に西洋画科が設立されると、その指導にあたった。フランス印象派の外光描写の風を伝え、明快な色調を帯び、紫派と呼ばれた。近代洋画の確立者。作品『湖畔』『舞妓』など。

日本とアメリカ合衆国[★1]

【一九二四年六月四日】

予想できなかったことではありませんが、アメリカの大統領カルヴァン・クーリッジ[*2]は、なにかともったいをつけ、他国民に対する尊敬、友好、共感を口先では表明しながら、議会が可決した、日本にとって侮辱的な投票結果を無条件に承認しました。その結果、今後日本人は、この広大な共和国からとくに名指しで排除されることになりました。

今朝私は、アメリカ大使ウッド氏に会いました。彼はこの挑発的な法案の成立に加担していると思われたくないと言って辞表を提出しました。彼は、今回の議会決定は世論の大半とアメリカ国民の賛同を得ておらず、実際は議会の陰謀なのであって、ロッジ氏[*3]が親日派の国務長官を陥れるために掘った落とし穴なのだと語っています。じつのところ、ぜんぜんそうではありません。地球上いたるところで、アングロサクソンの人々が抱いている根強い感情があるとすれば、それは皮膚の色に対する偏見なのです。大西洋岸では、それが太平洋岸ほど顕著ではないとしても、たんに、大西洋岸にはアジア人があまりいないため、偏見が生まれる機会が少なかったというだけのことなのです。

アメリカ議会のとったじつにばかげた行動は、民衆を煽動して人種差別をするものであるとしか説明できません。〈紳士協定〉が成立して以来、日本はそれを文字どおり守ってきましたし、それを守りつづけていくことだけを考えてきたのですから、カリフォルニアにはあらたなアジア人の移民は入っていないのです。議会の場で公式にしかも意図的に侮辱をせずに、この紳士協定の取決めを維持することはできなかったのでしょうか。アメリカが日本に対して行使している途方もない影響力を目にして、すなわちこの強大な共和国の製品やあるいはその思想が、あたかも洪水のごとく太平洋のかなたの隣国を覆いつくすほど影響力が大であるのを目にしていますから、私には、このあからさまな嫌がらせは、育ちの悪い学生が自分より弱い友達を容赦なくいじめるのに似ているとしか説明することができません。

日本人の性格の根底にある自尊心、過度の感受性、根にもつ傾向を知っている者にとっては、一般国民や新聞がこの件についてさほど意見を表明することなく、手ひどい仕打ちを受け入れていることは驚くにあたりません。とりわけ怨念が深いのは軍隊です。戦争という言葉が多くの人々の口の端《は》にのぼっています。誰しもが心中、それを考えているのは言うまでもありません。一人の男性はアメリカ大使館の前で、古いしきたりにしたがって切腹しました。[*4] しかし、同盟国もなく他国を頼りにできない日本は、ひじょうに無力だと感じているのです。それに誰が絹を買ってくれるのでしょうか。

〈臥薪嘗胆《がしんしょうたん》〉！　目下のところ、この諺にしたがって、じっと怒りをためこんでいるしかありません。それから好機を待つことです。この国最大の新聞のひとつである『大阪毎日』[*5]が指摘しているように、日本は、ドイツ、フランス、ロシアに拒否権を行使されたのち、ついに復讐の機会が訪れるのを十年間待ちました。今の状況は、あらたな軍備縮小会議を開くのに好ましいものではありません。

昨日の新聞に、日本がワシントンで行なった抗議について掲載されています。[*6] 予想どおり、つたない表現です。まったくこの国民は、みずからの感情を表現して相手に知らしめることに長けていないのです。正義と平等という抽象的原則について述べていますが、まずい抗議の仕方です。日本は、中国人や朝鮮人の移民すら禁止することによって、その原則をみずから無視しているというのに。そしてすぐそのあとにつづけて、過去の外交文書、〈紳士協定〉つまり〈一九一一年の通商条約〉の遵守について、ややこしくて無味乾燥な不毛の議論をしています。この条約は、ベスマン・ホルベックが言ったように紙屑なのです。一七九三年にフランスが、その数年前に締結された条約の実施を求めたとき、初代アメリカ大統領のワシントンが〈溶けた羊皮紙〉

（molten parchments）と言ったのと同じことです。

この抗議は、きわめて自尊心の強い国民の胸中にある感情を知っている者にとっては、ひじょうに冷静すぎるのではないかと思える一文でしめくくられています。「したがって日本政府は、一九二三年の移民法十三条の差別に関する条文に対し、抗議し、これを公式に表明するのがみずからの義務であると考えます。そしてこの条項を削除するために、アメリカ政府ができるかぎりのそして適切な措置をとることを求めます」というものです。埴原氏（埴原正直駐米大使）が述べていた〈重大な結果〉にはまったく言及していません。アジア各国の人々を等しく震えあがらせたであろうこの問題に対して、なんというまずい論陣の張り方でしょう。たしかに、外務省が格調高い演説をしてみせたことなどめったにありませんが。

しかし、外務省以外のところでは、異なる意見が聞かれます。陸軍、海軍のスパルタ的な将校団のあいだでは。あるいは禅寺の孤独な小部屋で、一人の老人が漢書からしばし離れ、手を入れた石庭を眺めつつキセル煙草を、あるいは茶を一服しようとするときには。

譲歩の時代は終わったのです。ワシントン会議ののち日本は、協調の道を歩むうえでできるかぎりのことをしました。ウラジオストク、山東《シャントン》、漢口《ハンコウ》、満州北部を放棄し、艦隊の一部を解体し、陸軍の人員を削減しました。にもかかわらず、その代償が、イギリスのシンガポール軍港化計画やワシントンの侮辱だったのです。今や既定のものとなった、償えるものではない侮辱です。なぜなら、傷は癒えても侮辱されたという事実は消えないからです。これ以上の譲歩はできません。

とはいえ、直接アメリカに仕返しをしようなどとは考えるべきではありません。朝鮮半島、そして大連《ターリエン》（遼東半島の南西端の都市）の背後に、満州という新天地が開けています。しかし、この唯一の出口を除けば、日本の発展から余儀なくされる急速な需要を満たそうにも、いたるところ、もはや越えがたい壁が立ちはだかっているばかりなのです。

今のところ、当然ながら一般国民のいらだちが見られます。日本人には、みずからが槍玉となった中国におけるボイコット運動が、中国人にとっていかに強力な武器であったかがわかりました。『東京日日』のふたつの記事からわかるように、日本人はこんどは自分たちがアメリカ人に対して、それをやってみたいと考えているようです。その記事の翻訳と、あわせて首都と大阪の新聞のいくつかの目につく記事を、この手紙に同封してお送りいたします。ボイコットは危険な武器です。なぜなら、アメリカの側でも強力な報復手段をもっていますから！

なにはともあれ、現在の状況は、アメリカ以外の国々の商人や企業家たちにとって好機と言えます。彼らは、この国において、アメリカの商品がますます投資されているという実質的独占を破るため、この絶好の機会を利用したいと思うことでしょう。

ポール・クローデル

追伸――昨日の夕刊は、移民法がもとで、昨日のうちにさらに二人の自殺者が出たことを報じています。[*7]今朝、新聞各紙はいっせいにつぎの声明を一面に載せました。

「以下に名前を記す新聞は、反日法の公布が人道および正義に反するものであること、さらにこれが、太平洋を挟んだ隣国である日米間のこれまでの友好関係にそむくものであることを宣言する。だからといって、日本国民が勇気を失うことはないが、この差別待遇は認めるわけにはいかない。我々新聞は世論を代表する者として、日本民族の確固たる意思を表明し、この問題について熟慮するようアメリカに要望する。

二六新報、報知新聞、東京日日、東京毎日、東京毎夕、東京朝日、
東京夕刊、中外商業、中央、万朝報《よろずちょうほう》、読売、大阪毎日、大阪朝日、
大阪都新聞、大阪時事新報、やまと新聞、国民新聞、都新聞、時事新報」

ポール・クローデル

★1［原注］フランス外務省資料「アメリカ合衆国との関係、一九二二―二九」（六七巻、分類五五八―七、六四号）

＊2［訳注］カルヴァン・クーリッジ（一八七二―一九三三）：共和党から出馬して副大統領となり（一九二一―二三）、一九二三年八月ハーディング大統領急死で大統領となる。翌年再選。六年間大統領。第三十代大統領。史上まれに見る経済的繁栄のなかで現状維持を良策とし、消極的大統領として知られたが、繁栄政策と厳正な人柄ゆえに国民の信望は厚かった。

＊3［訳注］ロッジ氏：ヘンリー・カボット・ロッジ（一八五〇―一九二四）。アメリカ共和党政治家。第一次大戦後、上院外交委員長としてヴェルサイユ条約批准反対、国際連盟加入反対の立場をとった。

＊4［訳注］東京朝日新聞一九二四（大正十三）年六月一日「排日に憤激し壮漢割腹す」。

＊5［訳注］ドイツ・フランス・ロシアの拒否権行使。日清戦争の講和条約（下関条約）調印後、ドイツ・フランス・ロシア三国の公使は、日本政府に対して遼東《リャオトン》半島の領有は中国の安全・朝鮮の独立・極東の平和にとって障害になるという申入れを行ない、同時に下関条約批准書交換予定地に軍艦を集結して武力示威を行なった。いわゆる三国干渉である。日本政府は銀三十万両と引きかえに遼東半島を返還した。

＊6［訳注］中外商業新報（日経新聞）一九二四（大正十三）年六月二日「米国へ送ったわが抗議書・外務省公表」。

＊7［訳注］東京朝日新聞一九二四（大正十三）年六月五日「又も米大使へ遺書をして自殺」

（関連記事）。

新内閣★1

【一九二四年六月十七日】

さる五月十日、仏領インドシナ総督の訪日のさなかに、日本では選挙が行なわれました。政友会から分かれてできた政党で、政府に支えられてきた〈政友本党〉は、みずからが予測していた得票数を獲得できず、かろうじて百十八人の議員が選ばれるにとどまりました。これに反し、野党第一党である〈憲政会〉は百四十六議席を、高橋（是清）氏を総裁とする古くからある政党〈政友会〉と、犬養（毅）を党首とする〈革新倶楽部〉*2はそれぞれ百一議席と二十八議席を獲得しました。政友本党の敗因は、組織がしっかりしていないこと、政権維持にさほど固執しなかった政府がこの党を強力には支持しなかったこと、ライバル政党、とくに憲政会が選挙に莫大な資金を投入したこと、そして最後に、新聞等の言論機関がこぞってこの党に対する執拗な反対運動を行なったことがあげられます。

新党（政友本党）の有力な指導者の一人である中橋（徳五郎）氏は、大阪のみずからの選挙区で破れました。政友会が、分かれてできたふたつの党を合わせれば優に過半数をとっているのは確かです。大木《おおき》（遠吉《とおきち》）伯爵[*3]によってつづけられている再統合の試みは成功していません。おそらくこの難儀な工作を行なうにはまだ機が熟していないのでしょう。〈兄弟不和〉に関するラテン語の諺はつねに正しいのです。

摂政殿下のご成婚後、これでみずからの仕事は終了したと考えた首相の清浦（奎吾）子爵は、進んで辞職し、古《いにしえ》の賢人にならい賢明にも大森の隠居所に引きこもりました。日本の議会制が勝利した、今後、行政府は衆議院で過半数に支持されていないようないかなる政府をつくることもできないと、楽観主義者たちはおおっぴらに言っています。不幸にして歴史をひもとけば、このような期待は叶えられるよりは裏切られることのほうが多いのです。私には、この国の利害関係とか派閥というものはよく見えるのですが、熟慮のうえで決定した政策をもとに結成された政党というものが見えてきません。

摂政殿下は西園寺公爵の助言にもとづき、憲政会の党首、加藤（高明）子爵[*4]を呼び、彼に新内閣の組閣を委任しました。彼はただちに組閣にとりかかりました。この手紙に添付するメモで、閣僚のリスト[*5]と彼らの経歴の概略をお知らせいたします。新政府で最も目を引くのは、加藤子爵のかたわらに、連立を組むふたつの党の党首がいることです。高橋（是清）氏と犬養（毅）氏が入閣に同意したのです。さらに彼らと並んで第一級の人物たち、国民に信頼されるに値する人たちがいます。たとえば内務大臣若槻《わかつき》（礼次郎《れいじろう》）氏*6（誠実なフランスの友人で、日仏協会のメンバーです）や大蔵大臣の浜口《はまぐち》（雄幸《おさち》）氏*7です。一方、高橋氏の側には、司法大臣としてもう一人の政友会のメンバーである横田（千之助）氏（人力車夫を振り出しにした人です）がいます。注目に値する人物であることは再三にわたりお知らせしましたが、日本の政治において重要な位置を占めるよう期待されています。

加藤子爵の義理の弟で元アメリカ大使の幣原《しではら》氏*8（二人とも三菱財閥総帥の岩崎男爵の女婿です）が、外務大臣になりました。

内政面に関する新内閣の政策は、経費削減と普通選挙制の採用です。普通選挙についての私の考えは、これまでフランス外務省に何度も述べてきました。国民は本気で改革を求めているわけではありません（国民にとっては農地の問題のほうがはるかに重要で、はるかに緊急な問題なのです）。しかし、新聞や、知識階級のプロレタリア寄りの機関紙が記載する意見からなる〈護民官〉と言えるようなものが、何年も前から足並みをそろえて改革を要求しつづけています。

普通選挙は、それ自体に意味があるというよりは、これまでの日本社会の礎《いしずえ》となってきた家族制度に衝撃を与えるという点で、重大な意味をもっています。これまでは選挙権は家族の代表者のみがもっていました。この改革が議会に与える影響について言えば、すべては選挙のやり方が改善されるか否か、そして今日〈金《かね》〉が演じている優勢な役割を、今後も〈金〉が演ずるかどうかという点にかかっています。日本の有権者が自分自身の意見をもち、そして一族郎党の長の手に握られた盲目的な道具ではなくなるまでには、まだ長い時間がかかるでしょう。アジアの人々は、生まれたときからすべてそうした家族制度のなかに組みこまれているのです。

外交面に関しては、新内閣の成立は三つの点で私どもの注意を引きます。

その第一は、日本の外交政策の方向性ということです。加藤子爵は長らくイギリス大使を務め、日英同盟の締結に大きな役割を演じました。また、幣原氏も外交官としてイギリスに駐在したのちにアメリカ大使となり、アングロサクソンの意向には格別従順なところを見せました。このような人物が指導者では、帝国の外交が伝統的悪習に回帰してしまうのではないか、彼らは前内閣、前々内閣の成果であったフランスとの接近にさほどの共感をもたないのではないかと考えないでいられましょうか。しかしながら、私はこの点ではなにも恐れることはないと思います。かたやイギリスのシンガポール軍港化計画によって、また一方ではアメリカの移民法によって、日本はアングロサクソンから露骨に除け者にされつづけてきましたから、完全な孤立か、あるいは私たちが日本にもたらしたいと望んでいる友好的で偏見のない協調を受け入れるか、そのいずれかを選択せざるをえません。

第二の点は、日中関係です。これについては、加藤子爵がかの有名な二十一カ条要求の責任者であることから、世論のなかに強い不安が起こりました。しかし、一九一五（大正四）年以来さまざまなことが起こり、今や日本は中国を直接的かつ暴力的手段によって支配しようとしたことは誤りであったことを理解しています。日本は今後は、むしろアメリカが排他主義をとるなら、極東の民族同士を結ぶ連帯感を築きあげる役割を果たすべく努力するでしょう。

ある新聞は加藤子爵が、「司法特権を断念することによって中国に好意をもってもらい、さらに条約中のそのほかの特権を破棄するかわりに、中国という共和国全土で商売をし、土地を所有できるようにする」と語ったと書いています。彼がそうしたいという気持ちに傾いていることは確かです。しかし、この種のボルシェビキ的傾向ともいえる大胆な政策は、日本の慎重な習慣のなかには見られないものです。一方日本は中国で、あまりにも多様な利権をもっていますから、中国の裁判官や官僚の気まぐれに自国の国民や企業をゆだねることはできません。可能性のありそうな政策は、北京《ペキン》政府の利益には反しますが、中国各地を支配している、あるいはむしろ搾取している事実上の領主たちに敬意を表し、自主性を認める政策でしょう。とくに満州でこの政策を実施すれば興味深いことでしょう。満州は広大ですばらしい地域ですから、日本人はこの土地に、おそらくますます実用的なやり方で努力と野望を集中することでしょう。

　最後に、近い将来はっきりするであろう第三の問題は、ロシアとの関係です。新聞を信用すれば、芳沢《よしざわ》（謙吉《けんきち》）氏[*9]とカラハン氏のあいだで協定が結ばれようとしています。[*10]負債とニコラエフスクの問題は棚上げにし、日本はサハリン（樺太）北部とプリモルスカヤで分与される土地や権利の委譲で満足するでしょう。実際、状況はまだあまり進展しておらず、北京で再三にわたり行なわれた日本の抗議が示しているように、日本は大いなる不満と不安をもって、中国東部の鉄道の管理に関して、ロシアがふたたび以前の地位を手に入れようとしているのを見守っています。これは、日本の新政府にとって目が離せない問題です。

　急いで検討いたしましたので、加藤内閣にとって重要な対米政策については述べませんでした。実際、国民にとってこの問題がどれほど重要で、その影響がはかりしれないほど大きなものであっても、また現状のように人々が緊張した心理状態にあるときは慎重さを欠く狂信的な行為を起こしうるものであるとしても、政府にとって問題はすでに解決済みなのです。政府はみずからが無力であることがわかっています。今やアメリカとイギリスに対しては幻想をもつのをやめ、桎梏《しっこく》を断ち切り、極東においてみずからの政策をより自由に推し進めていく以外には方法がないのです。

ポール・クローデル

★1［原注］フランス外務省資料「国内政治、一九二二―二四」（五一巻、分類五五五―一―二、八〇号）。『日記I』（ガリマール書店刊・プレイヤード叢書）六三二ページ、一九二四年「六月、清浦内閣辞職、加藤内閣発足」。

＊2［訳注］革新倶楽部。原文は Kokushin Club となっている。

＊3［訳注］大木遠吉伯爵：原文は侯爵となっているが、当時の東京朝日新聞によれば伯爵。

＊4［訳注］加藤高明（一八六〇―一九二六）：政治家。名古屋生まれ。三菱財閥の創設者、岩《いわ》崎《さき》弥《や》太《た》郎《ろう》の女婿。外交官より政界に入り、四度外相。第一次世界大戦中、対華二十一カ条要求を提出。憲政会総裁として原敬と対抗。第二次護憲運動の結果、首相。

＊5［訳注］添付はされてないが、東京朝日新聞一九二四（大正十三）年六月十一日に「決定せる新閣僚」の氏名と写真が載っている。

＊6［訳注］若槻礼次郎（一八六六―一九四九）：政治家。松江生まれ。蔵相・内相を歴任。一九二六（大正十五）年憲政会総裁となって組閣。三〇（昭和五）年ロンドン軍縮会議首席全権。翌年民政党総裁となりふたたび首相、満州事変勃発後、辞職。以後、重臣として活動。

＊7［訳注］浜口雄幸（一八七〇―一九三一）：政治家。土佐出身。蔵相・内相を経て民政党初代総裁として首相となり、緊縮政策を断行、ロンドン海軍軍縮条約を結んだ。右翼に東京駅で狙撃され、それがもとで没。

＊8［訳注］幣原喜重郎《きじゅうろう》（一八七二―一九五一）：外交官・政治家。大阪府生まれ。岩崎弥太郎

の女婿。東大卒。各国大使などを経て、一九二四年以後四度外相。対米英協調と対中国内政不干渉方針をとって、軟弱外交と非難された。四五（昭和二十）年首相、ついで進歩党総裁。のち民主党、民主自由党に参加。衆議院議長となる。

＊9［訳注］芳沢謙吉（一八七四—一九六五）：外交官。新潟県出身。外務省・漢口《ハンコウ》総領事・中国公使館参事官・政務局長を経て、一九二〇（大正九）年アジア局長兼欧米局長、二三（大正十二）—二九（昭和四）年中国公使、三〇年駐仏大使、国際連盟日本代表、満州事変の処理に苦慮。犬養内閣外相、公職追放。五三（昭和二十八）年台湾大使。

＊10［訳注］芳沢・カラハン会談（一九二四—二五）。国交樹立交渉。日ソ基本条約締結をもたらした。

黒田清輝の死★1

【一九二四年七月十六日】

昨日、七月十五日、フランスの革命記念日（パリ祭）のまさに翌日、日本におけるフランスの真の友である黒田清輝子爵が、長い闘病生活のすえに亡くなりました。だいぶ前から回復の見込みはないと言われていたのです。わが国にとっては取り返しのつかない損失であります。

黒田子爵の家柄は日本でも由緒あるもののひとつです。子爵は宇多《うだ》天皇や源氏の将軍たちの子孫で、その家系からは十六世紀に秀吉《ひでよし》の重臣の一人が出ています。キリシタン大名であった黒田氏について述べたいと思います。この人は朝鮮を征服した人物で、フランス布教団との関係でひじょうに大きな役割を果たしました。その一族の子弟の一人が十七世紀に九州にやってきて、薩摩藩の島津《しまづ》氏に仕えました。私たちの友人、故黒田清輝氏の父はその子孫です。父君は維新の初期に行政のさまざまな要職につき、貴族院議員となり、一八八七（明治二十）年に子爵の称号を受けました。

黒田清輝は一八六六（慶応二）年六月二十九日生まれ、学業を仕上げ法律を学ぶため、一八八四（明治十七）年にフランスに派遣されました。ところが、ひとたびフランスに落ち着くと、彼は絵画に対する抗しがたい性向を見出し、レコール・デ・ボーザール（美術学校）の講義を何年間も受けることになったのです。一八九三（明治二十六）年に帰国した彼は、この国に油絵を導入しました。私のように長年日本に滞在している者は、一八九五（明治二十八）年に東京の展覧会で、彼の出品した〈裸婦〉[*2]がスキャンダルを巻き起こしたことを覚えています。日本で初めて西洋的手法で描かれた〈裸婦〉だったのです。これは、最近上野の展覧会においてロダンの『接吻』が引き起こしたスキャンダル[*3]に匹敵するものでした。黒田はその後は平穏な経歴を送りました。美術通に認められ、帝国美術院のメンバーとなりました。一九一七（大正六）年、父の没後彼は爵位を継ぎ、二〇（大正九）年には貴族院議員となったのですが、このときから彼の関心は一変して美術から政治に移り、性格も変わりました。彼は政治に情熱的にかかわり、個人的な野心がないがゆえに、貴族院で権威をもつようになり、まもなく重要人物になりました。彼自身の資質もさることながら、薩摩閥の一員であったということも寄与しています。薩摩閥は、山県公爵（長州藩）亡きあとの日本の政局において、しだいに重要な役割を演ずるようになっていたのです。

対外政治に関する黒田子爵の〈考えの基本〉は、みずからが深い親近感をもっているフランスへの接近政策だったと言うことができます。フランスへの愛情を凌ぐことができたのは、自分の祖国に対する愛情だけでした。仏領インドシナ総督の日本訪問を最初に思いついたのは彼です。彼は西園寺公爵とともに、総督の訪日がいかに両国関係にとって幸運な結果をもたらすかをフランス政府に理解させてほしいと、訴えたのです。メルラン総督の東京滞在は、彼が全存在をかけた大事業でした。総督が日本に到着する何カ月か前から、彼は狭心症に加えて糖尿病を併発し、重い病の床にありました。しかし彼は、命に替えても、みずからが創設しその会長となっていた〈仏領インドシナ協会〉が、わが同胞メルラン氏のために催す祝宴をみずから主催したいと考えたのです。これが彼の最後の公的活動となりました。

祝宴の何日かのち、彼と私は、「国際関係における日本の現状」、そしてこの国の外交政策の進め方に対して彼が危惧している点について、長時間にわたって重要な会話を交わしました。私が朝鮮から戻ったとき、彼はまたしても病床にあって面会することができませんでした。私は昨日、ようやく死の床で彼に再会できたのです。彼のかたわらには、メルラン氏から贈られたふたつの銀製の花瓶が置いてありました。

かくも閉鎖的で、意表外のことの多い日本という国において、なおかつ複雑な伝統をもち、民主化が進んでいないために藩閥や軍などの強力な力がはびこっている国において、黒田子爵の友情、経験、影響力が私にとってどれほど貴重なものであったか、ご想像いただきたいと思います。彼はまたとない貴重な助言者でありました。重大な局面にあるとき、私には権威ある一人の人間の誠実な支持を当てにできることがわかっていました。この人は、国会においては、日本の政治を二年にわたり導いてきた〈研究会〉という貴族院内の会派にあって、また薩摩閥においても、中心人物として影響力をほしいままにしていましたから、それにふさわしい権威を身につけていました。

フランスは彼の友情に、レジオン・ドヌール勲章を授与することで報いました。フランス学士院は、私の求めに応じて、彼に通信会員の称号を授けました。メルラン氏は彼に〈安南の龍〉勲章（グラントフィシエ）を授与しました。彼は我々のために命を捧げたのです。黒田子爵のように、わが国への愛と奉仕のために亡くなったといえる人物がいることは、日本人は感激したり無私無欲の愛情をもったりできないのではないかと疑う人々を論破するうえで、最良の説得手段となるでしょう。わが国がこのような友人をもちえたのは名誉なことであります。

ポール・クローデル

★1 ［原注］フランス外務省資料「皇位と皇室の問題、一九二三―二六」（四九巻、分類五五一

一二、九二号）

＊2 ［訳注］黒田清輝が、第四回内国勧業博覧会（一八九五年）に出品した『朝妝《ちょうしょう》』（焼失）が衝撃的反響を起こし、たちまち裸体画論争が起こった。それは黒田自身望んでいたことであり、西洋画の基礎は裸体画であること、寓意的、象徴的内容をもった高尚な裸体表現が可能なことを、彼は留学の成果として身をもって世に問う必要があった。

＊3 ［訳注］東京朝日新聞一九二四（大正十三）年六月一日「ロダンの名作に竹垣を繞《めぐ》らす」。

関東大震災の一周年記念★1

【一九二四年九月二日】

九月一日がふたたび巡ってきて、日本では、かつて人類を襲った災害のなかで最も恐ろしい関東大震災が、改めて思い出されました。初期の興奮がおさまると、ヨーロッパでは早くもこの大事件は忘れ去られ、この震災が正確にはどのくらいの規模だったのかは誰にもわかっていないようです。日本のふたつの大都市をふくむ多くの街が破壊され、同時に二十万人の命が失われたのです。その数は満州の戦争（日露戦争）における戦没者の二倍に相当します。

そして当地では、廃墟はまだ完全には片づけられておらず、掘っ建て小屋が首都を埋めつくし、黒く焼けこげた木々や錆びた屑鉄の山が見られ、社会生活を快適に営むうえでいちばん基本的なものが欠けています。常日頃、そうした光景を目にしており、まだ時々は余震もありますから、ふだんはあまり深刻でない私のような人間でも、たえず思い出が呼び戻されることにならざるをえません。場所によっては三百メートルの高低差が生じており、いたるところ崖崩れの跡が見られます。こうした地殻変動の痕跡を思い浮かべていただきたいものです。

東京と横浜では、八月三十一日と九月一日の終日、あちこちで慰霊の儀式が見られました。いちばん感動的だったのは、三万二千人が遺体で見つかった被服廠《ひふくしよう》跡地で行なわれた慰霊祭でした。遺骨はすべて箱におさめられました。そこを訪れる弔問者は、年間を通じてとだえることがありませんでした。なかには、死者を忘れないための証しとして、ひとつまみの遺灰をのみこむ者さえいました。やがて記念碑が建立されることになっており、その図案が公表されました。描かれたとおりになるとすれば、その記念碑には、大震災の恐ろしさがそのまま再現されることになります。

昨九月一日は、大勢の犠牲者が出た場所にテントが張られ、なかには木製の碑《いしぶみ》、果物や食物を供えた祭壇と椅子が数脚おいてありました。そこに何人かの閣僚、高官、招待された外交官らが着席しました。儀式は厳粛かつ厳密に行なわれ、生きている人々と死者との関係を示す感動的現実を見てとることができました。それは、死者を、あたかも感じたり聴いたりすることのできる生身の人間であるかのように扱う一連の献辞、というよりは呼びかけからなっていました。首相をはじめ中央や地方の役人が、無数の犠牲者たちに向かってそうした呼びかけをするのです。それがつづくあいだに、仮設の祭壇の前にしつらえてある柵に向かって、長い行列が川の流れのように押し寄せるのが見え、人々は祭壇へ向けて、花束や木の枝や線香の束や小銭を雨のように投げ入れました。こうした貧しい人々の熱き思いや激しい感情表現以上に心を動かされるものはありません。人々は思いをこめて手を合わせ、お経を唱えていました。日本人は真摯な宗教感情をもつことはできないと言う、疑り深い人たちの誰かひとりでもこの場に立ち会っていたらよかったのにと思いました。私はこれほど感動したことはなく、これ以上に崇高な感情を味わったことはないと言えるほどです。

こうした印象的な慰霊祭が、市内いたるところで、とくに遊廓で知られる〈吉原〉でも行なわれました。ここでは、八百人の気の毒な娘たちが、熱湯と化した池のなかで命を落としたのです。

本所の慰霊祭が思っていたより早く終わりましたので、私は横浜で行なわれた式典に参列することができました。かくも多くの外国人、かくも多くのフランス人が犠牲になったのですから、弔わなければなりません。犠牲者のなかには親愛なるデジャルダン領事もふくまれています。私はなんとしてもこの式典に出たいと思っていました。

残念ながらレイ司教の行なうレクイエムのミサ（死者のためのミサ）には出席することができませんでしたが、在留外国人グループを集め、まさに地震の発生した時刻に執り行なわれた祈りの儀式には間に合いました。さまざまな宗教の代表による朗読や講話ののち、十一時五十八分、港に停泊中の全船からサイレンが鳴り響きました。まるでパイプオルガンの響きのようなその悲しい音を聞き、私たちは犠牲になった人たちをしんみりと思い出しました。私はこのとき、オリエンタル・ホテルの残骸の山、デジャルダン領事の黒ずみ腫れあがった顔、日本人女性の膝に抱かれ両足に火傷《やけど》を負ったフランス人の子供、そして〈アンドレ・ルボン号〉の船腹に炎が飛び移るのを覚悟したあの悲劇の瞬間を思い出しました。船には避難民の荷物が満載されていたのですが、岸壁の穴の開いたタンクから港内に漏れだした石油に火がつき、立ちのぼる黒煙が船をすっぽりと覆っていたのです。

私はこの日の残りの時間を〈メゾン・ド・フランス〉（フランス人被災者の家）で過ごしました。ここは相変わらず好評を博しています。そして、今なお横浜のフランス人居留民の宿泊所となっています。この施設は、横浜において、人々が勇気を出し、明るく、助けあってきたことを示すすばらしい例となっています。仏領インドシナと上海《シャンハイ》のフランス人租界から送られた義援金が、有効に使われました。

日本の新聞は、この厳粛な記念日にさいし、過去一年間になにがなされたかを振り返っています。国民がやってきたことは称賛に値しますが、一方それを導く行政の行なったことは、名誉と言えるものではありません。十二カ月のあいだ、何枚かの板きれやトタン板で囲った貧弱な掘っ建て小屋のなかで、寒さ、暑さ、雨、風、そして大量の死者を出した病気（昨日はチフス、今日は脳脊髄膜炎《のうせきずいまくえん》）のもとで耐え忍んだ百万の男女、また子供たちの気力、忍従や手作業でつくりあげたものを見れば、称賛するほかありません。政治家たちはおのれの無力さを見せつけ、あるいは辻褄の合わない言動や背信行為を行ない、哀れなざまでしたから、彼らに対しては庶民に対するのと同様に称賛することはできません。

目下のところ、東京、横浜における厳密な意味での〈震災復興〉事業は始まっていません。最終計画すら固まってはいません。それどころか関税廃止によって、貿易は常軌を逸した無秩序な様相を呈したため、為替レートのバランスが狂い、同時に外国からの莫大な借款が、国の将来の財政にとって負担となっています。一年後には立ちなおれると政府は楽天的な約束をしたのですが、東京と横浜が廃墟から立ちあがっているという話は本当ではありません。これらの都市はやっとのことで生き延びているのです。一方、かつてあれほど華々しかった横浜の外人居留地に関しては、もはや生糸商人以外は残っておらず、みな東京かあるいは神戸に移りました。

ポール・クローデル

★1 ［原注］フランス外務省資料「関東大震災、一九二四―二九」（九三巻、分類五八六―一、一〇八号）。参考資料『朝日のなかの黒鳥《くろどり》』のなかの「一年後」。散文作品（ガリマール書店刊・

プレイヤード叢書、一九六五）一一四八ページ。ミチオロ・アンリ『朝日のなかの黒鳥』批評版。ブザンソン大学文学年報。文芸欄一九八一、一八三ページ。

後藤子爵との会談★1

【一九二四年九月十六日】

現在、日本の政界で最も注目されている人物である後藤（新平）子爵について、私はフランス外務省にしばしば情報をお送りしました。彼は、最近までその職にあった内務大臣としては成功したとは言いがたいのですが、国の政治に大きな役割を演ずることを期待されています。彼の性格や弱点については大いに気になる点があるのですが、そのことが彼の人気に影響するようなことはありません。私は、彼が活動的かつ積極的な人物で、この国の現役の政治家に最も欠けている勇気と率先行動という資質を備えているとご報告しました。彼はまた実業界の重鎮でもあり、その鷹揚《おうよう》さゆえに、日本の新聞や新聞記者たちはおおむね彼に好意をもっています。彼らが金に困ったときは、この寛大なパトロンのところへ行けばよいのです。確実に百円札を恵んでもらえます。要するに私はこの人物を、将来性のある実力者であると描写しましたが、彼のきわだった親独・親ロ傾向は、なお不安要因でありました。

それだけに、後藤子爵の見解に方向転換が生じたように見えるのは、私にとって喜ばしいことです。これは現在、とくにメルラン総督の訪日このかた、日本の一般的関心がフランスのほうへと向いてきたことの重要な徴候です。メルラン氏の訪日はそれほどに好結果をもたらす影響が大でした。傑出したわが同胞メルラン総督に敬意を表すべく開催されたある歓迎の祝宴に、後藤子爵が出席しているのを見たとき、じつは私は少なからず驚いたのです。ジョッフル元帥の訪日のさいには、あれほど上の空で、よそよそしいところを見せていたこの元東京市長が、格別の愛想のよさを示していることに気づきました。あのとき以来彼は腰が定まりました。

最近、私は子爵の使者たる人物の訪問を受けました。この人は彼からの贈り物だと言って、小さな観音像の複製を持参していました。この観音は、昨年の地震のさいに奇跡的な御利益《ごりやく》を発揮して以来、日本人の特別の崇拝の対象となっているものです。このとき後藤氏は、その使者を通じて私に、この先フランスと協調して働くこと以上の大望はもっていないこと、国策としてフランスと近しくしなければならないと理解していることを伝えてきたのです。彼はまた、私とゆっくり話しあいたいと思っていると、使者は言いました。私にはこの申入れを拒む理由はなにひとつありませんでした。

こうして昨日、私は麻布にある彼のすばらしい屋敷を訪れました。彼は病床にあったのですが、私をこれ以上ないというほど友好的な態度で迎えてくれました。そして彼は、私が期待していたことをかならずやると語りました。彼は、自分以上にフランスに献身的な友はいないと言い、私に役立つことでみずからにできることがあればなんでもする用意があると言いました。彼はとくに日仏会館の一件に関心があるとはっきり言いました。日仏会館は東京の知識人が切磋琢磨《せっさたくま》しあえる貴重な文化センターとなることを望んでいると、彼は語りました。二人だけで親しく朝食をとりたいとの私の申し出を、彼は喜んで受けました。

慎重にはいたしますが、私は後藤子爵が我々の友人の列に加わったのは喜ばしいことだと思っております。とくに友好面での絆ばかりでなく、国益面での絆が必要だという信念を彼がもっているのであれば。

ポール・クローデル

★1〔原注〕フランス外務省資料「国内政治、一九二二―二四」（五一巻、分類五五五―一―二、一一五号）。「植民地へのコミュニケ二部、うち一部はインドシナ総督向け」『日記Ⅰ』（ガリマール書店刊・プレイヤード叢書、一九六八―六九）六四六ページ、一九二四年「九月二十八日、後藤子爵と玉川上水の河畔でのピクニック、秋の草」。〔訳注：原文は〈Tumegawa〉となっているが、該当する川が見あたらなかった。多摩川あるいは玉川上水のあたりではないかとの地図の専門家の意見にしたがった。なお、これについてはクローデルの『日記』にも一九二四年九月二十八日のところに記載があるが、同様に〈Tumegawa〉となっている〕

軍事の問題、日本駐在武官を増やすことが不可欠★1

【一九二四年九月二十九日】

この手紙に同封します一一八号の私の報告のなかで、私たちは現在日本の軍部が検討している改革について閣下にお知らせしましたが、私はあわせて今回採択された改革は手始めにすぎず、さらに抜本的な変革を伴うにちがいないという識者の意見を加えました。世界大戦（第一次）によって証明されたことは、指導幹部の人員が充分であれば歩兵はかなり早く育成できるが、技術的装備や、近代の軍隊にぜひとも必要な設備を整えることはそうかんたんにはいかないということです。

さて、日本においては士官、下士官は過剰ぎみですが、一方、装備の点ではじつに遅れています（一例をあげるだけでおわかりいただけると思いますが、日本の軍隊は防毒マスクを有しておらず、毒ガス研究には着手してさえいません）。したがって、兵員数を減らし、真に現代的な兵器をもつことは、日本の軍隊にとってなんら不都合なことはなく、それどころかまさに必要とされていることなのです。

この点に関して私は思うのですが、見かけに反し、〈情ない〉とは言わないまでもかなり劣っているこの国の軍備の現状を我々が正しく認識するならば、日本が野心的意図を抱いているといった懸念は、雲散霧消するであろうということです。一方、日本の財政状態、政治情勢は、権威もなければ将来の展望も影響力ももたない人々からなる内閣がたえず代わることからもわかりますが、あまりかんばしいものではありません。

私が報告で言及しましたように、これまでに軍備面で著しい進歩が見られなかったのは、それはまず第一に、日本では何事であれ、すみやかに進行しないためです。第二に、歩兵の削減は大勢の将軍や将校の引退を余儀なくしますが、当然のことながら彼らはこれに抵抗しているということがあります。日本では歩兵が大きな力をもっています。ですから、山梨（半造）将軍の発案で行なわれた初の歩兵削減のさいには、砲兵隊もかなり削減しなければなりませんでした。考え方は変わったものの、陸軍に犠牲を強いるのは今なおたいへん難しい問題です。

漸次その数を増しているフランスからの来日将校が及ぼす影響が、この点において、よい結果をもたらすと期待すべきでしょう。陸軍大学校長、和田（亀治《かめじ》）中将[*2]から多くを期待することができます。彼はフランスで受けた歓迎に大いに満足して帰国しました。彼はわが国のことをあらゆる場で称賛しています。ついでに、ちょっと面白い

皇帝ウィルヘルム一世[*3]の肖像画をとりはずしたのです。
話があります！　彼は帰国早々、その日まで彼の執務室を麗々しく飾っていたドイツ

これ以上繰り返すことはいたしませんが、今後、先進工業国の協力なしには実行できない改革をすることが予告されています。フランス企業にとって絶好のチャンスです。これはフランスが大いに関心をもつべき問題です。

しかし、この協力を進め、日本を徐々にわが国のほうへと好意的に向かわせる動きを強力なものとするためには、大使と駐在武官だけでは手がまわりません。日本の軍隊そのもののなかに、さらにわが国の影響、わが国の精神を浸透させなければなりません。将来のために、知識人や協力者の養成機関を用意しなければなりません。民間レベルではフランス会館（のちに日仏会館と呼ばれるようになった）を設立し、生徒たちがこのわかりにくい国を知り、見て、そして興味をもつことができるようにすることを私は提唱しましたが、同時にこれほど長いあいだ私たちの行動を支えているじつに貴重な友好的精神というものを今後とも軍の内部に保つことは、我々にとって有益なことなのです。

そのためには、我々の駐在武官を増やさなければなりません。目下のところではバロン大尉ただ一人です。彼については、再三にわたり称賛すべき人物であると申しました。しかし、この士官がいかに例外的に優れた人であっても、質だけで量を埋めあわせることはできません。日本における駐在武官の数をぜひとも三人ないし四人にし

なければなりません。同時に、この物価の高い国でしかるべく生活することができるだけの手当を彼らに支給することです。なぜなら、ほかの人たちがバロン大尉の英雄的ともいうべききびしい暮らしぶりを真似ることはできないでしょうから。こうした支出は無駄ではないでしょう。日本軍はフランスからかなりの装備を購入しています。[*4]しかしながらフランスの側では、かくも名誉あるそして有益な友好関係を維持し拡大するために、わずかな努力しか払っていないのです。

ポール・クローデル

★1〔原注〕フランス外務省資料「一般文書、一九二二─二九」（五四巻、分類五五三─一─四、一二二二号）。「戦争省にも書簡を送ります。コピーを添付します。植民地省に情報としてコピーを送ります」

＊2〔訳注〕和田亀治陸軍中将は、この一九二四年七月にレジオン・ドヌール勲章（グラントフィシエ）を受章している（外交史料館史料六─二─一、二─三）。

＊3〔訳注〕ドイツ皇帝ウィルヘルム一世（一七九七─一八八八）：プロイセン王。在位一八六一─八八年。六一年プロイセン王となり、ビスマルクを首相に任命。軍備増強政策を推進。下院

と衝突。普墺戦争、普仏戦争に勝利をおさめ、七一年新生ドイツ帝国の最初の皇帝となる。国内政治は宰相ビスマルクと一致しつつも、ロシアとの緊密な友好を求め、ビスマルクの独墺同盟政策とは対立した。

＊4［訳注］日本は、大正時代とくにフランスから、軍用機〈モーリス・ファルマン〉などの製品を多数輸入した。本書、一九二四年十月二十九日の書簡にも、フランスは日本への航空機の主要輸出国であると書かれている。

ジュネーヴ議定書と日本の修正案★1

【一九二四年十月二日】

当然のことながら、新聞各紙は、ジュネーヴの議定書*2について、そして安達《あだち》（峰一《みねいち》郎《ろう》）氏の修正案（これについて日本の外務省は私に正確な文言を提供することはできないと言っています）について、連日書きまくっています。実際、日本はあらゆる強制的調停案に、そして自国の立場を白人の法廷にゆだねることに、一貫して強い反感をもってきました。何年か前、日本が不当と考える永代借地権問題*3で、ハーグの裁判所で下された判決は、日本の予想を裏づけるものでしかありませんでした。連盟に加入していないふたつの大国、ロシアとアメリカのあいだに挟まれて孤立している日本は、平和維持のカルテルに参加することはなんの利益もなく、自国に負担を課すものでしかないと見ています。とくにアメリカとの軋轢《あつれき》が生じれば、いかなる場合であれ、また、たとえみずからがどれほど正当であれ、イギリスの支持が得られないだろうと日本は考えています。いつもまさにそのとおりでした。一方日本は、中国がいつの日にか満州の問題を国際会議にもち出すのではないかと恐れています。

したがって、日本の代表は、みずからの修正案をつくることによって、自国にとってはなんの役にも立たず高くつくだけの協定から解放される道を探っているのだと、私たちは考えていました。日本は好んで修正案をつくったわけではありません。日本が、目下ジュネーヴで強固なものとなりつつある国際協調関係を西欧列強とのあいだに保つことによって、アメリカの新聞が巻き起こそうとしていた重大な対日不信から免れることができたのは、喜ばしいことです。アメリカは、国際連盟から離れて振舞うことになんの不都合もありませんが、日本の場合は、国際連盟からの離脱は破門を意味するのです。

ポール・クローデル

一九二四年十月三日

追伸――日本の新聞に載ったいくつかの記事を同封いたします。『大阪毎日』は、一九一四（大正三）年にアメリカに非があるとした調停裁判に、アメリカがしたがうのを拒否したことを、辛辣に読者に想起させています。中央アメリカの三つの共和国が、ニカラグア（運河の問題）に対して起こした訴訟行為に関するものです。『東京日日』は、ジュネーヴにおいてフランスが日本を支持したことに対して、熱烈な謝意を表明しています。

ポール・クローデル

★1 〔原注〕フランス外務省資料「財政、一九二二—二九」（七一巻、分類五六二—二—三、一二五号）

＊2 〔訳注〕ジュネーヴの議定書：一般には一九二四年の〈国際紛争平和的処理議定書〉を指す。この議定書は国際連盟規約を補完するために採択された。戦争の一般的禁止を定めたほか、常設国際司法裁判所の義務的管轄を認めるなど、すべての紛争を最終的には連盟理事会の決定により平和的に解決する体制を確立した。さらにその締約国は二五年に開催される予定の軍備削減の国際会議に参加することを約束するとした。なお、この議定書は侵略戦争を国際犯罪を構成するものとして宣言したことで有名である。議定書は十九カ国の署名を得たが、作成に中心的役割を果たしたイギリスが政権交代により批准しない態度を示したことなどの理由によって、結局効力を発揮するにはいたらなかった。

＊3 〔訳注〕永代借地権：この用語は、中野孝次著『西洋の見える港町横浜』（一九九七年、草思社刊）に記載がある。また、東京朝日新聞・一九二三年九月二十八日付にもつぎの記載がある。

「横浜復興の為に外人居留地を買収、三万坪の永代借地権を百五十万円の予算で」また『横浜中区史』（開港資料館）につぎの記述がある。「永代借地権問題：明治三十五年八月、イギリス、ドイツ、フランス三国は永代借地権のある建物などの課税をしているとして国際仲裁所に提訴。三十八年五月日本敗訴」

円の暴落★1

【一九二四年十月十四日】

今年のはじめから日本の外貨は為替市場で危機的状況にあり、さらに悪化するにちがいないと思われます。

円の暴落のそもそもの原因は、一九二三（大正十二）年九月の大震災以来、海外からの輸入が過剰になったために、貿易収支のバランスが崩れたことにあります。問題の輸入超過は、大方は震災復興のために必要だったのですが、一九二四年の最初の四半期まで延長された関税免除の許可制度を利用して、あまりに短期間に相当量が輸入されたのです。国の生産手段が一部麻痺《まひ》していたあいだに、輸入業者が猛然と購買競争に加わりました。こんな状況ですから、これが、財政的、経済的にいかなる結果を招来するか予測するのは容易だったはずです。二年間にならされていたら、全体の貿易収支のなかではほとんど目立たなかったのでしょうが、復興によって関東地方の経済活動が多方面で活発になり、輸入が六カ月のあいだに集中したことから、アンバランスがきわだってしまったのです。

なかば無能から、なかば楽天主義から、政府も国民も、これに対してほとんど行動を起こしませんでした。事態が自然に好転することを期待したのです。政府は、かなりの予算削減を予告する一方、年はじめに外国から五億ドルを借りるという一時しのぎの対策をとりました。しかし、これらの措置は危機に歯止めをかけるに充分ではなく、四月にはニューヨークにおける交換率が三十八・五ドルにまでさがり、商業界・財界のみならず一般の人々のあいだにまで深刻な不安を引き起こしました。

しかしながら、毎年、大量の絹が輸出される五月と六月には円相場は頂点に達しますから、今年も事態は改善されました。このときは四十一ドルに安定したと思われたのです。といっても、正常時相場との開きを思えば、レートの改善は微々たるものでした。それでもなお、その日その日を暮らしている日本人はこれに満足し、円相場について憂慮するのをやめたのでした。

何週間か前から、状況は若干好転しました。とはいえ、年頭における相当量の輸入過剰に対して、輸出の伸びは微々たるものです。他方、中国で内戦が勃発して日本の輸出に打撃を与え、円の交換率はすぐさま影響を受けました。これによって国際交換率を決める対円ドルレートは三十九ドル強となりましたが、これはますます強まる円安の始まりにすぎないと思われます。何人かの財界人は、来春には円は三十五ドルになると見ています。

新聞は貿易業者の苦情の声をとりあげ、この危機が国民に、そして付随的に国の財政に及ぼす影響を深く憂慮しています。円の価値が二十パーセントさがることは、輸入される商品や原料の購買価格が二十パーセント上昇することを意味しています。今日の物価高、ほとんど前例のないほどの米価の高騰に加え、あらたな全般的物価上昇は、無秩序状態の引き金となるような苦しい事態を引き起こすにちがいないと思われます。『国民新聞』をはじめとするいくつかの新聞は、円の暴落の結果、輸入が減少するなどと言ってもらいたくないと、声高に論じています。〈高級品〉と呼ばれる物品に百パーセントの関税をかけるようになってから、輸入品はほぼ生活必需品に限られるようになりました。すなわち、食料品、原綿、羊毛、鉄、機械、化学製品、建築用木材です。したがって、これらについては交換レートの状況がどんなに悪化しようが消費を縮小することができるとは思われません。

多くの新聞が、金輸出解禁が打開策になると見ています。『時事』は書いています。生活状況全般が正常化し、人件費がさがって給料が落ち着くことで、輸出があらたに伸びるのを期待しつつ、病状に応じて投与する薬の量を変えるように、政府が勇気をもって予算の削減にとり組むことが必要である。その一方で、政府は現実を直視していない財政政策は放棄して、金輸出解禁を決定することが必要である。なぜなら、金を後生大事に国内に封じこめ、循環させることなく蓄えておくのは、国の繁栄に、そして財政の均衡になんら貢献しないことは、経済の現実として示されているからである、と。

経済問題の専門紙『中央』は、通常十一月に行なわれる砂糖、綿花および小麦の輸入が、円相場に重くのしかかっていると指摘しています。また、「政府と日銀の外貨準備高は、もはや三億一千万円弱となり、その大半が海軍の資材購入と外債利払いにあてられている。いくつかの銀行はそれぞれ一億五千万円弱の資金を有しているが、これらを全部あわせても、輸入の圧倒的過剰から生ずる深刻な事態を打開するには充分ではない」としています。

『大阪朝日』は、嘆きつつ指摘しています。現在の政府は相当苦労しながら国の支出を一億三千万円節約するのに成功したが、その一方で、二十パーセントもの円の下落が六億五千万円の国庫の損失を引き起こした。一月に締結された五億円の海外借款は、国にとって救済策とはならなかったし、国民にしても、それがなにに使われたのかわからないと。『大阪朝日』はこう締めくくっています。「資源を使いはたした国が、強大な陸軍・海軍をもつことに（これが実情であると仮定して）なんの利点があるのか？　〈一等国〉の外套《マント》は、疲労困憊した今日の日本にとってはあまりに重い」

この憂鬱な結論が当たっていないとは言いがたいのです。

★1 ［原注］フランス外務省資料「フランスとの関係、一九二二―二九」（五九巻、分類五五九―二、一三五号）

インドシナ旅行、日仏接近に関する覚書の伝達★1

【一九二四年十月二十九日】

仏領インドシナ総督から、わが国植民地における関税の現状に関する諸問題を話しあいたいので、一月にハノイを訪問する日本の使節団に同行するよう要請がありました。総督からは、日本との接近が政治的・経済的にいかなる利点があるのか、世論を啓蒙できるよう覚書をつくってほしいと依頼されました。同封にてその覚書のコピーをお送りいたします。

ポール・クローデル

【日仏接近の問題に関する覚書】

メルラン総督の訪日はきわめて重要な事件であった。私は日増しに強まるその影響を見てとることができた。本来なかなか断を下さない日本政府や日本人のなかに、彼は大きな変化を引き起こした。そのおもな点を記す。しかしながら、これを裏返して言えば、現在の状況はフランスに有利なものであるとはいえ、関税問題などの決定が先延ばしになれば、それによって日本人のなかに大きな失望や、執拗な恨みが生ずることも看過すべきではない。

日仏接近は、つぎの三つの観点において検討することができる。

一、政治的観点

1 極東におけるフランスと、欧米における日本の立場はいくらか似たところがあり、相補的《そうほてき》な状況にある。両国はともにこれらの地域でかなりの利権を有しているが、これを支える軍事的・政治的・外交的手段が充分とは言えない。その気になれば、日本は、フランスが北京《ペキン》の政府に対してなすべき要求に関して、フランスを大いに支援することができる。フランスの側では、かくも孤立し、疑いの目で見られ、未知の国である日本を支援して、ヨーロッパやアメリカに、日本の立場、利益、要求、権利を理解させることができる。ビジネス用語を用いれば、両国の外交〈文書〉は交換可能なのである。

2 フランスと仏領インドシナは、極東政策に関して協力と支持を必要としており、この両国はイギリスやアメリカの言いなりになることはできない。英米両国は、フランスやインドシナを必要としておらず、フランスを支持してもなんら利益はない。

3　仏領インドシナにとって、〈友好的日本〉を相手にするか〈無関心かつ敵対する日本〉を相手にするかではたいへんな違いがある。

4　中国では最近の事件後、日本寄りの段祺瑞《だんきずい》と張作霖《ちょうさくりん》の影響力が増したことから、日仏の協力は、フランスの対中国政策上、より望ましいものと思われる。

二、文化的観点

日本は、自国をのみこんでしまうかのごときアメリカ文化の蔓延を恐れ、教育の範とすべきもの、若者を鼓舞できるものを模索している。大震災によって計り知れない損害を被ったにもかかわらず、日仏会館（東京）や日仏学館（京都）開設の計画を実現させたいという日本の執念はそのためのものである。これらの施設は、片や日本のエリート学生を〈鍛え〉、片や、この国、その言語およびその文化を熟知するフランス人の育成を目的としている。日仏会館は、従来断続的で不規則だったフランスの活動を、永続的に進めることのできるセンターとして役立つだろう。ある裕福な日本人[*2]が、東京で最も美しい屋敷のひとつである自身の家を日仏会館に寄贈してくれた。日本政府はこの会館に年間三万円の補助をしてくれる。十万円の寄付金が集まり、今後さらに集まるものと思われる。

三、経済的観点

1　日本は仏領インドシナにとって大切な顧客である。インドシナからたくさん米を購入し、シャム（タイ）やビルマ（ミャンマー）のかわりに、同地からさらに購入したいとの意向がある。米以外のもの（石炭、鉱物、木材、塩、ゴム、砂糖など）も、大量に購入できるだろう。

2　日本はフランスからも大量に購入している。判断材料として税関の統計だけを信用すべきではない。そこには国外の港、たとえばアントワープ（ベルギー）から発送される商品はふくまれていないから。サン＝ゴバン社の商品は日本の大手ガラス会社の生産の大半と窓ガラスの多くをまかなっているが、それらがベルギー商品に数えられているのである。フランス、ミュルーズ市にあるアルザス社の例をあげることができる。同社は日本に一億フランの機械、とくに綿および羊毛紡績機を売っている。日本人が中国で所有している多くの紡績会社は、同社が建設したものである。同じくわが国は大量の毛糸やウール布地も販売している。[*3] ルーベ市（北仏のリール北東の都市。ウール産業、綿織物が盛ん）のある会社は、一社だけで年間三千五百万フランを京都市に販売した。シトロエン社の車も大幅な伸びを示している。これ以外の例も数多くあげることができる。

3　わが国は日本の軍隊向けの、とくに航空機の主要輸出国である。わが国はすでに航空機を一億フラン[*2]近く販売した。日本軍は完全な再装備をしているところである。大砲、戦車、航空機、毒ガス、高射砲などである。空軍だけで、来年度は千三百万円（八千万フラン）の購入が見込まれる計画がある。我々は、このなかの多くがフランスへの発注に割かれるとの陸軍省の約束をとりつけている。

4　我々はまた外務大臣と外務次官から、日本政府は鉄道資材に関してもフランスに発注するつもりであるとの約束をとりつけている。わが国の冶金産業はさほど熱意を示していないにもかかわらず、ヴェンデル社に対してレール八千トンの初の発注がなされた。

5　フランスにとって幸いな意向が示されているこの機会に、商業省の官房長官を団長とするひじょうに大規模な商業使節団がまもなく来日する。その旅行が実り多いものになるよう、現在準備が行なわれている。

6　〈秘密事項〉フランスとの取引を専門に行なう商社が日本に設立される。この会社は大倉財閥を基盤にしている。大倉は三井、三菱などと似ており、これに匹敵する会社である。その総帥大倉喜《おおくらき》八郎《はちろう》は、東京の商業会議所（商工会議所の前身）会頭の藤山《ふじやま》氏[*4]、実業界の〈元老〉の一人である渋沢（栄一）子爵とも協力関係にある。フランスの側では、クルゾー（製鉄）、パテ（蓄音機）、ルノー（自動車）などに関与を要請する余地がある。

したがって、日本との接近については、わが国の政治にとって、極東におけるフランスの事業にとって、大きな輝かしい未来が開かれているのです。

★1 〔原注〕フランス外務省資料「フランスとの関係、一九二二—二九」（五九巻、分類五五九—二、一三五号）

＊2 〔訳注〕村井吉兵衛。本書一九二五年一月十五日＊2〔訳注〕参照。

＊3 〔訳注〕原著本文中には、フランとも円とも書かれていないが、数行前のアルザス社のところには一億フランと書かれているので、フランと解釈した。

＊4 〔訳注〕藤山雷太《らいた》（一八六三—一九三八）：藤山愛一郎《あいいちろう》の父。経済界の巨頭。大日本製糖社長ほか。原文はFujiyamaとなっている。

大倉喜八郎氏の米寿祝賀会[★1]

【一九二四年十一月五日】

東京でも屈指の資産家の一人、大倉喜八郎氏[*2]は、貴族のごとき華々しさでみずからの八十八歳の誕生日を祝いました。八十八歳は日本固有の象徴体系のなかで重要な意味をもっています。それぞれの数字をあわせると漢字の〈米〉の字となるからです［原注：日本語の米の字は、八と十と八から構成されています］。八十八歳とは、成就であり、長い人生で収穫したものを味わうときなのです。この人の人生は、風変わりではあるが充分に満たされた人生、業績面でも仕事面でも豊かな人生です。ささやかな魚売りが、維新のおかげで国家向けの武器商人となり、アジア大陸への国の発展政策の協力者となった人生です。

大倉氏は、百五十万円以上の費用がかかったと思われる、三日間にわたる豪華な祝いの席に、私たちを招いてくれました。日本の政府が、外国人からすればむごいとさえ見えるほど、倦《う》まずたゆまず質素と倹約を奨励し、国民の大半は勇敢な精神と発育の悪い身体のバランスをかろうじて保てるぐらいの食事しかしていないときに、この億万長者がその富と満足感を大人げなく見せびらかし、大富豪となった勝利の祝いに政府の権力者や外交官を参加させているのは、驚くべき光景です。大臣、将軍、大使、高級官僚といった政・官界の名士、さらに実業界と教育界の著名人が、改築された帝国劇場のホールにあふれました。大倉氏は、この盛大な宴会につづき、中国の女形俳優、梅蘭芳《メイランファン》*3の活劇の鑑賞に私たちを招待したのです。毎日、大臣一人と大使一人が舞台にのぼって彼に祝辞を述べました。イギリス大使、ドイツ大使につづいて私も祝辞を述べました。

翌日、嬉しいことに、わがテーブルに大倉氏を迎えることができました。大倉氏は渋沢子爵や商業会議所会頭の藤山（雷太）氏とともに、フランスとの取引を専門とする大規模な商社を設立することを引き受けるでしょう。八十八歳にもかかわらず、氏はすべての感覚が完全な状態で、快活さも知力も衰えていないように見受けられました。老いた亀のように皺だらけの小さな顔のなかに、いたずらっぽく輝く目を見るのは楽しいものでした。

大倉氏の経歴を書いた長いメモをお送りいたします。きっと関心をもたれるにちがいない資料です。そのなかには、大倉氏にとって有利なそして模範的な情報しかふくまれていないことがおわかりになるでしょう。しかし大きな財産というものは、大倉氏の財産も例外ではありませんが、労働・倹約・実直という強固な礎の上にのみ築かれるものだということは誰にもわかっていることです。伝記作者というものは全体の快いハーモニーを害するような粗野な、不愉快な細部はとりあげないのが義務でしょうから。[*4] しかし、つぎのこともまた事実です。大倉男爵が大きな仕事をなしたこと、島国の狭い限界を超えるような考え方ができたこと、そしてその工業および商業に関する計画のなかに中国全体をとりこめるほどの偉大な精神を初めてもった人物であることも。この点が三井あるいは三菱のようなより古い企業の創設者や指導者たちにくらべ、彼が異彩を放っている特長なのです。

とにかく、これほどの人物が我々のほうに目を向けているのは、フランスが日本であらたに注目をあびはじめたことを意味しています。我々の前に差し出されたこの強力な支持を、我々が役立てることができるようにしたいものです。

ポール・クローデル

★1 ［原注］ フランス外務省資料「国内政治、一九二二―二四」（五一巻、分類五五五―一―二、一四五号）。日記では「十月二十二日、おきな男爵の祝賀会」（『日記I』六四八ページ）。大倉の読みが間違っている。

＊2　［訳注］大倉喜八郎（一八三七―一九二八）：実業家。幕末維新期に武器商として成功。大倉組を興して輸出入業、土木鉱山業を始め、大倉財閥の基礎を確立。また大倉高商を創立。

＊3　［訳注］梅蘭芳（一八九四―一九六一）：中国の京劇俳優、女形として中国劇界を代表する名優。一九二四年十月十三日、大倉喜八郎の招きにより来日。東京朝日新聞一九二四（大正十三）年十月十一日。

＊4　［訳注］日清戦争中の明治二十七年末、戦地に送られた牛肉缶詰（大倉の会社・山陽堂製）の箱を開梱したところ、二十四個中十二個が石で置きかえられていたという事件があった。荷抜き盗難事件であることが判明したのだが、いつのまにかこれが「大倉喜八郎が石の缶詰をわが帝国軍人に食わせた」という話にすりかわったのである。

難波大助の死刑判決★1

【一九二四年十一月十四日】

昨年末に摂政皇太子を狙撃した学生、難波《なんば》大助《だいすけ》が、司法大臣自身が主宰する最高裁（大審院）判決で絞首刑の宣告を受けました。*2 有罪宣告を受けたのは、知識階級のなかの社会的落伍者の範疇に入る二十六歳の青年で、だいたい政治犯はこの階層に属しています。彼は天皇を敬愛していると言われる士族の出で、父親は国会議員、兄の一人は満鉄でかなり重要な地位にあります。大助自身は、母親の死後、除け者扱いにされ、日本では多くの学生がそうであるように、みずから学費を稼がなければなりませんでした。そのころ彼はいわゆる〈過激派〉のボルシェビキたちと知りあい、彼らの影響もあって大逆罪を犯すことを思いついたのです。彼の頭のなかでは、罪を犯すというよりはむしろ、ある種の芝居をやってみようという気持ちだったのではないかと思われます。

日本では死刑が執行されることはまれで、とくに政治犯に関してはほとんどないのです（原首相の暗殺者は数カ月の禁錮刑で切りぬけました）が、若い難波に寛大な措置が期待できる余地はまったくないでしょう。日本人の考えでは、皇太子に対する罪は前代未聞のテロ行為で、ありうべからざる行為なのです。古代（五九二年）に蘇我《そがの》馬子《うまこ》が崇峻《すしゅん》天皇を暗殺したことや、足利直義《あしかがただよし》*3が大塔宮《おおとうのみや》（護良《もりなが》親王）を殺したこと、を思い起こす人は学者以外にはありません。十五年ほど前には、幸徳《こうとく》*4と彼の二十人の同志が、天皇の生命に対して陰謀をたくらんだだけで有罪と認められ絞首刑に処せられました。

　これら一連の事件は、明治天皇やその皇太子らが雲の上の存在であった時代にくらべ、国民の尊敬の念が変わったことを示しています。また、大学をはじめ教育機関は、毎年社会的な不適応者や役立たずの人々を民衆のなかに大量に放出し、その人たちが社会運動へと流れ、徐々に革命の〈参謀本部〉が形成されつつあるのです。

　難波のプロフィールと、彼が最高裁（大審院）に出廷したときの写真を同封いたします。ごらんのように彼は頭に藁《わら》製の籠を被せられています。これは、かつて国家に対する反逆者が被っていた頭巾とだいたい同じものです。かつては自分たちの社会的地位が失墜した証しとして〈浪人〉が身につけていたものです。

　この受刑者は、判決を受けたとき、恐ろしく侮辱的な言葉で罵ったようですが、新聞はその言葉をそのまま載せないよう命じられました。

ポール・クローデル

★1［原注］フランス外務省資料「国内政治、一九二二―二四」（五一巻、分類五五五―一―二、一四五号）

＊2［訳注］虎の門事件。大審院公判、一九二四年十月一日、二日。史上三回目の大逆裁判で、前年、摂政宮の車に発砲、「万歳革命」と叫んだ難波大助（二十六歳）が被告席に着席。十一月十三日死刑判決、十五日に執行された。

＊3［訳注］足利直義。原文には足利尊氏と書かれている。

＊4［訳注］幸徳秋水《こうとくしゅうすい》（一八七一―一九一一）：社会主義者。高知県生まれ。中江兆民《なかえちょうみん》に師事、『万朝報』の記者として日露戦争に反対。平民社を興し『平民新聞』を創刊。平民社解散後渡米。帰国後、無政府主義に転向。大逆事件（明治天皇暗殺未遂事件、一九一〇年）の主犯と目され翌年刑死。著書『社会主義神髄』。

長崎司教区の分割★1★2

【一九二四年十一月三十日】

昨日、十五日間の九州旅行から戻りました。この旅行については追ってご報告いたします。この報告では、長崎司教区の分割問題に限って述べたいと思います。現在、この地区の指導を担当しているパリ外国宣教会が犠牲になるのです。この問題については、一九二三（大正十二）年十二月十三日の一八九号と一九二三年十二月三十一日のアジア関係一九七号の私の報告でとりあげました。そして、これに関する現状視察が今回の旅行の主たる目的でした。

プティジャン神父が、長崎にある一風変わった小さな教会で三人の貧しげな女性の訪問を受け、二世紀このかたつづいていた迫害に耐えてきた六万人のカトリック信者の存在を伝えられたときから、長崎司教区は日本におけるカトリックのあらゆる活動の拠点であり、〈憩いの場〉でありました。同教会は、心をなごませるゴシック・ロマネスク〈ココ〉様式の古い建築で、〈カテドラル様式〉といわれる本の表紙のような嗜好のルイ・フィリップ時代のものです。いわゆる聖職者のみならず、あらゆるカトリック組織、すなわち教育慈善施設、マリア会員、聖パウロ修道女会およびショファイユの〈幼きイエス会〉のシスターたち、フランシスコ修道会員、トラピスト修道会員などが、これら七世代にわたる殉教を生き延びた男女の古いカトリック信者たちのなかから、日本人の人材を募集したのです。

ところで、年頭に入ってきた気がかりな情報から、フランスが当地における重要な地位を脅かされるのではないかとの危惧を抱きました。パリ外国宣教会は、ある時期にはその活動範囲が日本全国に及んでいたのですが、ここ二十年来つぎつぎに管区を失っています。四国はスペイン人の手に、北海道と広島司教区は名古屋司教区とともにドイツ人の手に、そして鹿児島地方は近々九州に属する島々とともにカナダのフランシスコ会の手に渡ります。もちろん我々は、長崎、東京、大阪という重要な地域は保持しています（函館は、高齢のベルリオーズ司教が亡くなれば、まもなく我々の管轄を離れるでしょう）。しかしながら我々は、いたるところ切り離された八方ふさがりの状態でもちこたえているのです。このうえ、もしも長崎という拠点がとりあげられれば、日本において優勢なフランスのカトリックの立場に終止符が打たれるでしょう。

ところで、私の得た情報では、この状況はふたつの面で心配がありました。ひとつは、おそらく五島列島で日本人の助任司祭職がまもなく格上げされること、もうひとつは、長崎司教区に属するきわめて重要な〈部分〉が、イタリアの布教団にまかされるということでした。これら二点については、私が現地で調査を行なったところ、安心できるとの感触が得られた旨お知らせできることを、嬉しく存じます。

まず第一の点につきまして、私は極東に長く駐在してきたフランス代表ですから、ドゥルセ（駐ヴァチカン・フランス大使）のようにはあきらめてしまわないことを許していただけるでしょう。性急に日本の教会を日本人のものにすることは、教会にとって途方もなく危険なことでしょう。これはすべての宣教師たちの意見です。

ある一人は私に、「ローマにいる老いた枢機卿の、頭に残っている髪の毛が逆立つほど驚かせなければならない」と、つぎのような例をあげました。同封のメモの最後に添付いたしますが、この人は布教経験の豊富な宣教師の一人です。彼によれば、日本人の司祭はかんたんに還俗《げんぞく》したり聖職売買の罪を犯すとのことです。こういう例があるそうです。より高い報酬を得たいがために、八時から正午までたえまなくミサを唱える司祭がいたというのです！　フランスの立場からみれば（五島列島を日本人にまかせれば）、結果はやはり悲惨なことになるでしょう。その理由はあとで述べます。

大神学校の校長が語ったところによると、幸いにして、差し迫った危険はないと思うとのことでした。長崎の司教にまかされているような布教の重責を担えるほどの器量のある日本人はいません。現在日本人に指導されている五島列島は、単独で司教区をつくることはできないでしょう。私と話をした大神学校長のグラシー神父は思慮深く、経験豊富な人物ですが、日本人指導者が育つまでには時間がかかるので、この先三十年は心配するような事態は起こらないと考えています。いずれにせよ、パリ外国宣教会は神学校と力をあわせ、将来、聖職者となる人々の育成を担当しつづけるでしょう。

わが国以外の布教団のいるところでは、日本人が司祭になる危険はさらに大です。大戦（第一次）後、コンバス司教は、自分の部下の聖職者が従軍し、補充がますます困難になるという事態に直面し、このうえさらに犠牲を押しつけられたままであるより、みずからが犠牲を払うというゲブリアン総長（パリ外国宣教会）の意見を熟考し、その管轄区の一部を引き受けてくれるようカナダ人のフランシスコ修道会員たちに依頼しようと考えました。これはすばらしい考えでした。カナダ人は、アンジュー地方（フランス西部のアンジェを中心とする地方）あるいはノルマンディー地方（フランス北西部）のフランス人と同じくフランス的です。また、彼らの指導者でモロッコの戦地に行くまで長らく函館に住んでいたモーリス・ベルタン神父は、かつてはわが海軍の将校でした。

したがって、これらの人々は琉球や大島とともに鹿児島県を喜んで受け入れてくれました。ことに大島はキリスト教布教の地として好ましく、そこにはあらたにキリスト教信者になった人が三千人以上います。しかし、コンバス司教はさらに大分と宮崎

(添付の地図をご参照ください)というふたつの不毛の県を手放して、カナダ人に譲りたいと考えています。これら両県では、過去三、四十年のあいだにキリスト教はあらたな帰依者を二、三百人しかつくることができなかったのです(とはいってもフランシスコ・ザビエルの時代にはすばらしい収穫があった地方なのですが)。カナダ人のフランシスコ修道会員たちは、いくらかためらったあとでこの贈り物を拒否しました。

しかしローマ教皇庁は、その前使節フマゾーニ・ビオンディ(この人はご存じのように私たちに対して好意的ではない人です)からこの一件を聞いていましたから、コンバス司教にこう言いました。「これらふたつの地方は自分たちの手に余るとあなた自身が言っているのですから、もっと効果的な手段をもつ国の布教者に譲りなさい。しかし、それと同時に、改宗者の得られる可能性のある、不毛でない地域も与えなさい」

この結果コンバス司教は、許しがたいほどの軟弱さゆえに、部下全員の意思に反して、福岡という貴重な大司教管区を譲ることに同意したのです。もしもジョリ神父がイニシアチブをとらなかったら、そしてドゥルセがうまくあいだに入ってくれなかったら、福岡は間違いなく失われていたでしょう。

教皇使節ジャルディーニ大司教は、話を聞いて知っていました。そこで彼は、コンバス司教の協力者たちに巧みに働きかけ、つねに福岡が脅かされていると思いこんでいた彼らから、一種の代償として熊本を譲るという同意をとりつけたのです。古くからのキリスト教徒のいる地方（ヨーロッパなど）に対比して〈布教地域〉と呼ばれる地域のなかで熊本は、傑出したコール神父の努力により、カトリックの施設が日本のなかで最も多く存在する大司教区です。パリ外国宣教会はこの管区の熊本と八代《やつしろ》に、資産価値十万円以上のふたつの広大な土地を有しています。シャルトル聖パウロ修道女会のシスター、そしてショファイユの〈幼きイエス会〉のシスターが、そこに大きな、評判のいい寄宿学校を所有しています。さらにマリアの宣教者フランシスコ修道会員は、隣接する敷地とあわせると一万五千坪近くある大規模なハンセン病療養所を運営しています。

一方、この地方に属する天草《あまくさ》の島々には、古くからのキリスト教徒千二百人のグループがいます。イタリアのドン・ボスコのサレジオ会のように、若く、活動的な修道会にとって、いかにこの地が関心の的であったかが納得できます。この修道会は我々の後継候補ですが、パリ外国宣教会の能天気な幹部たちとは対照的に、使命感に満ちあふれ、イタリア政府によるあらゆる優遇的な計らいを享受しているのです。フランスがつくりあげた施設すべては、教会法典にしたがいなんの代償もなしに彼らの手に渡ることでしょう。

さらに重大なことは、長崎からフランス人を追い出す戦《いくさ》を始めるための戦略上一級の地が、すでに彼らの手に落ちているということです。ジャルディーニ教皇使節がうっかり認めたことですが、イタリア人たちは、やりがいのない不毛の地でパイオニアになるよりは、他人の仕事を受け継ぐほうを好んだのです。実状を知らない布教団責任者らがしぶしぶながら納得した同意を受けて、ジャルディーニ教皇使節は、降参したコンバス司教に会いにきました。

こうして私が長崎に赴いたときは、フランスは長崎司教の座を失ってしまったように見えました。コンバス司教は私に悲しげに言いました。「もう片はついています」

私はひじょうに驚きました。その理由はふたつあります。ひとつは、ローマ教皇庁がパリ外国宣教会の意見を公式に聞くことなく行動したということです。ローマが承認している同宣教会の規則の十九条に違反しています。ふたつ目は、ジャルディーニ教皇使節が巧みにつくりだした新しい状況は、ローマ教皇庁のヴァン・ロッソム枢機卿がヴァチカン国フランス大使（ドゥルセ）にした確約とは明確に対立するものであったことです。というのもこの枢機卿は、サレジオ会が将来管轄する司教区として、大分県と宮崎県のこと以外は語っていなかったのです。そういうわけで私は、この件に関する電報を閣下に送る準備をしていたのですが、途中、久留米と八代において、ルー神父およびルマリエ神父から、安心できる情報を得ました。

ルマリエ神父は、最近ゲブリアン総長から受けとったばかりの手紙を私に見せてくれました。その手紙によれば、ローマ教皇庁がようやく司教区の分割についてパリ外国宣教会の意見を求めることにしたのです。それに対してゲブリアン総長は、きわめて賢明に、かつきわめて巧みにこう答えていました。「日本人を司教にするという問題が起きているとき、九州に今までいなかったヨーロッパ人の修道会をあらたに呼ぶことは、状況を複雑にし、かつ時機が悪い」ローマ教皇庁はこの意見に同調してくれるものと期待できます。そうではありますが、この手紙が閣下のお手元に届く時点で、ドゥルセ大使がまだヴァチカンにいるのでしたら、念のため彼からも再度アプローチをしてもらえばいっそう効果があるでしょう。

私は繰り返し申しあげます。私には、この問題がいかにも重大だと思われるのは、九州にフランスの宣教師がいることは、たんに宗教の問題にとどまらず、フランスの問題でもあるからです。私は今回の旅行で、フランスの宣教師たちは各自の立場でフランス語を教え、フランスの思想やフランスの物の見方を広めていることがわかりました。長崎以上に大きな港町の門司には、優れた〈日本〉学者であり、日本書紀や古事記の神話を熱心に研究しているマルタン神父がいます。福岡では、地元で広く知られているジョリ神父が医学部と高等学校（旧制）で教えています。彼が、宮崎でみずからがつくった〈プルクワ（なぜ?）〉という名の〈フランス語クラブ〉を、この学園都市にもってくるだろうと期待しています。熊本では、ボワ神父が八代の〈軍の会館〉で教えており、またこの地に住んで二十五年、街の人々から敬愛されている総大司教総代理のルマリエ神父もいます。宮崎にはベルカズ神父がいます。ここ宮崎では、フランスの宣教師たちのおかげで、大戦（第一次）中、新聞は終始フランスへの共感を表明していたのです。大分の商業学校にはブランギエ神父がいます。

こうしたところに彼らがいなくなれば、フランスは日本人にとってグアテマラと同じくらい〈未知の国〉になってしまうでしょう。これらの地方にはいずれも彼らの影響が認められ、学生たちはフランスへの共感に目覚めているのです。つぎの話を記すだけで充分でしょう。ボネ神父から教えを受けたと言って、地の果てのごとき大島から、我々のもとにやってきた人がいます。のちにこの人は、東京でフランスの影響力を広めるうえでかけがえのない人物の一人となりました。私がその人物についてしばしば閣下にお伝えしている松岡（新一郎）さん、西園寺公爵の秘書官です。こうした頼りになるフランスの支持者たちは、補助金など要求してはいないのですが、充分な補助金を支払えばその金を活かすことができるでしょう。彼らはフランスの書籍や定期刊行物を読みたいと言っています。それがあれば仕事がしやすくなり、フランスの事物についての生徒たちの興味にも、対話にも応えることができるでしょう。後日この件に関する提案をさせていただきたいと思います。

私が九州で認めた、あまり愉快でないことがあります。それはフランスの代表である私に関係したことなのですが、現在のコンバス司教はその協力者の宣教師たちに対して権威も影響力ももっていないということです。部下たちは彼の提案に対して無遠慮に反対し、自分たちの言い分を通しています。これは避けられない状況なのかもしれませんが、不愉快なことです。コンバス司教はその生涯を通してひたすら神学校でラテン語を教えてきましたから、現場の職務経験がまったくありません。彼は自分の役割がぜんぜん理解できていないとさえ言えるでしょう。高齢の彼は、現在、病気に苛まれています（彼は脳卒中の発作を起こしました）。こういう状況ですから、もっと覇気のある指導者に代えたほうがいいでしょう。ただし彼にも見どころはあります。日本人聖職者の受けがよいこと、そして宣教の活動資金をむだ遣いしないことです。
鹿児島で、私は、新任の宣教師、ケベックのカナダ人フランシスコ会員たちと知りあい、彼らのなかに熱烈なフランス精神があるのを認めて嬉しく思いました。

ポール・クローデル

追伸――結局、宮崎および大分両県だけが、イタリアのサレジオ会員にまかされることになりました。今しがた八代から報告を受けとりました。先にご説明しましたように、このふたつの県だけであれば、私どもにとってさほど大きな損失ではありません。

★1 〔原注〕フランス外務省資料「カトリックの布教、一九二二―二九」（五六巻、分類五五六―一―二、一五一号）

★2 〔原注〕「カネ氏へ。ローマ教皇庁に対して今からでもまだなにか試みることができないか、よく調べていただきたいのです」

九州旅行[★1]

【一九二四年十二月二日】

私の行なった十五日間の九州旅行の主たる目的につきましては、十一月三十日の報告で述べさせていただきました。九州は日本のなかでもたいへん興味深くかつ重要な地方ですが、遠隔地であるため、大使たちはほとんど同地を訪問しません。私は、激しい内部対立に苦慮している司教区の状況を把握したいと思ったのみならず、わが国の布教団が設立し共和国政府が助成金を与えている数多くの教育慈善施設を訪ねることによって、励まし、我々が関心をもっている証しとしたかったのです。

長崎では、海星校とマリア会員を養成する神学校（当時〈マリア学院〉と呼ばれていた。現在は存在しない）とショファイユの〈幼きイエス会〉のシスターたちの経営する寄宿学校を訪問しました。この海星校と寄宿学校には、それぞれ六百人の生徒がいますが、さらに教師が増えれば、より多くの生徒を受け入れることができるでしょう。しかしながら、そこでもまた苦情を聞かされました。どこに行っても同じ話が出るのです。「修道会に関する本国の法律があるために、教員の募集がしにくくなってしまいました。まもなく私たちは、学校を外国人の手にゆだねなければならなくなってしまいます」八代にあるショファイユの寄宿学校とシャルトルの聖パウロ会の寄宿学校もともに活気がありました。長崎でも八代でも、良家の子女を受け入れていました。これらの学校の生徒たちは、フランス国歌〈ラ・マルセイエーズ〉を歌い、私にフランス語で挨拶しました。私は短いスピーチをしましたが、熱心に耳を傾けてくれたようでした。東京にいる大使のことを話に聞くのと、実際に大使を見、知りあい、大使がなにを考えているのか知るのとでは、ぜんぜん違います。

　熊本近くの琵琶崎で、私は大きなハンセン病療養所（琵琶崎待労病院）[*2]を訪問しました。コール神父が設立し、現在は〈マリアの宣教者フランシスコ修道女会〉のシスターが運営しています。同院には七十人近い患者がおり、なかには本当に痛ましい病状を示す患者もおりました。同院の優れたシスターたちの献身を称えずにはおられませんでした。シスターを指導しているのはザボロフスカ夫人[*3]で、ワルシャワの貴族の出身です。病院に隣接して一万二千坪の敷地があり、患者自身がここで栽培をしています。イギリスのプロテスタントも同様にハンセン病療養所（回春病院）をひとつもっており、その院長はミス・リデル[*4]ですが、新聞で宣伝されているわりには、かなり小規模な療養所です。

　福岡では新設の大学をじっくり見学しました。同校には目下のところ医学部、農学部、理学部の三学部しかありませんが、まもなく文学部と法学部ができます。学部長は、フランス語教育のためにフランス人教師を招聘すると約束しました。私は彼の言葉をしかと記憶にとどめました。福岡の大学は豊かな鉱工業地帯の中心に位置し、九州、四国全体と本州南部において名を馳せ、数千人の学生を擁しており、今後大きな発展をとげるものと期待されています。ここはなんとしてもフランス人を置いておかなければならない拠点です。私は、自分が福岡の大学を訪問した初めての大使だと聞き、嬉しく思いました。私が行ったところに自分も行きたがるドイツ大使が、同校を訪問するつもりだと言っています。しかし彼の訪問はずっと先のことになるでしょう。私は集まった学生の前で、フランス語の優れている点についてスピーチをいたしました。通訳がずいぶんと苦労していたようですが、彼らの役に立つものであればよかったと思っています。

これまでのところ、フランス語の教師は、二人の日本人教授（かなりよく話せます）とジョリ神父だけです。ジョリ神父は医学専門学校でも講義しています。この医学の面では、私たちにはなすべきことがあるでしょう。いたるところで医学がドイツの独壇場である証しを見せつけられるのは嘆かわしいことです。福岡の大学のいくつかの教室は、顎鬚《あごひげ》を生やした教授たちの写真や像だらけでした。まるでドイツのザクセンかプロイセン地方にいるかのようでした。書物、器具、薬品などもドイツのものを使用しています。展示館や図書館の記載事項までドイツ語で書かれています。しかしながら、短期間とはいえフランスに滞在して最近帰国したばかりの教師が二人います。

その二日後、私は有力企業グループ〈三井〉が大牟田につくった工業地帯を訪れました。三万人の労働者がいました。炭鉱（私は坑内に入りました）、大規模なコークス工場、染料および化学製品の工場、亜鉛精錬工場などを見学しました。ここでは年間四千トンの鉱物と八千トンの無煙炭を、トンキン地方（ベトナム北部の地方。中心都市ハノイ）のホンゲイ（ベトナム北東部、トンキン湾の支湾ハロン湾奥の港湾都市）から輸入しています。大牟田は瀝青炭《れきせいたん》を産出しますが、それだけでは量が充分ではないからです。大牟田とホンゲイというふたつの開発地の興味深い関係は、ともに海岸に位置し、大きな発展の可能性があることだとの説明を受けました。

鹿児島では、伊集院市長に友好的に迎えられたこと以外、特筆すべきことはありません。市長は私の友人である元外務大臣、故伊集院男爵の親戚です。一九一三（大正二）年の噴火で、桜島が吐き出した溶岩台地の驚異的光景に見とれました。私はまた、海浜にあるすばらしい庭園で、島津公爵から温かいもてなしを受けました。鹿児島は士族の多い古い町で、幕末最後の英雄とされる有名な西郷《さいごう》の出身地であり、彼が新政府に激しく抵抗したところです。おかげで彼はなかば神のごとき名声を得たのです。

私は彼の墓前に花輪を捧げました。彼に対して敬意の念を表することを思いついた外国人は私が初めてだったようで、私の行為は大いに評価されました。

　鹿児島からあらたに開通した鉄道を利用し、太平洋沿いに宮崎と大分を経由して別府まで戻りました。大分ではフランスの宣教師たちに会いました。別府はエクス・レ・バン（フランス東部サヴォア地方の温泉地）を百倍の規模にしたような温泉地で、あらゆる種類の温泉（主として硫《い》黄《おう》泉）が千三百近くあり、季節ごとに十五万人近くの湯治客が訪れます。たんなる温泉ばかりでなく、湖全体の水と泥が沸騰しているのを見るのは、印象深いことでした。真緑色もあれば、真っ赤な温泉もありました。みごとなほど大量にあふれ出ている温泉の湯につかれば、どんなリューマチも太刀打ちできないだろうと思えてきました。かんたんな小屋数棟があるだけで、フランスの温泉地にあるような整った温泉施設はありません。ここにいる医者は、おそらく日本じゅうにいる医者たちと同じで、医療水準は低いことでしょう。

　商務担当官のレイモン・ロワイエが私の旅行に同行しました。大牟田や福岡同様、彼は長崎でも、土地の人と打ち解けて話しあいましたし、意義ある関係を結ぶことができました。日本の各県にある商業展示館のたぐいを訪問してわかったのは、イギリス、アメリカ、ドイツに関する資料はたくさんあるのに、フランスの印刷物がぜんぜんなかったことです。ロワイエが事態の改善につとめるでしょう。

長崎では、領事代理で元郵便担当官のヴァシエが廻船の業務に従事していますが、九州全体ではそれ以外にフランスの商社はひとつも存在していません。しかしながら、わが国のレール・リキード社（帝国酸素、現在のテイサン）は、業績がひじょうに好調で、日本人が運営するふたつの工場を同地にもっています。

ポール・クローデル

追伸――福岡の大学関連のパンフレットをいくつか同封いたします。ごらんのとおり医学部の校内新聞は、どこの大学もそうなのだと思いますが、ドイツ語で書かれています。

私はこの大学を訪問し教師や学生に質問してみて、日本では学生の頭脳というものを、成長を助けてやるべき植物ではなく、有用な知識をできるかぎり多く詰めこむ箱のごときものと考えているのではないかという印象を受けました。こうした教育方法では学生は幻滅することでしょう。

ポール・クローデル

★1 〔原注〕フランス外務省資料「カトリックの布教、一九二二―二九」（五六巻、分類五五六―一―二、一五二号）。「慈善施設に伝えてください」

＊2 〔訳注〕琵琶崎待労病院：島崎村の琵琶崎に〈マリアの宣教者フランシスコ修道会〉が現在も経営しつづけているハンセン病施設。

＊3 〔訳注〕原文はTaborovskaだが、サボロフスカが正しい。

＊4 〔訳注〕原文は〈Kiddell〉となっているが、リデルの誤りと思われる。『恐怖を生き抜いた男　評伝・武藤山治』のなかに、つぎのような記述がある。「英国の資産家の娘リッデル嬢は、明治時代に日本を訪れ熊本に遊んだ。本妙寺に多くのハンセン病患者が参拝しているのを見て憐れみの情堪えがたく、彼女はそのまま熊本に留まり回春病院を設立、自ら病院長として献身的に活動した……」

明治時代に招聘された外国人に敬意を表する行事★1

【一九二四年十二月二十日】

さる十二月七日、二年前に亡くなった大物政治家の子息、大隈侯爵の主導により、早稲田大学に隣接した故人の屋敷で、明治期に招聘《しょうへい》され日本を近代文明の道へと導いた外国人を顕彰する行事が行なわれました。小規模な展示会場もあって、この大いなる時代に関するさまざまな遺物や肖像写真や思い出の品々を見ることができました。明治時代は人々の心のなかでは、宗教的性格を帯びています。神話的性格と言えるほどです。私には、薄幸なラフカディオ・ハーンが所有していた品々に、とりわけ興味がありました。大隈侯爵、外交官を代表して長老のイギリス大使（エリオット）、最後に外務大臣のスピーチがありました。全員に記念の文集が手渡されましたが、翻訳の時間がありませんでしたので、閣下には同封にて二部を、フランス語の目次をつけてお送りいたします。それで内容はおわかりいただけると思います。文集には、一八六八（明治元）年から一九一三（大正二）年にかけて日本に協力した全外国人の氏名が記されています。そのなかに四十人のフランス人がいます。技師、教師、宣教師といった人々です。

ポール・クローデル

★1［原注］フランス外務省資料「国内政治、一九二三―二四」（五一巻、分類五五一―二、一六〇号）

一九二五年
（大正十四年）

東京の日仏親善団体の合同主催による懇親会でのスピーチ★1

【一九二五年一月十五日】

閣下、そしてみなさま

東京にいる友人のみなさんが、私の出発にさいし、今日催してくださいましたすばらしい会に対し、私は感謝の気持ちとともに当惑を感じております。なぜ感謝の気持ちを感ずるかと言えば、国に仕える者にとっていちばん喜ばしいことは、自分の働きがむだではなかったことを知ることだからです。また、なぜ当惑を感ずるかと言いますと、私が実現に向けてなしてきたのは、私一人がやった仕事ではなく、かけがえのない友人たちの協力があったればこそなしえたことだったからです。その友人たちと私の意思が合致したのです。私はおのれの外交手腕を買いかぶってはおりません。みなさまのなかで過ごした三年のあいだ、つねに念頭にあって私を動かしていたのはただひとつのことでした。それは日本に対する私の深い変わらぬ親近感であり、その気持ちを、まもなく大陸の向こう側で再会する本国のフランス人に、そして仏領インドシナ在住のフランス人にも、知らしめ、これを共有したいという思いです。

すでに知りあっていた友人たち、あらたに知った友人たちと、同じ気持ち、同じ考え方をもって進めたこの共同作業のなかで、多くの絆が生まれました。それを断ち切らざるをえない今になって、私はその力を感じています。私はまだ自分が明日には日本を去るのだという考えがぴんときません。芸術や自然に対してこれほどの感動を経験したこの恵まれた地が、明日はもう自分のまわりにはないのだということ、富士山、日光、京都、奈良やこんなに多くのすばらしい光景が、他の場所では見られない景色と住民とのすばらしい結びつきが、もはや自分の手の届くところにはないのだということ、そしてとりわけ私はこんなに多くの友人を失うのだということがぴんとこないのです。

三年のあいだ、私はあなたがたに交ざって生活し、同じ空気を呼吸し、日本の新聞を読み、あなたがたと感動をともにし、同じことに関心をもちました。あなたがたとともに、恐ろしい地震も経験しました。そして私は、大震災のさなかに、武士の子孫である日本人がどのように行動するかを目撃することができました。あなたがたと私の心のあいだに、あなたがたの国と私のあいだに、日ごとに同じ感動、同じ関心が生まれるようになりました。

しかし不幸なことに、外交官の人生は別離、出向の連続ですから、突然、光が消えたときの映画のように、すべてが私からとり去られ、日本のかなたへ、自分が過去に住んださまざまな国々へ、戻らなければなりません。

　しかしながら、みなさん、私はおのれの感情に流され大げさなことを申しあげたようです。あなたがたご自身で割り引いて聞かれたことと思います。第一、私たちは永久に別れるわけではありません。まもなく、数カ月後にふたたび肩を並べているものと思います。また、私たちが三年間ともにとり組んだ仕事は、スクリーンの上に残像を残すのみならず、現実にその痕跡を刻むことを期待しています。

　日仏両国関係の歴史は、かの〈天の織姫の伝説〉に似ていました。離れている恋人を求めながら、恋人とのあいだを隔てる川を年に一度しか渡ることができない女性です。両国間にはつねに本能的とも言える共感があった、そして両国はともに、アジア大陸を挟んだ反対の側に、片割れあるいは文通相手をもっていたのだと言いたいです。しかしながら、こうした共感は間欠的に認められるものであり、これを表現しつづけるための永続的な手段がありませんでした。私たちにとって最も大切なものである倫理的、知的領域において、それと同時に経済の領域において、私たちがつくりあげようとしたのは、共感を永続的に確認しあう手段なのです。

　嬉しいことに、私たちは、何週間か前、あらたにできる日仏会館の開館式を行なうことができました。同館は村井《むらい》吉兵衛《きちべえ》さん*2所有のすばらしい土地に設立されます。ここで、日本を研究しにやってくる若きフランス人たちが養成されるのです。勉強せずしてはなにも習得できないのは自明の理ですから。また、ひとつの国を本当に知るということは、状況まかせであるいは偶然にできるものではなく、理論にもとづいた体系的な研究があって初めて可能なのですから。これらの青年たちは、故郷に帰り、あるいは極東にとどまりながら、両国の共同作業に必要な下地をつくるでしょう。

しかしながら、知的活動も、経済活動で裏打ちされるのでないかぎり、充分なものとはいえません。この面でも大きな成果が得られました。未来のすばらしい可能性を示す興味深い計画の基礎が築かれたのです。三月には大規模な産業使節団が日本にやってきます。そのときにはきちんとした受け入れ態勢が整っているでしょう。

こうした成果は、さらに派生効果を生むものと期待いたします。私は、日仏協会はじめいくつかの協会、芸術、文芸、行政、産業界の要職にある方がたに感謝いたします。いずれの方がたも惜しみなく私に協力してくださいました。とりわけ長老格の日仏協会に感謝いたします。日仏会館の設立は相当熟考し構想を練った成果です。私は設立後まもない輝かしい〈仏領インドシナ協会〉に感謝いたします。私は東京商業会議所と、私に奉仕し、助言し、無償で協力してくださった多くの友人たちに感謝いたします。そして私は未来を担う青年に、すべての芸術家、詩人、作家たちに心からの声援を送ります。私はこれらの人々が私を評価し、友情を抱いてくださったことを、まことに光栄に思っています。これらの人々は、私もまた詩人、劇作家として彼らの同類であることを忘れませんでしたし、日本の文学や芸術の輝かしい伝統を弱めることなく創作活動をつづけているのです。

★1〔原注〕業務担当官のジャンティから関係者に宛てて書かれた一九二五年二月六日の〈AEV・四六〉の外交文書二二号に添付されていたもの。病気療養中の東京日仏会館の理事長、渋沢子爵に代わり、彼の名において古市（公威）氏が行なったスピーチも同様にこれに添付されている。

＊2〔訳注〕村井吉兵衛（一八六四―一九二六）：日本で初めて紙巻煙草を売り出した人である〈サンライス〉という名で一八九〇年に発売）。彼は煙草王と呼ばれた。一九〇四（明治三十七）年煙草は政府専売となり、彼は村井銀行を設立したが、彼の死後まもなくこの銀行は破産した。彼は、永田町山王台の眺望のよい半西洋風の広大な自分の住宅を、無償で日仏会館のために提供した。日仏会館の設立を準備していた日本人理事（渋沢栄一ら）からフランス大使宛の手紙にはつぎのように書かれている。「同封の図面にも見られますように、この建物には、フランスから派遣される学者の方たちが家族とも居住できるような部屋が七、八あり、八、九室は奨学生の方たちが使うことができましょう。そのほかの室は、客室、事務室、講演場にあてられ、付属した建物は図書室、集会室として使用されましょう」

日仏会館の開館式★1

【一九二五年一月十六日】

閣下にご報告するのがたいへん遅くなりましたが、さる十二月十四日に日仏会館の開館を記念するすばらしい式典が行なわれました。といっても、開館式という言葉は正確なものとは言えません。なぜなら、村井吉兵衛さんが私たちに貸してくれた土地は、ごく最近、震災復興委員会が退去したばかりですし、会館のフランス人スタッフはまだ決まっていません。ですから公式な構成について述べると言うほうが正確でありましょう。

なにはともあれ、日仏協会としては、長きにわたった努力と交渉に終止符を打つにあたり、これにふさわしい荘重さで祝うときが来たと判断したのです。日本工業倶楽部において、閑院宮主催による盛大な会が開催されました。会には四百人近くが参加しました。首相、文部大臣、外務大臣をはじめ東京在住の重要人物たちです。閑院宮、首相、文部大臣、日仏協会会長、古市（公威）男爵と私がスピーチ★2を行ないました。その原稿を同封いたします。

同会は、ヴァレとプレールという二人のフランス人芸術家の講演会で幕を閉じました。二人はたまたまこの時期に東京に居合わせたのですが、大成功でした。

私は目下、会館の理事たちと協力して、日本人の友人たちのあいだで不足分の資金を集めることに奔走しております。資金集めがうまくいくことを期待しています。

ポール・クローデル

★1 〔原注〕フランス外務省資料「日仏文化事業、一九二四―二九」（六一巻、分類五八三―一、五八三―一―二、六号）

★2 〔原注〕『ポール・クローデル手帖四』（ガリマール書店刊）二〇二ページに公表された。

一九二六年
（大正十五・昭和元年）

政治と金、国会議員の汚職スキャンダル★1

【一九二六年三月四日】

政友会のメンバー、山梨（半造）将軍が関与した国会議員の汚職事件を巡って、衆議院でかなり激しいやりとりが交わされました。このたびの事件の前には、同党の田中（義一）男爵が失脚するにいたった政治的・財政的スキャンダルが起きています。こうした事件は、世論の関心の的となっています。国民はそれに熱中するというよりは、面白がり、楽しむのがつねのようですから、『ジャパン・アドバタイザー』の日本人編集者は、この事件に刺激されて、日本における財政と政治の関係についてかなり興味深い報告を書きました。

《財政手段を巧みに利用すれば、政治的な利益が引き出せることを発見したのは軍部である。したがって、軍部こそその名誉を受けるべきだと思われる。我々はこのことで軍隊を非難することはできない。軍は必要に迫られてそうしたのである。軍とは一線を画した政治グループが突如として現われたことが、軍のゆるぎない地位を脅かしていた。これは死活問題であり、軍は本能的に、いまだ有効な、そして強力な資金力を行使するようそそのかされたのである。日本でもプロイセンでも、官僚は軍の指導者と一体となって行動していたが、その官僚の動きを抑えるために、国会議員の良心を買うということを最初に思いついたのは、陸奥《むつ》宗光《むねみつ》*2である。これにつづく人々は、彼の経験に勇気づけられたにちがいない。なぜなら、つぎに山県公爵がある種の厚かましさをもって同じやり方を発展させ、罰当たりなことに帝国の国庫にまで手を伸ばした、と言われているのだから……》

しかし、まれにあることですが、発明者はおのれの発明に裏切られるものです。日本初の平民宰相である原（敬）総裁は、あらたな矛先を官僚に向けました。彼は官僚たちを執拗なまでに憎みました。官僚たちは不覚にも彼が高位に昇るがままにしていたのです。政治に金を使うことにかけて原は天才的といってもいいほどでした。彼の首相在任中にスキャンダルは増加しました。満鉄事件*3、阿片《あへん》事件*4、ガス事件*5といったスキャンダルはそのなかの数例にすぎません。ストライキを煽動しながら、途中でそれを中止させ、その代償として金を受けとったとまで言って、国民は原を責めました。

国民が政治にさほどの関心をもたない国、そして無関心という生来の厚い皮を引き剝がすのがたいへんな国においては、選挙費用はかなり高くつきます。平均三万円と言われており、たいていはそれよりはるかに高額なのです。その証拠に、田中男爵は、金なしに政治をすることはできないと率直に認めたではありませんか。当然のことながら政党に金をつぎこんだのは、実業界の企業グループです。いくつかの企業グループの名前が、いくつかの政党の名前と結びついています。両者の協力関係はよく知られているものの、この種のスキャンダルを捜査しても、はっきりした結論が出ることはきわめてまれです……。事件が尻切れとんぼに終わることで、得をする人が大勢いるのですから。

日本人は形式にとらわれ独断的ですから、むろん政治資金が〈合法〉か〈非合法〉かについて、喜び勇んで長々と論じたてるにちがいありません。新聞も書きたてずにはいません。とくに政治のしきたりの粛正を掲げているある新聞は、金の使われ方についで巧みな議論を展開しています。予想どおりそこでは〈形式〉の問題が前面に出ています。最近のスキャンダルでショックだったのは、山梨将軍が臆面もなくおおっぴらに金を提供したことです。床次《とこなみ》（竹二郎）氏の政友本党から離脱する議員一人当たりに五千円をつかませました。人々は大いに〈憤慨〉しました。何票かが動くことで状況が変えられることを思えばそれは高くない、よって田中（義一）将軍はさもしいところを見せたのだと考えることができます。しかしながら、この新聞記事を書いた鷲尾氏が述べているように、「金にものを言わせるやり方はますます不人気となり、将来、政治と金の癒着はなくなると思われる」という結論を山梨将軍の一件から引き出すのは、行き過ぎではないでしょうか。

今や時の話題となっている問題、そして現在の政治情勢に密接に関わりのある問題は、彼の言の正しかったことを示しているかに見えます。というのも三菱グループが政党から離れようとしているからです……。

現在政権の座にある憲政会の将来が、この日本最大の財閥のひとつといかに密接に結びついているかは周知のことです。最近死亡した加藤（高明）伯爵は、三菱グループのおかげで政治家としての高い地位につくことができました。彼は同社の創始者、岩崎男爵の娘と結婚し、もう一人の娘と結婚した幣原（喜重郎）男爵と義兄弟になりました。さらにこの企業グループ内で大きな影響力をもつ仙石《せんごく》（貢《みつぐ》）[*6]氏が内閣に入り、鉄道大臣になったことからも、先に述べた三菱が手を引くという噂が、いかに政治的意味をもつにちがいないかおわかりでしょう。ここ数週間のあいだに、加藤伯爵は死亡し、仙石氏は融資の問題で信用を失ったあと首相に支持されずに辞職しましたし、幣原男爵は外務省を去って重要度の低い外交のポストに移るつもりだという根強い噂があるのです……。他方、加藤氏のあとを受けて首相となった若槻（礼次郎）氏は、財産を有しておらず、個人的に財政の支えがないと言われています……。

こうした事実から確かな結論を引き出すことができる人は、ほとんどいないでしょう。複雑にからみあった利権、秘密裏の私的な関係、発展途上にある政界の混乱のなかでは、なにひとつ確実に予測できるものはありません。

私が閣下にこの報告を書いておりますす現時点でも、同じほど大きなスキャンダルが起きています。田中将軍がかつての陸軍省の部下、山梨将軍と共謀して、党の資金とするべく、軍事機密費から四百万円を横領したとして非難されているのです。議会では、憲政会のメンバー、中野《なかの》（正剛《せいごう》）氏と石光《いしみつ》（眞臣《まおみ》）中将が、二人を激しく攻撃しました。*7 同時に田中将軍のかつての部下でかなりいかがわしい人物が、検察に告訴し、かつての上司、田中将軍を種々の横領のかどで告発しました。攻撃の矢面に立たされているのは政友会で、政友会にとっては大きなショックでした。宇垣（一成）陸軍大臣が田中男爵を全面的にかばって、田中氏が受けている非難など自分はまったく重視していないと宣言したのは、いささか驚きでありました。彼はさらに付け加えて、機密費の使途を明らかにすることは、軍の性格上できないと表明しています。

真相はどうなのか、言い当てるのは難しく、おそらく絶対に完全には解明されないでしょう。しかし、多くの人々が中野氏の攻撃は当を得たものではなく、政権党としての利益にとって有害だと考えているのは、注目に値します。田中将軍は事件の推移を冷静に見守っており、その態度こそが〈完全には解明されない〉という主張を裏づけているように見えます。

ポール・クローデル

★1 ［原注］フランス外務省資料「国内政治、一九二五―二七」（五二巻、分類五五五―一―一、五〇号）

＊2 ［訳注］陸奥宗光（一八四四―九七）：明治の政治家、外交官。和歌山藩出身。脱藩し、坂《さか》本竜馬《もとりようま》率いる海援隊の一員として活躍。一八七八（明治十一）年政府転覆計画に加担したとして投獄され、獄中で『利学正宗』を翻訳。出獄後外遊。駐米公使・農商務大臣・外務大臣。九四（明治二十七）年日英通商航海条約調印に成功、朝鮮では積極外交を推進〈陸奥外交〉と言われた。日清戦争後遼東《リヤオトン》半島を割取し、三国干渉を招いた。軍に制約された日清戦争の外交を詳記した『蹇蹇録《けんけんろく》』を持病の肺患と闘いつつ九五（明治二十八）年末脱稿。外相時代に外交官試験制度を確立。

＊3 ［訳注］満鉄事件：満鉄は、新造船を三菱造船所に注文していたが、恐慌後の一九二〇（大正九）年四月にこれを解約して、内田信也の経営する内田造船所に注文した。野党はこれらの取引の利益の一部は政友会の選挙資金に流れたのではないかと非難し、満鉄に対する政府の監督責任を問題にした。野党はこれらの事件について、原内閣の責任を問う決議案を上程したが、いずれも政友会の力で葬られた。満鉄事件で憲政会から攻撃を受けた内田信也は、先の総選挙にあたっては憲政会にも五万円を寄付し、加藤総裁から〈珍品五種〉に対する礼状を受けとっていた。政友会の広岡宇一郎は、加藤が憲政会の主張である普通選挙をとりやめ、同党の普選論者を援助しないという内田の条件をのんで、〈珍品五種〉の寄付を受けたのだと暴露したのである。事態

は泥仕合となり、〈珍品五種〉は物好きな世間の話題となった。

＊4 ［訳注］阿片事件：関東庁では、中国人住民の阿片吸飲を徐々に減らすという理由で宏済善堂をつくり、ここから一定数量を限って小売り人に売りさばかせていた。ところが、一九一九（大正八）年には小売り人のなかにあらたに特売人を設け、数量に制限なく売りさばきができることにした。この年の大晦日の夜にはとんだ事件が発覚した。阿片局主事の小畠貞次郎が、阿片入りのトランクを持って関東州内の普蘭店に行くと称して、無検査で長春《チヤオチユン》行きの列車に乗ったが、発車ぎりぎりになるとトランクを奉天《フオンテイエン》送りにさせ、トランクの合鍵を、同じ列車に乗った前樺太長官の平岡定太郎に渡した。その現場を巡査に押さえられたというのである。

野党は、拓殖局長官の古賀廉造とその腹心である関東庁民政局長の中野有光とが、宏済善堂を通じて州内で没収した多量の阿片を特売人に払いさげて中国に密輸入し、その利益の大半を手中におさめているのではないかと追及した。

＊5 ［訳注］ガス事件：東京ガスの重役がガス料金の値上げ案を通過させるために、市会を牛耳る政友会代議士の高橋義信と、彼を通じて市会議員十数名に贈賄したという事件である。両事件に連座して取調べを受けた市会議員は十七名にのぼり、阿部浩東京府知事や熊谷巌東京府知事警視庁保安部長も召喚された。

＊6 ［訳注］仙石貢（一八五七―一九三一）：官僚、実業家、政治家、工学博士。筑豊鉄道社長、九州鉄道社長、猪苗代水力電気・日本窒素肥料などの重役を兼務。一九〇八（明治四十一）年代議士となり三回当選。党籍は戊申倶楽部から立憲国民党を経て立憲同志会、憲政会、立憲民政党。第一次、第二次加藤内閣の鉄道相。のち満鉄総裁となった。

＊7 ［訳注］ 一九二六年三月五日付の東京朝日新聞に、「田中大将事件を衆議院で査問の動議」「開会真先に田中事件、中野君陣頭に立つ、きょうの衆院本会議」および「公金四百万円に絡まる田中大将在職中の怪聞、突如衆議院で発《あば》かれた長州軍閥の醜状真相」「三百万円事件に憤激し、石光中将の建白書」「田中大将の怪事件遂に査問会に付さる、政友会の必死の反対も空しく中野君の動議可決、きのうの衆議院本会議」などの記事が載っている。

〈壮士〉に対抗する闘い★1

【一九二六年三月十五日】

日本の旧い慣習は、執拗な抵抗があるにもかかわらず徐々に消滅しつつあり、封建時代の奇妙な名残がひとつ、まもなく消え失せる可能性があります。というのも、若槻（礼次郎）内閣がある法案を国会に提出したからです。おそらくこの法案が可決されれば、〈壮士〉は段階的に消えてゆくことになるでしょう。

現在の〈壮士〉の源を探せば、それは中世に見出されます。彼らは浪人や俠客《きょうかく》からきていますが、堕落した浪人です。〈浪人〉とは、〈流浪の〉人々、いかなる人間的つながりももたぬ者、主人を失った武士のことです。なんらかの過ちによって自分が仕えていた大名から解雇されたとか、自身のあるいは家族の義務として復讐を果たすために合意のうえで大名のもとを去ったとか、あるいは戦国時代に起きたことですが、大名そのものが動乱のなかで没落し主従を結びつけていた封建的な絆が少なくとも一時的に断ち切られるかして、主人を失った者たちです。しかしながら、主を失ってもなお封建時代の名誉の掟、すなわち武士道に支配され、もはや大名に結びつくような義務などなにひとつないにもかかわらず、大名に忠実でありつづけた者も珍しくはありません。これとは逆に、恨みから敵方に寝返り、謀叛人と見なされている者もいました。なかには、冒険心にそそのかされて大名のもとを去り、諸国を渡り歩いて、農民たちから金を搾りとり、本物の悪党に成りさがった者もいます。

しかし、大半は封建的道義心という高尚な理由に導かれていて、彼らの名は勇敢、献身、騎士道的義侠心の同義語となっています。四十七士の物語[*2]が思い出されます。切腹という不当な刑に処せられた主人の復讐をとげたのち、幕府の命により自害した四十七人の浪人の話です。

侠客が現われたのは、一方では諸大名が領地拡大のために争い、武士たちが野を駆けまわっていたその同じ戦国時代です。侠客は庶民から生まれた一種の浪人で、武士階級には属さず、農民や商人を略奪から守っていました。しかし、彼らの理想は高いものではなく、彼らを駆り立てていたのは金儲けということでした。

国内が比較的平和であった徳川時代には、浪人たちは無用の長物となりましたが、将軍が失墜して、公権力が将軍の手から薩摩藩、長州藩の手に移ると、これ以外の藩は割があわないと感じ、みずからの利益を守るために華やかだった過去を思い出せる手段を模索しました。こうして浪人たちがきわだった政治的性格をもってよみがえったのです。とはいっても、暴力や脅しに似た手段を利用してです。

明治時代には、その初期の数年のあいだに日本の政治機構がすっかり変わりました。西欧の制度がきわめてすみやかに適用されたかに見えた新世界では、浪人たちの出る幕はありませんでした。突然消えてなくなるにはその思い出があまりに鮮明でしたから、彼らは姿を変えたのです。浪人であることを標榜していた者たちは、いまだ心中にくすぶる暴力への欲求、栄達への望み、あるいは単純な物質的欲求から、暴力的な行動というアイデアを思いつきました。しかしながら世間は、時代錯誤の暴力行為やテロ行為を起こす者に対し、浪人という尊敬すべき名称を与えることはありませんでした。こうして彼らは〈壮士〉と呼ばれるようになったのです。

浪人の後継者であるこうした壮士のなかに、制度化された司法機関が正すことができなかったり、あるいは是認すらしていた誤りを力をもって正そうという、武士道に培われた侍の姿を見出すのは難しいです。そうしたたぐいの人々は日本ではほとんど消滅してしまっています。逆に、程度の低い悪党どもが、いいかげんな口実のもとに、大方は恐喝という手口によって、悪賢く立ちまわっていたにすぎません。こういう悪党は今でもしばしば見られます。こうした輩《やから》には、報酬が高いものから安いものまで、あらゆる種類の仕事があります。日本人は、驚くほどやすやすと彼らの厚顔無恥な脅しを受け入れ、報復を恐れて訴えることもせず、このやり口が存続しやすくしています。

しかしながら、一時代前の彼らの先達つまり浪人と同様、大半の壮士がわが身を捧げているのは政治です。それが彼らの選んだ活動の場です。国内政治において、いずれの政党も壮士を金で雇っています。外交においても同様です。ことに満州では彼らがどの程度の情報活動をしているのか、その範囲を知るのは難しいのですが、彼らはその常套手段を使って日本の発展に寄与しているか、あるいは寄与していると思っているのです。多くの壮士はうさん臭い超保守的な外国人嫌いの〈信条〉を掲げています。東京で、壮士の一団が帝国ホテルの舞踏室に乱入したことは記憶に新しい事件です。彼らは、西欧が東洋と親密に接触することを、そして日本女性の美徳を危険にさらして日本古来の民族の同質性を脅かすことを助長するような場は閉鎖せよと要求しました。

彼らが巧みに大衆を利用していることは否定できません。彼らは大衆の無知につけいり、大衆の保守性や信仰心をあおり、大衆の主張を支持しています。つまり、壮士たちがあらゆる公の集会に顔を出し、しばしばそれを指揮しているのが見られるのです。

しかし、すべての政党がこのなかばもぐりの力を利用していると言っても過言ではありません。政治活動全体が、彼らに牛耳られ、彼らがテロを起こすのではないかという恐怖、あるいは彼らが政治家の私生活について流す真実のまたは虚偽の情報によって、ゆがめられているのです。政治家の私生活は彼らに握られています。最近後藤子爵の家が壮士の一味によって荒らされたことが思い出されます。あるいは、謎のテロ行為によって首相だった原が殺害されたときも、たいていの人は、活動派の壮士がこの自由主義者の大物政治家の経歴に終止符を打とうとしてやった仕業だと、考えたようです。警察ですら、彼らを取り締まるかわりに彼らと和解しなければならないと考えているのです。

警察は、彼らの行為を黙認し情報提供者として利用しつつ、なにものにも尊敬の念を払わず、自身は誰からも攻撃されないと信じていたこの〈名のない闇の力〉を是認していたのです。したがって、この時代後れの組織の命を長らえさせ、しだいに堕落して国の評判そのものを下落させていることの責任の一部は警察にあります。

ですから、加藤（高明）伯爵（前首相）には、このような根強い慣習を正面から攻撃するのに、真の勇気が必要でした。これは、あらゆる社会的階層のなかで暗黙の合意を得ており、その名は政治家を震えあがらせているのですから。若槻氏は加藤前首相の計画を再度とりあげました。国会でまもなく討議されるこの法律は、壮士の常習的行為を〈犯罪〉であるとし、しかるべく処罰し、また、彼らに仕事を依頼したり、資金を与えたり、彼らに処罰免除の特典を与える者も同様に処罰するという内容です。望むらくは、首相が評判どおりの巧みな才をもってこの法案に賛成票を投じさせ、世論が鼓舞され、さらに壮士の行為に対して闘い、浪人が過去のものとなったように壮士も過去のものとすることを期待しなければなりません。壮士らは厚顔にも浪人を標榜し、浪人の名誉を汚しているのですから。

ポール・クローデル

★1〔原注〕フランス外務省資料「国内政治、一九二五—二七」（五二巻、分類五五五—一—一、六一号）

＊2〔訳注〕原著では天皇となっているが、幕府が正確なので幕府とした。

日本におけるソビエト★1

【一九二六年三月二十七日】

私は、東京であらたな同僚となったソ連大使、ヴィクトール・コップ氏と知り合いになりました。人の目をまともに見ようとしない脂ぎった肥満漢です。ロシア人というよりはドイツ人的で、ドイツ人というよりはユダヤ人的な人物です。ライプツィヒ（ドイツ東部の都市）の見本市にいくらでもいるようなタイプです。彼は当地で目立たない生活を送っており、自分のことが話題にならないようつとめているのですが、それでもまずいところで目立ってしまうことがなきにしもあらずで、ドイツ大使を除けば少数の人としかつきあっていません。ドイツ大使にはおおっぴらに後ろ楯を求めています（しかし、このことをドイツ大使のゾルフ博士は喜ばしく思っているようには見えません）。

数カ月前まで帝政ロシアのメランコリックな残骸をとどめていた、うらぶれた古い大使館は、塗装をやりなおして若返り、皇居から間近の場所に、ハンマーと半月鎌の国旗を誇らしげに掲げています。コップ氏は大勢の人々を引き連れてきました。書記官、担当官、学生などおよそ四十人、妻子まで入れると総勢七十人になるでしょう。商務担当官のヤンソン氏は、ソビエトの新体制にもとづき原則として日本との貿易全般を担当し、十人ほどの部下に囲まれて堂々と執務しています。当然のことながら、これらの人たちは全員が大使館のなかに住むことはできません。職員の多くは社会主義のシンパと見られる日本人の家に下宿しています。大使館員には、当地の政治的デモに参加することは差し控えよとモスクワから指示が出ているようではありますが、こうした厄介な客を監視する東京の警察は、緊張しピリピリしています。

東京以外では、神戸、函館、小樽、敦賀に大勢の職員を擁する領事館が設置されました。

ソビエト政府としては、こうした公式の職員を自国のプロパガンダのために使うようなことはできず、いくつかの使節団を送ってはみたのですが、さほど歓迎されませんでした。〈労働者〉使節団は警察の手で拘束され、日本人の訪問者は面会することができませんでした。〈作家〉のピルニアクも同じように要注意人物の扱いを受け[*2]、警察の監視から逃れるためにある書記官の家に身を寄せざるをえませんでした。日本政府は、こうした措置をとったのはソビエトから赤い訪問者が来ないようにするためだったと言っています。

それにもかかわらず、政治のプロパガンダがこっそりと流されていることは、疑う余地がありません。とくに、最近北洋漁船団の乗組員と船長のあいだに起きたいざこざは、プロパガンダがらみであろうと言われています。

ロシアは東京で、ロシア語と日本語で書かれた政治色のない〈情報誌〉を発行しています。私にはかなり興味深いものに思われます。同封して何部かお送りします。同じ部局が雑誌も出しています。近日中にそちらも一部お送りいたします。

ポール・クローデル

★1〔原注〕フランス外務省資料「ロシアとの関係、一九二五—二九」（六九巻、分類五五八、七四号）

＊2〔訳注〕東京朝日新聞・一九二六年三月十九日付に、つぎの記事が載っている。

「早く日本を観察したい、当局の警戒に当惑顔のピルニヤク氏と語る

十七日入京以来その筋の警戒ぶりが途方もなく厳重なのでアキレて目をまわしたと伝えられている労農ロシア文壇第一の人気作家ピルニヤク氏は、十八日午後ロシア大使館楼上の明るい一室で入京以来初めての会見を記者に与《あた》え、ゆったりしたいかにも文人らしい口調で『私は日本の芸術風俗民族その他のあらゆる方面をつぶさに研究して、今ロシアやヨーロッパ諸国で始めかけられている東方研究の権威ある先覚者になって、本国の新聞や雑誌にそれらの研究の結果を紹介す

る目的で日本へ参ったわけです。自分は今、日本を早く十分に観察したくてたまらない欲望で一ぱいになっている。君の社のモスコーを訪問したあの飛行機に自分と妻を乗せて飛ばしてもらえないだろうか、冗談で言っているのではありません、全く本当です。自分ら夫婦はこれまで飛行機に随分沢山乗ったことがあるんですからぜひ一つ頼む……』と飛行機に乗りたがっていた」

同三月二十一日付には、「さて及第か落第か、ロシアの文豪歓迎の試験、条件付きでゆうべの座談会、お客様顔した刑事がきょろきょろと」と題する記事も載っている。神楽坂のカフェで米《よね》川正夫《かわまさお》らとの会が、試験的にという条件付きで行なわれたことが記されている。

フランス車の成功[★1]

【一九二六年四月十三日】

ひじょうに興味深いカー・レースがちょうど終わったところです。フランスの産業界にとっては大成功の催しでした。日本自動車クラブが、東京・京都間（六五九キロ）の〈ノン・ストップ〉レースを企画したのです。日本政府はこれに関心を寄せていました。出場する車両には軍の将校が一人ずつ同乗し、減点項目をチェックしました。一等賞を獲得したのは八・三馬力のルノーの車で、全行程を二十七時間で走破し、千点中の九九五点を獲得しました。タイヤが一度パンクしただけで、故障はまったくありませんでした。あとを走ったアメリカの自動車（シボレー、ナッシュ、モーリス・カウリー）はすべて事故や故障を起こしました。日本製の二台の自動車（オオトモとリラー）[*2]のうちの一台は、悪条件にもめげず完走しました。

ヨーロッパの人間から見れば、五〇〇キロを二十七時間というタイムは、まったく快挙とは言いがたい成績です。しかしながら、日本の道路事情を考えれば、これはすばらしい快挙なのです。これらふたつの主要都市を車で走破したというまれにみる大胆な人々がいますが、だいたい三日か四日以上かかっています。日本の道路は狭く、蛇行しており、整備も悪く、請負業者が気まぐれにやる工事でしょっちゅう寸断されているのです。渋滞した村々を通過しなければならず、人々はいかなる交通ルールにもしたがっていません。しかも坂道は恐ろしくきつい。まったく故障を起こさずに、一日で京都へ到達できたのはすばらしいことです。

日本の現在の道路条件には、十馬力の車が最も適しています。優秀な代理店が取り扱っているわがシトロエンは大成功しており、日本各地の大都市でこの車を見ることができます。現在フランスからの輸入車は、年間五百台を超えています。プジョーもまた普及しはじめています。ルノーは、京都のレースで勝利したことが大きな宣伝になるでしょうが、専売代理店をもてば、さらなる成功をおさめることができるのですが。

一年間日本を離れ、再来日して驚いたことは、道の悪さや法外な税負担にもかかわらず、車の数がひじょうに増えたことです。商品や人を満載したおんぼろ自動車をいたるところで見かけますし、そうした車は、ぬかるみや石の山道や恐ろしい絶壁の海岸を通りぬけることができるので、走りまわっているのです。人口過剰で狭い空間につめこまれた日本人が、まもなく道路機構を改善せざるをえなくなるのは間違いありませんし、自動車産業にとって大いに食指が動く国になるのは確実です。

もうひとつ確実に言えることは、日本は、経済あるいは国防上、欠かすことのできないこの乗物の生産を、いつまでも外国の企業に依存することに甘んじてはいないであろうということです。フランスの大企業、たとえばルノーが、この国の会社と提携して進出する時機が到来したと私は思います。当地には、先鞭をつけた者が莫大な利益を手に入れることのできる土壌があります。ことに現在、日本の関心は総じてフランス的なものに注がれていますから、受け入れ基盤は充分整っているのです。

ポール・クローデル

★1 〔原注〕フランス外務省資料「日仏商業関係、一九二三—二九」(八〇巻、分類五六六、七八号)

＊2 〔訳注〕二〇〇〇年三月に上野の国立科学博物館で開催された「二〇世紀の国産車」展にオトモ号Vについての詳しい説明と新たに組み立てられた実物の展示があった。「リラー号」に関してはカタログと写真と簡単な記載があった。

国会の通常会期★1（一九二五年十二月二十五日—一九二六年三月二十五日）

【一九二六年四月二十五日】

一月二十二日、国会の開会にあたり、首相の加藤（高明）伯爵は、施政方針演説のなかでこう明言しました。「私は、わが国の政治的、社会的活動を再建し安定化することに全力を傾注いたします」そして彼は、財政および社会的改革の全体像を示しました。たしかにきわめて慎重ではありますが、無視できないものです。彼は、これが、日本の政治的、経済的発展を方向づけ、一九二三（大正十二）年の大震災につづく重大な危機を解消するうえで、有効な改革になるものと考えていました。

しかし、これを実現することは彼には叶わぬ運命でした。その後まもなく突然あの世へと連れ去られ、その次席に位置していた若いがやり手の国会議員、若槻（礼次郎）内務大臣が彼の跡を継いで憲政会総裁兼首相となり、公表された計画を実施したのです。ひどく骨の折れる仕事です。自治よりは服従に慣れた国において、かなり限定された有権者が行なう選挙から、普通選挙へとあまりに急激に移行したため、日本は新制度に適応しきれず危機の到来が早まりました。政界は大混乱の様相を呈しています。そこではなにがどうなっているのかを見分けるのは難しく、混乱によって数々のスキャンダルが表面化してきました。

議員たちは、普通選挙改革によって、あるいはそれを発表しただけで大きな反応があったことに驚き、あえてこれを実行に移したいとは思いませんでした。議会が解散し、普通選挙が実施されるのを避けるべく、全党が結束しました。しかし、会期中は一貫して解散の恐れが重くのしかかっていました。つぎの選挙を待ちながら、議員たちは立法に専念するよりむしろ、党の将来を安定させる道を探っていたのです。

国会の会期は、日本では原則としては三カ月つづきます。実際には、十二月に開かれた形式的な開会式ののち、国会は延期され、事実上一月二十一日から三月二十五日までの二カ月しかつづきませんでした。しかもこの期間中に、貴族院は三十一日間、衆議院は三十五日間しか審議を行なっていません。この日数から、純粋に手続き上の問題に割かれた時間、もっぱら汚職事件や党派間の争いにあてられた不毛な時間を差し引きますと、議会がこれほど短期間のうちにかなりの量の法案を成立させたことには驚くほかありません。しかしながら、議事録を読めばさほど驚くにはあたらないことがわかります。最重要問題に対してすら、突っこんだ議論はほとんど行なわれていないのです。細切れで、不明瞭な、まったく表面的な議論が交わされていただけで、明確な論点に立って追及するというより、乱暴な言葉で相手に難癖をつけているにすぎないのです。そして質問の大半は、一種の暗黙の了解がなされているのです。海軍の予算が驚くほど典型的な例です。重要な問題をわきにおき、議員たちは細かい点ばかりをあげて、俗受けを狙って熱っぽく議論していました……。

中国情勢については、数多くの演説が行なわれ、内閣攻撃がなされましたが、結局、対外政策についてはなにひとつ明らかになりませんでした。日本が中国において進めている政策について、わが外務省はよくご存じですが、国会ではこれについて形式的な討論が行なわれただけでした。政友会の議員たちは党の方針にしたがって批判を加えましたが、それは往々にして見当はずれで、多数の賛同を得てはいないという印象を受けました。外務大臣は、ほかの大臣が羨むであろうような日和見《ひよりみ》政策を、注意深く落ち着いて進めています。

内閣が提出した法案は、加藤伯爵が予告していたように、なによりもまず財政および社会関連法案でした。純粋に政治的な観点から見て特筆すべきものは、つぎのもの以外はほとんどありません。国会で始められた投票権拡大を地方議会で行ない、これを完全なものとする法案、民事訴訟法にいくつかの改善をもたらす法案、そして中央の権力と地方議会の関係を民主的な方向へ見直す法案だけです。

政府の社会政策の目玉となる二、三の法案については、それらについて議論されたときに、閣下にご報告いたしました。このときはかなり熱心な議論が巻き起こりましたが、世論にはさほど歓迎されませんでした。〈労働〉と〈資本〉間の紛争の調停に関する法案のなかでは、ストライキ権と、労働争議への公権力の介入を容易にするのではないかと見られるいくつかの規定に関して、政府の示した曖昧な態度が、激しく非難されました。しかしながら、政友会の弁士たちが反対党に向かって言い放った「資本主義者」という非難を、どうしたらまじめに受けとることができるでしょうか。議会の現有政党は、その社会的出自や財政支持基盤がひじょうに似通っており、彼らを対立させているのは〈原則〉の問題ではないことは周知のことです。労働紛争に関する法案は採決されましたが、労働組合の組織化を目標とするもうひとつの法案は、討議不充分という口実のもとに政府によって棚上げされました。この法案は国民には好意的に受け入れられませんでした。もっともなことかもしれませんが、世論はそこに一貫性の欠如、ある種の消極性を見ていたのです。

労働者のリーダーたちは、組合連合の禁止を激しく非難していました。しかし、若槻氏は慎重にも、政治機関の道具に変わりうる傾向のグループを許可することは、認めませんでした。彼はそうしたグループを、厳密に職業的な集団にとどめることを望んだのです。おそらく彼はこのとき、何カ月か前の加藤伯爵の助言を思い起こしていたのでしょう。「この法案は将来に多大な影響を及ぼすだろう。わが国の社会的変化に対してのみならず、思想やメンタリティーに対しても影響が出る。この観点からして、思想の点でも実践の点でも、外国をあまりに盲目的に真似るのは、望ましいことではないと思われる」

〈壮士〉を排除する目的の〈暴力行為抑圧のための〉もうひとつの法案について、ここに記します。閣下はすでにこの法案が議会でも、また国民にも歓迎されたことをご存じです。国会で諮《はか》られる社会関連法案には、大なり小なり象徴的な意味で重要性があるとはいえ、それは今会期中は最重要なものとは見なされませんでした。大物政治家たちの頭を離れないいちばん大きな問題は、財政と経済の問題です。自身が実業家でない者でも、彼らはたいてい財界とひじょうに緊密な関係をもっているのです。

財政制度に関しては、約二十の法案が成立し、悪化した経済状況を是正し、つぎの選挙の対策上必要な改正がなされることになりました。加藤伯爵は言っていました。「財政制度の見直しが必要です。税負担をより公平なものとし、産業を発展させ、国力を再構築するためには」。そして大蔵大臣の浜口（雄幸）氏は付け加えました。「労働者階級と農民の負担を減らさなければなりません」

実際には、直接税が若干減額され間接税が増額されました。直接税には、全体的に見ればさほど変化はなかったように見えます。直接税の基礎となっているのは所得税、それに地租、事業税です。しかし、所得税と地租に関しては、相続税に対してと同様に、基礎控除額が引き上げられました。さらに西欧でよく知られている新規の税、動産所得に課せられる税があらたに設けられました。

醬油《しょうゆ》[*2]にかかる税、通過貨物税が廃止され、繊維製品に適用される税から綿織物がはずされました。しかし、先に述べた直接税に対する減税はすべて数多くの個人に適用されるもので、減税の意義はそこにあるとも言えるのですが、予算に穴が開くことになりますから、他の財源で埋めあわせなければなりません。

法令によって、すでに煙草は大幅に値上げされています。相続税も引き上げねばなりませんでした。酒税もしかりです。また、日本で愛飲されている炭酸飲料も同様です。

日本の指導者層にとって、工業とくに重工業の状況はつねに念頭を去らない問題でした。国が欧米化するにあたり、また軍事力、政治力から見て、最重要とまでは言わないにせよ必要な分野です。したがって、工業の振興に対しては〈政府による〉〈意図的な〉助成が見られるのです。それは大蔵大臣、商工大臣（通産省の前身は商工省）が示した法案からもうかがい知ることができます。というのも、この法案は、経済危機のさなかであるにもかかわらず、国内に原料をもたぬひとつの重工業を存続させることを目的としているのです。[*3]

日本における大工業とくに製鉄業が人為的な性格をもつことに、私はしばしば言及しました。この国には原料もなければ熟練労働者もおらず、保護措置なしにこれを維持することはできません。私はこの問題に関して最近とられた措置、すなわち企業集団の育成、補助金、税の免除について、わが外務省に報告いたしました。

大蔵大臣の浜口氏は関税の改革について触れましたが、じつを言えばそれは関税の見直しにすぎません。かなり以前から関税率の見直しがなされていなかったことから、これが必要となったわけです。

日本で産出されない原料および生活必需品は、免税されるかあるいはひじょうに低い税率がかけられています。古くからあって、ある程度活気を呈している国内産業もまれにはありますが、ほとんどあるいはまったく保護されていません。私たちには大いに関心がある高級品全般は規制されていませんが、大臣は近く現行の関税率を見直し、これを引き上げると発表しました。すでに、ある種の製品とくにブドウ酒の関税が大幅に引き上げられました。日本の貿易不均衡を是正するために、消費に水を差そうとしているのです。

不思議なことに「力のある産業」と呼ばれている産業が（実際はそうではないのに）、国の助成金を受けることになりました。政府は多額の費用を投じてこれらの産業を保護するつもりです。その対象となるのは、冶金工業、化学工業、羊毛工業です。イギリスの失敗例があるにもかかわらず、政府は国内需要がまかなえる化学工業とくに染料工業を創設したいと望んでいるのです。

しかしながら、かくも重要なこれらの問題に対して、掘りさげた議論はまったく行なわれていません。日本の議会は、抽象論は長々と述べるのですが、いずれも表面的な事柄のみにかかわっていて、討議内容を読むと、議論するというよりは〝難癖〟をつけているのではないかという印象をもちます。それに時間も足りなかったのでしょう。

農地の問題は、選挙にもかかわる問題ですから、細心に吟味されました。農村の状況は悪化しており、当然、社会不安が起こることが懸念されます。農民が都市へ流入し、食糧問題に不安が生じています。日本では、農村に社会主義がはびこることは、工場労働者のなかに社会主義が広まるよりも深刻な事態であると思われます。農村に社会主義が浸透する理由はいくつもあります。課税基礎の不平等、租税の高負担などです。

じつを言えば、この危機的状況は一時的であると言っていられるようなものではなく、その真の原因は人口過剰であると思われます。したがって、あまりに狭い国土にひしめいている人口の捌け口を考えなければならないでしょう。今のところ一時しのぎの手段しかありません。自作農の層を厚くするために（現在は大部分が小作人だということがわかっています）、税金免除に向けて法案が提出されるはずでしたが、先送りになりました。地価が二百円以下の土地所有者に地租を免除すること、北海道への入植調査費用として予算を立てること、および自作農を増すことに限定したのです。さらに、小麦および小麦粉の関税が引き上げられました。こうしたゆるやかな措置[*4]が、深刻な危機を解決できるかどうかは疑わしく、認可されたばかりの労働者と農民の党[*5]が、組織を改造したのちには、おそらくより活発にこの問題にとりくむことになるでしょう。

移民政策について質問された政府は、引きつづき移住者が外国で容易に旅行できるようにし、外国にいる日本人を援助する活動に助成金を与えたいと答えました。しかし、政府は外国へ移住した人々のために外国でなにかほかのことができる可能性があるとは思っておらず、資産のない移住者が海外に出てもさほど成功していないと言いました。国内における開拓の可能性は限られており、主要な入植地である北海道は、どれほど楽観的に見積もってもせいぜい六百万人か七百万人しか受け入れることはできません。満州の可能性については政府は言及していません。

文部省の予算問題は活発に議論されました。しかし、それは先に閣下に報告いたしましたように、政治的な駆引きの口実あるいはきっかけにすぎません。しかしこの問題は改革の契機ではありました。予算の問題が現状のまま放っておかれれば、のちの政府にとっては心配の種となるでしょう。というのも、これまでは習慣として国会が予算の増額を提案できなかったのですから。このたびは、憲政会政権のもとで与党の一員となった政友本党が、文部省予算の二千万円増額を提案しました。大蔵大臣の浜口氏はこれを拒否しました。政友本党総裁の床次氏はこれに固執し、受け入れられなければ政府への支持をとりさげると脅しました。その後、延々と秘密集会がつづいたあとで、両者の妥協にいたり、予算は増額されました。

内閣を分裂させる危険がより少ないと思われたもうひとつの改革は、成立にはいたりませんでした。衆議院において、予算審議にあてられる時間は三週間に限られていますが。貴族院にはこのような制限はありません。これは異常なことであり、民主的ではないとして、貴族院における審議期間を三週間に制限せよとの提案がなされました。しかしながら貴族院はこれを却下しました。

財政改革、関税の見直し、社会問題に関する法律、これが今期国会の総括です。これらが全部三週間と少々のあいだに議論されたのですから、国の代表たちはよく働いたと評価することができるのでしょう。もともと短い会期から、各種の付帯的法案、国内政治に関する議論、数々の汚職事件に割かれた時間を差し引かねばならないのですから。しかし、世論はそうは見ておらず、今国会に対してきびしい評価を下しています。

政治の成行きがどのように進展するかを見守ってきた世論は、驚きはしないまでもイライラをつのらせて、議論がくだらないと思いました。なにしろ、あらゆる問題が党の利益という観点から検討され、議論のたびに権力やつぎの選挙に対する執着が、まことにショッキングなやり方で浮上してくるのですから。今会期中、議員たちは綱紀の粛正について議論をかさねました。そして、後藤子爵はその理念を実現するべく新しい政党を旗揚げするようです。政界ではこうした努力は懐疑的に受け止められました。その政界では、大荒れした会期の終了まぎわに、若槻氏の懐刀となった政友本党総裁の床次氏が、若槻氏に対して〈政治倫理の名において〉政権の重責を委譲するよう求める一幕が見られました。

ポール・クローデル

★1 〔原注〕フランス外務省資料「国内政治、一九二五―二七」（五二巻、分類五五五―一―一、九二号）

＊2 〔訳注〕原文は〈soyu〉となっているが、ミスプリントと判断した。一九二六年二月十五日付の東京朝日新聞に、「醤油税は政府全体の責任」という記事が載っている。

＊3 〔訳注〕製鉄業奨励法。一九二六年三月十二日付の東京朝日新聞に、つぎの記事が載ってい

る。

「鉄関税引上に代る製鉄業奨励法、奨励金交付と免税の特典きょう改正要綱発表」「十一日商工省から左の如く製鉄業奨励法改正要綱を発表した……」

＊4〔訳注〕一九二六年二月七日付の東京朝日新聞の風刺漫画（岡本一平作）につぎの説明がある。三輪一太郎君「自作農免税点を地価二百円以下とすることは営業収益税のとり方にくらべて農村を過酷に扱うものだ」。また二月十五日付には「自作農全免主義断じて譲れぬ本党側の妥協条件」の記事が見られる。

＊5〔訳注〕労働農民党（労農党）。一九二六年当初は左派を排して結成。社会民衆党・日本労農党の分離後、左派中心に再出発。委員長大山郁夫《おおやまいくお》。以後同党は日本共産党の事実上の指導下にある合法無産政党として、また左翼社会主義と共産主義者の統一戦線的政党として弾圧にさらされながら活動した。三・一五事件の直後禁止。

日仏協約の問題について★1

【一九二六年五月十一日】

閣下はさる三月一日付の書簡の形で、日仏協約について、その重要性、過去におけるその役割、また現在のその価値について分析した覚書をお送りくださいました。閣下は、これを読んで気がついた点、また閣下が導き出された結論について、意見を述べるよう言われました。

閣下のお手紙は、四月二十六日になって外交用行嚢《こうのう》で私の手元に届きました。その後、私は関西旅行に出向かねばならず、それを済ませた本日、ようやくお答えすることができるしだいです。

一九〇七（明治四十）年の日仏協約は、それが締結された時点では、わが国とイギリス、そしてロシアの関係に鑑みて、これを補うものであるとのみ認識されていたものですが、ワシントン会議後は、少なくとも協約の文面上では、その由来となっていた他の同盟関係が消滅し、これだけが単独で生き延びるという奇妙な性格をもつようになりました。というのも、フランスも日本も、この協約にはもはや有効かつ積極的な意義は見出せないと考えていましたから、協約を廃棄したところでなんの意味もなかったのです。一九二二(大正十一)年に、『日日新聞』をはじめとする新聞各紙が、日英同盟が廃棄された今、一九〇七年に締結された日仏協約も廃棄するべきであるとのキャンペーンを開始しました。外務省は非公式ながらただちにこれに介入し、慎重さに欠ける新聞人を沈黙させました。

実際は、この協約は強制力を失いながら、言ってみれば似通った理由から、両国ともに協議することもなく、はっきりと廃棄通告はしないほうがよいと考え、なおかつ廃棄しがたいと判断したのは、双方が協約に未練を残していることを示す証しであり、具体性を欠き内容空疎な外交的文言の裏に、ある心理状態、すなわち両国の本能的な接近の意思がこれを存続させたと言えるのです。日仏接近に関しては、最近の中国における事件のさいに、現実的効能があることがわかりました。

私は、この件についてはこれまでも報告のなかで何度となくご説明してまいりました。日本は、知的、政治的、外交的、科学的な理由から、ヨーロッパのなかに、同盟国ではなく〈通信相手〉を必要としています。このような役割を演じるのに、日本にとってフランスほど好都合な位置にある国はないのです。フランスの側も、極東においては多大な利権を有していながら、これを支える力はゼロに等しいと言えます。したがってフランスは、この極東の地域で力強い友人をもつことによって大きな利益があるのです。そして商売用語で言えば〈出入り自由〉（顔がきくこと）になるのです。この友が日本であってはいけないことがあるでしょうか。フラン金貨を巡る問題の解決にさいしては、日本の同情がどれほど価値あるものかがわかりました。

一方、わが同胞のなかには、仏領インドシナは隔絶した〈惑星〉のごときものであって、この崩壊しつつある世界、つまりアジアとはなんら関係がないと信じている人々がいるようですが、そんなことはありません。中国が舞台となっているボルシェビキの、あるいは愛国主義者の不穏な動き、あるいは広東《コワントン》の実験の成功[*2]は、いずれも外地にいるフランス人と無関係ではありません。フランスの軍事力の現状はきわめて劣勢で、朝鮮半島における日本のそれと似ています。フランスの安全保障をいっそう確固たるものとするには、フランスだけが現状の維持に関心をもっているだけでは不充分で、日本が現在私たちに示している友情が、経済協力にもとづくようにすることが大切です。

この種の政策が、イギリスやアメリカに不信感を抱かせるようなことはまったくありません。むしろその逆です。以前とはきわめて異なる状況において、フランスは、ふたつのアングロサクソン大国と日本のあいだで、再度なんらかの役割を演ずることができると思うのです。一九〇七年にイギリスとロシアの仲介の役割を演じたのと同じように。フランスは、日本と米英のあいだで和解と融和をもたらす調停役となり、太平洋でもロカルノ条約[*3]の精神を認めさせ、四大国間に見解と行動の一致をもたらすために、それが無理ならせめて相互の不信を払拭するために尽力するのです。フランスがこれをするのは不可能なことではなく、中国を巡る情勢を全面的に改善するうえで不可欠な条件なのです。この点で、現在は休眠状態にある一九〇七年の日仏協約が、あらたな政策を打ち出すうえで格好の手がかりとなりうるでしょう。

ポール・クローデル

★1 〔原注〕フランス外務省資料「フランスとの関係、一九二二―二九」(五九巻、分類五五九―二、一〇二号)

*2 〔訳注〕広東政府。中華民国の初期に、広東で四度樹立された反中央の地方政権。辛亥《しんがい》革命の指導者孫文《そんぶん》と国民党が、北洋軍閥に対抗して組織したものである。孫文は〈護法〉の旗印を掲げて広州《コワンチョウ》で中華民国政府(第一次広東政府、一九一七年九月―二〇年十月)を組織し、大元帥に就任した。孫文は西南軍閥の武力に頼り、西南軍閥は北洋に対決するために孫文の名声と〈護法〉の正当性を利用したのである。しかし、軍閥派が軍政府を総裁制に改組したため、孫文はそれに反対して一九一八年に大元帥を辞職、やがて広州を去った。

安直戦争の結果、段祺瑞の政権が崩壊すると、孫文はふたたび広州に赴いて中華民国正式政府

（第二次広東政府、一九二一年五月―二二年六月）を組織し、非常大統領に就任した。西南軍閥が陳炯明《ちんけいめい》を敗走させたあと、三たび広州に入った孫文は、前の大元帥職を継ぐという形で大元帥府（第三次広東政府、一九二三年三月―二五年六月）を組織した。このとき中央政府を抑えた直《ちょく》隷派《れいは》が約法と国会を回復したため、孫文はもはや護法を掲げず、また軍閥にも頼ることなく、国共合作にもとづく新しい革命をめざしたのである。孫文死後、大元帥府は委員制の国民政府（第四次広東政府、一九二五年七月―二六年十二月）に改組されたが、汪兆銘《おうちょうめい》を委員長とするこの政府は、国民党右派を排除した連合政府だった。広東政府は香港海員スト（省港ストライキ）の支援に象徴されるような民主的側面をもち、広州を国民革命の根拠地とすることに成功した。

なお、南京《ナンキン》政府に対抗した広東政府（一九三一年五月―十二月）は、国民党内反蔣介石派が組織したものである。

＊3 〔訳注〕ロカルノ条約：一九二五年、イギリス・フランス・ドイツ・イタリア・ベルギー・ポーランド・チェコスロバキアの各国代表が、スイスのロカルノに会して締結した中部ヨーロッパにおける安全保障条約。ドイツ西境の現状維持、相互不可侵、国際仲裁裁判などを約した。

東京の大司教の辞任★1

【一九二六年五月十四日】

数日前、東京のレイ大司教は、みずからの辞任を協力者の聖職者に告げました。大司教の辞任はかなり以前から予想されていました。その公式な理由は、つまりこの尊敬すべき聖職者の健康状態が優れないことですが、ほかにも理由はあります。だいぶ前から私は、彼を診察した同胞の医師から、レイ大司教には休養が必要であるとは聞いていました。

しかし辞任の理由はそれだけではありません。私が一九二五（大正十四）年のはじめにフランスに帰国したとき、すでに大司教が辞任することは望まれていましたし、決まっていたのです。彼には管理能力も権威もなく、信者の、ことに山本海軍大将を中心にしだいに数を増しつつある知識人の改宗者たちの信頼を勝ちとるまでにいたっていないと非難されていました。そのうえ、彼はまったく筆記をすることなく、彼宛に届く最重要の手紙にすら返事を書かないと言われています。さらに、フマゾーニ・ビオンディ前教皇庁派遣使節に対して彼が無遠慮に振舞ったことで、ローマ教皇庁はひどく気分を害していたのです。

私といたしましては、レイ大司教の辞任を惜しんでおります。彼は善良なフランス人であり、いささか物腰は乱暴ながら、率直さと生気に満ちた、わが国の最良の田舎司祭タイプの人物でしたから。

しかしながら、今日、東京大司教の座には田舎司祭タイプではない人物がつくべきです。他のアジアの国々と同様、日本におけるキリスト教布教の様相は一変しています。かつての布教は、貧困層あるいは階級から逸脱した人々、つまり社会の除け者に的をしぼって行なわれました。今ではその反対に、カトリックは主として日本社会の最上層の人々、つまり高級官僚、軍人、大学教師、学生、社交界の女性たちのなかから、信者をつのっているのです。この変化については、改宗者のなかに海軍大将、外務大臣、何人かの大使、外交官およびその妻子、旧大名、最高裁長官、医師、大阪商業会議所会頭などがいることを指摘するだけで充分でしょう。わが宣教師たちの教育あるいはその品位はじつに程度が低く、わが国における田舎司祭なみであるだけに、なおさらこうした改宗の出来事は驚くべきことです。

これはまず第一に、中等教育をほどこすカトリック系ミッションスクールの積極的活動の成果と見るべきです。マリア会の神父たち、サン・モール会、聖パウロ、サクレクールのシスターたちの運営する施設などです。[*2] 第二に、このところアングロサクソンの国々が反日的な態度をとっていることから、プロテスタンティズムに対する反発が生まれている、ということがあります。プロテスタンティズムは革命的であり、日本の伝統に反すると非難されました。そして最後に、仏教や神道といった従来の宗教が堕落し完璧さを失いつつあることに、思慮深い人々は不安と失望の念を抱き、また、苦しみ、不満をもつ人々を、たんなる習慣的権威よりさらに高い権威をもって導くモラルの規範をますます必要としていることがあげられます。清浦内閣が、さまざまな宗教団体の代表者を集めて一種の委員会をつくり、危機に瀕している宗教の現状について話しあうことにしたのは、このような不安からであり、必要に迫られてのことだったのです。大学や研究所、発電所の隣に狐の神を祀る神社（稲荷）を建てたり、あるいは子供たちが天照大神《あまてらすおおみかみ》や伊邪那岐命《いざなぎのみこと》・伊邪那美命《いざなみのみこと》を正史として学ぶといったことが、この先いつまでもつづくものではないことは明らかです。

　さて、現存のカトリックの布教団は、日本にあらたな宗教的モラルを築くといった重大な任務をなしとげられる組織ではないということを認めなければなりません。最近来日したばかりの一人を除けば、宣教師はいずれもインテリではなく、教養ある人々、あるいは科学や近代哲学の授業を受けている学生たちの質問に答えられないありさまです。十年ほど前から活動しているドイツ人のイエズス会員たちは、日本人の共感を勝ちとることができたようには思われません。また、何年も前から司教の座についているのは、日本という土壌をよく知らない人物、あるいは今現在なにが必要なのかわかっていない狭量な人物たちなのです。したがって、優秀な少数の宣教師グループは四散し、落胆のあまり任務を放棄する事態となっています。この人たちは一時期『メランジュ・ジャポネ』という名のすばらしい雑誌を発行していました。このグループのなかにはノエル・ペリがいます。

現在の状況は教会にとって深刻です。教会に必要なのは、経験と知性と権威という資質を併せもつ優れた人物です。そういう人物がいればすばらしい活動の場が開けるのです。東京の大司教は、日本国内のみならず極東全体に広く影響力を及ぼし、宗教にとって、そしてフランスにとって最大限の利益をもたらすこともできるのです。

したがって、その重要な任務にふさわしい人物を司教に選ぶことは、わが国にとってたいへん重要なことです。ローマから帰任したばかりのジャルディーニ教皇使節は、教皇庁には、パリ外国宣教会から東京をとりあげる意図はまったくなかったと、私に明言いたしました。しかしながら、あらたに管轄区域が切りとられるとか、あるいは先に述べましたように、イエズス会や北京《ペキン》のアメリカ人ベネディクト会のような別の修道会が導入される危険性はつねにあります。

東京の布教団はしかるべき人物を提供できるような状況にはありません。現在名前があがっているシャンボン神父は相応の資質を備えていません。長崎司教区には二人の候補がいます。神学校校長のグラッシ神父はすばらしい候補者ですが、残念なことに彼は少々耳が遠いのです。福岡の宣教師ジョリ神父は、優れた知性の持ち主ですが少々元気がよすぎて慎重さに欠けます。この二人はいずれも首都に住んだことがありません。

東京には、すばらしく有徳の人物がいます。こういう人物が必要なことは先に述べました。生来しっかり者で、まじめで、もの静かで、毅然としており、知名度のある人物、その人が運営する施設で学んだ一万二千人の生徒から敬意を表されている人物がいます。日本では教師は尊敬されているのです。それはマリア会の管区長、ヘンリック神父です。[*3]不幸にして〈布教団〉の規則では、司教区の管理を引き受けた修道会から司教を選ぶことになっています。望むらくは、教皇庁が特殊な状況を勘案して、ジャルディーニ教皇使節が教皇庁に示唆したように、ほかの点ではたしかに賢明なこのルールに例外を定めていただきたい。また、フランス政府がこの問題についてなんらかの行動をとることができるのなら、この方向で発言する労をとっていただきたいのです。

ポール・クローデル

追伸――高齢で病身、なおかつ部下に対する権威を欠く長崎のコンバス司教が、近いうちに交代させられる可能性があります。

★1〔原注〕フランス外務省資料「カトリックの布教、一九二二―二九」（五六巻、分類五五六―一―二、二〇号）

＊2〔訳注〕マリア会の運営する学校、暁星学園。サン・モール会の運営する学校、雙葉学園。聖パウロ会の運営する学校、白百合学園。サクレクールのシスターたちが運営する学校、聖心女子学院。

＊3〔訳注〕ヘンリック神父。一九二四年十二月十四日「カトリック布教団」の訳注2に詳述した。

宗教活動を監視する法案★1＊2

【一九二六年六月五日】

日本における宗教の規制を目的とした法案の検討が、文部省からひとつの委員会の手にゆだねられました。この委員会は、国会、枢密院をはじめ、大学、国内の宗教団体、キリスト教会の代表で構成されています＊3。この法案は、宗教活動に対する国の監視を強めることを目的としています。わが国なら、このように公権力が宗教に介入すれば問題になるでしょうが、この国ではそういうことはありません。これをきっかけに関係者が抗議することはあるでしょうが、一般の人々がこうした動きに反対するということはないのです。この違いは、極東における宗教および宗教観の特殊性から説明できます。

同法案の総則のなかに、法案の主旨が要約されています。

「特定の宗教教義を遵守することが秩序や大衆の安寧を乱す性格のものであるとき、あるいはその宗教が信者を国家の一員としての義務に背くの恐れありと認められるとき、監督官庁は公認の宗教としての当該宗教の信用を失墜せしめることができ、当該宗教に対し必要な変更を強いることができる。かかる宗教が信用を失った場合、あるいはその宗教の指導部が指示された変更を拒否した場合は、文部大臣は諮問委員会の意見を求めたうえで、宗教活動の許可をとり消すことができる」

国家転覆思想に対する妄想から、社会学的研究を監視する動きが起きていますから、おそらく今回の法案がつくられた背景にも、同じ妄想があると説明できるでしょうが、それ以外にも理由はあります。今日、大なり小なり既存の宗教を模範として、新興宗教が生まれてきており、それらがある程度の成功をおさめているのです。狂信的な文盲の老女がつくり、世渡り上手な男がこれを世に売り出した大本教《おおもときょう》*4が、世界大戦（第一次）中、一気に多数の信者を獲得しました。これはさまざまな宗教の要素をとり入れた神道系の新興宗教で、日本人の琴線《きんせん》に触れる素朴な国粋主義を色濃くもつものです。大勢の士官がこれに入信していますが、とりわけ戦争につきものの空気に乗じて広まったと思われます。政府はこれを憂慮したのです。大本教の信者たちによって、お粗末な迷信が広まっています。現在大本教の人気は下降ぎみです。奈良でもうひとつ別の宗教が起こりました。漠然とした一種の神智学で、日本のために、東洋と西洋の宗教の教義を合成しようというのです。こうした新興宗教の大半は、政府が公然と奨励している神道を基礎としています。

要するに、往々にして宗教心がないと見られている日本人が、やすやすと新興宗教を受け入れているのです。日本人は、こうした新興宗教の創設者に対しても、またその教義に対しても、強靱な批判精神を示すことはありません。このような状況にありますから、政府は、宗教活動を間近に監視する必要があると判断し、それがみずからの義務であると自負しているのだと思われます。しかしそれは思わぬ事態を招く可能性もあります。

あらたな法案は、仏教と神道に関して、きわめて広範囲にわたる監視の権利を政府に与えています。〈管長〉を任命するさいは文部大臣の認可が必要です。宗教の組織、儀式や宣伝に関しても国への届け出が必要です。仏教の僧侶はむろん、この法案が保護よりは監視を目的とするものであると判断しており、不承不承これを受け入れました。

キリスト教の教会が名指しで注目されている点はありません。「教会にはいくつかの宗派がある……」とこの法案には書かれています。先に述べた総則は、キリスト教の宗派とその聖職者にも適用されます。聖職者は二十歳以上で、高等教育を受けており有徳と評される人物でなければなりません。

新聞が注目しているように、この法案中、唯一の好都合な規定は、教会が所有する土地に対する免税措置です。また宗教団体は所得税も免除されます。これは日本に設立されるキリスト教会にとってはありがたいことです。だからといって、法案の根底に流れる精神が教会にとって危険なものであることを忘れるわけにはいきません。

ポール・クローデル

★1〔原注〕フランス外務省資料「カトリックの布教、一九二二―二九」（五六巻、分類五五六―一―二、一一八号）

＊2〔訳注〕当時の東京朝日新聞に、つぎのような関連記事が載っている。

一九二六年五月二十九日付「宗教法案（一）昨日文部省より発表、近く調査委員会へ付議、第一章・総則」。五月三十日付「宗教法案（二）第二章・教派宗派、第三章・教団」。五月三十一日付「宗教法案（三）第四章・寺院」。六月一日付「宗教法案（四）第五章・教会、第六章・罰則」。六月二日付「宗教制度調査初会議」「面倒となった宗教の定義」。六月四日付「昨日の宗教法問答、国民崇拝の的たる神社、宗教機関とは別」。六月五日付「神社と宗教の関係、宗教制度調査三日目」。

＊3〔訳注〕東京朝日新聞・一九二六年五月十四日付の記事から。

「宗教制度調査、委員発表さる、きょうの官報をもって」文部省では十四日付官報で宗教制度調査会会長、委員、幹事を左の通り発表した。

宗教制度調査会会長、枢密院副議長平沼騏一郎。同委員（氏名省略）――法制局長官、枢密顧問官、内務次官、大蔵次官、司法次官、文部官、文部参与官、文部省宗教局長、東京帝国大学教授（三名）、京都帝国大学教授、行政裁判所評定官、学習院院長、貴族院議員（六名）、衆議院議員（六名）、宗教団体代表（十三名）。同幹事――法制局参事官、文部書記官（四名）。

＊4［訳注］大本教：京都府綾部に本拠をおく神道系の宗教。出口《でぐち》ナオ（一八三六―一九一八）を教祖とする。ナオは一八九二（明治二十五）年突然神がかりし、世の中の建て直しを叫んだ。ナオは金光教の軒を借りて布教活動をつづけたが、のちに決別して大本教を独立させた。九八（明治三十一）年、上田《うえだ》喜《き》三郎《さぶろう》（のちの王仁《おに》三郎《さぶろう》）と出会った。彼は一九〇〇（明治三十三）年、ナオの後継者である五女のすみと結婚、教義の体系化・組織化を進めた。庶民を不幸に追いやる戦争を強く否定しつづけた。二一（大正十）年と三五（昭和十）年に、大本教は政治権力から弾圧を受けた。

東久邇宮について★1＊2

【一九二六年六月十三日】

一九一九（大正八）年、東久邇宮《ひがしくにのみや》は軍事と絵画の勉強をするべく、フランスに向けて旅立ちました。軍事のほうはまもなく放棄されました。われらの賓客には美術修行のほうがより興味があったようで、さほど上達したとは思えないのですが、熱心にこれにとりくまれていました。宮が、いかなることがあろうと日本へ戻ろうと思わなかったのは間違いありません。それは、ここ日本で、不幸な殿下たちが送っている捕虜のごとく隔離された生活ぶりを知っている者からすれば、驚くにはあたりません。こうした状態から脱出できた幸運に酔いしれ、車のスピードを出しすぎた北白川宮《きたしらかわのみや》は、三年前、フランスの路上でかたわらの木に激突し、頭を打って亡くなりました。東久邇宮もまたみずからの悲しい運命から逃れたのです。彼は〈脱獄〉することに執念を燃やさなかったとしても、ふたたび牢獄には戻るまいと固く決意したのです。二年前、東久邇宮のもとに妃殿下が送られたのですがむだでした。彼は妃殿下を一人で帰国させました。大震災のさいに子息の一人が亡くなりましたが、それすら彼に家族への愛情を呼び戻させることはできませんでした。

今年になって、皇室は彼のもとにご学友の一人、町尻《まちじり》大尉を派遣しました。数日前、東京に戻った大尉が、私どもの大使館付駐在武官に内密に語ったところによりますと、宮に帰国をうながした彼は、断固たる抵抗にあったそうです。東久邇宮はテニスやゴルフには興味がなく、フランス人であれ日本人であれ家に客を招くこともせず、日がな一日、絵を描いているようです。東久邇宮にとっては〈自由〉のみが優しい恋人なのでしょう。なぜなら殿下は、〈自由〉のライバルとなるような女性たちと知り合いになりたいとは思っていないのですから。*3

ポール・クローデル

★1 〔原注〕フランス外務省資料「天皇制と皇室の問題、一九二三―二六」（四九巻、分類五五一―二、一三〇号）

＊2 〔訳注〕東久邇宮稔彦王（一八八七―一九九〇）。久邇宮朝彦親王の第九王子。一九〇六（明治三十九）年東久邇宮家を創設。陸軍士官学校卒。一九二〇（大正九）年からフランスに七年間留学し、自由主義の気風を身につけた。敗戦直後の四五（昭和二十）年八月十七日首相、組

閣後二か月で総辞職。一九四七（昭和二十二）年宮号廃止。
＊3〔訳注〕東久邇宮は、大正天皇崩御の報を受けて帰国の決心をされたことが、東京朝日新聞・一九二六年十二月二十七日付夕刊に書かれている。

日本におけるイタリア・ファシストの宣伝活動★1

【一九二六年六月十五日】

イタリア大使館の若き書記官コッタファビが、日本の青年たちにファシズムの優れた点と〈自由〉の不都合な点を説くための講演会を開きました。ジャーナリストから外交官になった人で、ファシストのシンボルの黒シャツを得意気に着てみせるといった人物です。彼はつぎのように述べて雄弁なスピーチをしめくくりました。これは間違いなく、日本の当局、およびソビエト大使に強烈な印象を与えたはずです。

「今日、世界のすべての国々にとって取る道はもはやふたつしか残されていません。モスクワの道すなわち民衆を煽動する独裁主義共産党の道か、さもなくば、ローマの道すなわち国民に優しいイタリア・ファシストの道です」

その何週間か前、ムッソリーニ氏が日本の青年に向けてメッセージを送っていたのですが、日本の聴衆にはそれが差し迫った重要な呼びかけだとは受け止められませんでした。というのも、イタリア大使が、ある会合で善意の聴衆を前にしてこれを読みあげたのですが、不思議なことに、その会合の費用を出したのが、新しくできたビール醸造会社の経営者だったのです。したがって、国としてのファシストの宣伝とビールの宣伝とが交互に入れ代わるものですから、かの雄弁家の情熱的な声明が、健康的でさわやかな雰囲気につつみこまれてしまいました。

その後しばらくして、デラ・トッレ・ディ・ラヴァーニャ伯爵が、外務大臣と外務次官に大十字章とイタリア国家グラントフィシエ章を授与しました。イタリア・ファシズムは日本にまで勢力を広めようとしていると考えるべきです。軍事的あるいは経済的にこれを広めるというのではないにしても、少なくとも思想のうえでは、それを狙っていると思われます。

こうした宣伝活動が大成功をおさめるかどうかは疑わしいと私は見ています。なぜなら、日本人にナショナリズムを説くことは、イギリスの諺にあるように、ニューカッスルに石炭をもっていくようなものだからです。[*2] 反動的な国粋主義団体は国内にたくさんありますが、大学卒の若者に職を提供し、農民に土地を与え、男女の労働者たちがより人間的な扱いを受けられるようにすることが、彼らにできるわけではありません。いわんや、ボルシェビキの人々に、それができるわけがありません。しかし、少なくとも彼らは言葉のうえでそれを約束しています。

イタリア・ファシズムはまた、自国の官僚たちを厳重に監視しています。大使館参事官のナニ・モチェニーゴ伯爵は、独裁者ムッソリーニを熱烈に支持しているわけではないと公言していたのですが、ストックホルムで公使を務める彼の兄弟ともども、首になってしまいました。

ポール・クローデル

★1［原注］フランス外務省資料「海外政治、一九二二―二六」（五六巻、分類五五八―一―二―三、一二八号）

＊2［訳注］ニューカッスル（石炭輸出で有名なイングランド北部の港町）に石炭をもっていく＝余計なことをする。

大使館通訳部の日本人助手の死★1

【一九二六年八月二十三日】

大使館通訳部の日本人助手、今村和平《いまむらわへい》*2が、痛ましい姿で死亡したことがわかりました。この件について、私は閣下にご報告する義務があります。彼はカトリックに改宗した著名な司法官の子息で、貴族の家柄、暁星学園で得たフランス語の知識を生かしてフランス大使館の通訳補佐の職を得、七年間我々に協力してきました。十五年前に結婚し、四人の子供の父親です。あまりぱっとしたところはなく、従順ですが活発さに欠け、怠惰で、有能とは言えません。最近まではとくに彼に対して苦情を言う者はいなかったのですが、しばらく前から彼の振舞いにムラが見られるようになりました。彼はある女性、勝俣たつと知り合いになっていました。この女性は、求人広告を見て三等書記官の家にメイドとして雇われた者です。まもなく今村はこの女性と親密な関係になりました（日本の新聞はこの女性が大使館で働いていたと報じていますが、それは誤りです）。

複数の情報によれば、勝俣たつはそもそも海千山千の女で、夫と共謀して売春とゆすりを働いていました。今村は自分の家に彼女を引き入れ、しばらくのあいだ、彼女と生活していました。ある日突然、七月十四日の何日か前のことですが、彼女は置き手紙を残して今村のもとを去りました。その手紙には、自殺するつもりだと書かれていたのですが、未遂に終わりました。服毒したものの致死量に達していなかったのです。今村は七月十四日に、こうしたことをボンマルシャン*3に打ち明け、女が死んだと嘘をつきました。二十日に彼は行方をくらましました。

新聞は、暁星学園時代の友人が頭取をしている銀行、織田信託会社の好意につけこんで、彼が、公債を買うと言って二万六千円の手形を渡したが、それが不渡り手形であったと書きたてました。今村は、ある大使館職員がフランの下落に恐れをなし、投資したいと言っているとだましたのです。信じられないほどの軽率さで、この銀行は言われたとおりに証券を送り、今村はその代金を小切手で支払いましたが、すぐに不渡りであることが判明しました。

つづいて起きた事件については、新聞と警察からは、ところどころ矛盾する大雑把な情報しか入手していません。いくつかの情報では、今村と愛人の勝俣たつは、横浜から数十キロ離れた大衆的な温泉町の熱海で何日かを過ごしたのだろうということです。別の新聞には、彼らは長野県の別所温泉と山形県の温海《あつみ》温泉に行ったのではないかと書かれています。いずれにせよ、七月二十九日には彼らが神戸に近い鳴尾《なるお》村という寒村にいた形跡があります。夕方の四時に今村は、同地で小型の漁船を漁師から借りています。翌朝、沿岸航行汽船の持ち主が千円の公債十五枚の入った彼のトランクを見つけたのです。ほぼ同時刻に、大正村の漁師の引きあげた網のなかで今村と愛人の遺体が発見されました。彼らはよく知られた〈心中〉の儀式どおり、赤い紐でたがいを結びつけていました。今村夫人は八月十日に現地の警察署に行き、二人の遺体を確認しました。

この事件にはいくつかの謎があります。まず第一に、二人が自殺したのは七月二十九日のことなのかどうかがわかっていません。警察は八月七日にボンマルシャンに、今村の消息についてなんの情報も得ていないと答えています。さらに理解しがたいのは、新聞がこの事件について報道しないよう命じられ、十七日になってようやくその規制が解けたということです。また、見つかったトランクと公債の話も奇妙です。残りの証券はどうなったのでしょうか。今村は、受けとったはずの金をどうしたのでしょうか。彼が投宿していた鄙《ひな》びた宿で、何日かのうちに大金を使いきるのは難しいにちがいありません。大半が愛人の夫の手に渡ったと考えるべきでしょうか。それはありそうもないことです。さらに、警察が私の質問に気乗りのしない様子で答えたのに驚きました。織田信託会社はと言えば、私が事情を聞きにやらせた職員を門前払いしたのです。いったん沈黙が解けたはずの新聞はまたしても黙ってしまいました。

ボンマルシャンが語ったところでは、今村はかなり前から警察と関係があり、しばしばその密使の訪問を受けていたらしいのです。警察がなにかを隠そうとし、一人の警官が行方不明になっていることを隠そうとしているのは、このことと関係があるのかもしれません。

私は、今村の後任に専任通訳を雇って、大使館の内部の様子が日本の警察に筒抜けになるようなことをするつもりはありません。私には隠さなければならない秘密などまったくありませんから、警察に覗かれても害はありませんが、とは言っても不愉快かつ迷惑千万なことであり、そのことで危険な事態が容易に起こりうるかもしれません。私は今後、日本語でやりとりしたり、情報を集めねばならない場合には、大使館に専用の部屋をおかず、必要に応じて来てもらう臨時雇いに頼むことにいたします。これなら今村に払っていた給料の半分を節約することができるでしょう。したがって、私は月百円の人件費でしかるべき通訳を雇うことができるものと考えております。

個人的なことですが、今村は私が頼んだ支払いをしませんでしたから、彼には百二十円の貸しがあります。

ポール・クローデル

★1［原注］フランス外務省資料「外交スタッフ、駐在武官、海軍、貿易、航空担当官、一九二二—二九」（四六巻、分類五五〇—四—八、二号）。『日記Ⅰ』七三〇ページ。

＊2［訳注］都新聞・一九二六年七月二十八日付につぎの記事がある。「仏大使館員（今村和平）が三万円を詐欺、不渡手形で織田信託会社から、情婦（勝俣たつ）と行方をくらます……」

＊3［訳注］ジョルジュ・ボンマルシャン：駐日フランス大使館通訳官を長く務めたフランス名誉領事。日仏協会、日仏会館の古くからの会員。井原西鶴《いはらさいかく》の『好色五人女』の仏訳をはじめ、日本の古典文学の翻訳紹介などいろいろ発表している。

演説★1

【一九二六年九月四日】

国民にとっても、あるいは個人にとっても、〈よいアイデアをもつ者〉には未来が開かれます。世界の両端に位置するフランスと日本には、アイデアを生みだし、これを実現へと導く者の役割が与えられていると思われます。あまりにも長いあいだ、離ればなれになっていましたが、両国は今、たがいに関心をもち理解しあいたいと考えています。かつては、日本の芸術を研究することで、フランスの芸術や文学に真の革命がもたらされました。今日、フランスにおける思考の分野には、それをよく知れば、日本人が関心をもつようなことが起こっていることは確かです。したがって私は、パリを東京によりいっそう近づけるためにあなたがたがしておられる努力を、心からの共感をもって称賛いたします。

ポール・クローデル

★1　［原注］手書き原稿「PXB・日本」。この文章には日付はあるが、その他の記載がない。いかなる機会にこの演説がなされたのかを知るのは困難である。八月末から九月はじめにかけて、大使が中禅寺湖に滞在したことは、日記に「九月八日に東京に戻る」と記載されていることからわかる（『日記I』七三一ページ）。

一九二五（大正十四）年における日本の人口増加★1

【一九二六年九月九日】

内務省が最近発表した統計によりますと、日本の人口は一九二五年には八十七万五千三百八十五人という驚くべき増加を示し、一九二四（大正十三）年の増加数にくらべて十三万一千八百十一人多くなりました。この数字には純粋な日本人しかふくまれていません。台湾と朝鮮をふくめた総数は、死亡百二十二万二百二十二人に対し出生二百十万七千四百三十七人で、八十八万七千二百十五人の増加です。一九二四年には一・二パーセントであった増加率が、一・四パーセントになりました。ヨーロッパでこれ以上の増加率を示しているのはオランダだけです。台湾と朝鮮を除くと、死亡百二十一万七百六人に対し、出生は二百八万六千九十一人です。死亡者数の減少よりも新生児の増加が上回っていることが、一九二五年の人口増の原因となっています。総新生児数のうち、百六万八百二十七人は男児で、百二万四千二百六十四人が女児です。最近のある新聞には、なんと「東京で一時間に七人の子供が生まれている！」と書かれていました。

日本政府にとって、このような数字は、大問題であるばかりでなく緊急の課題となっています。現在のイタリアと同様の問題をかかえているのです。今ですら、ひしめきあっている人口が、こうした新参者で年々ふくらんでいく状況に対して、日本政府はいかなる対策を講ずるのでしょうか。この帝国の国土の大半は山岳地帯で、耕作に適さず、平野部と海岸線は可能な限りぎりぎりまで利用されていることを忘れてはなりません。すでにこの人口過剰の影響は痛いほど感じられます。

三年前、大震災のあとで、妻の指揮のもとに大使館に診療所施設を開きましたから、私は東京の貧しい住民を間近に見ることができました。なんという悲惨な光景だったことでしょう！　なんと発育の悪い、不健康な人々だったことでしょう！　一杯のスープとひと盛りのご飯を、すばらしいごちそうだと言うこうした人々の多くは、ふだんは腹いっぱい食べたことがないのです。子供たちは卵や牛乳の味を知らないのです。米でさえ彼らには手が届きません。米よりまずい雑穀の粥《かゆ》で我慢しなければならないのです。

安南《あんなん》（ベトナム）や中国と同様に、産児制限はまったくなされておらず、半人前の人間が生まれるにいたっています。

このような現実を、日本人はできるだけ外国人に隠そうとしています。この民族の微笑みと勇敢な忍耐力によって、そうした現実をどうにか隠しおおせてきたのです。しかしながら、人口が過剰であるために、機械のたぐいばかりか動物すら使う必要がないのですから、当地では上海《シャンハイ》地区と同様の悲惨な光景が見られます。もうひとつ目につく現象は、農民の不満がつのっていることです。彼らはもはや自分の所有するわずかな土地だけでは生きていけないのです。

一方、日本では、中国のような飢饉《ききん》や頻発する洪水や内戦には見舞われていません。中国では、そうしたことが、おびただしく増えつづける人口に〈有益〉と言いたくなる穴をうがち、人減らしに貢献しているのです。これとは逆に日本では、平和で、充分でないとはいえ衛生的になったこと、高い行政能力、過去には一般的であった中絶が行なわれなくなったこと、などによって死亡率が減少しています。

こういうしだいですから、打開策が模索されました。しかしながら、結局、姑息な手段しか思いつきませんでした。

第一は移民です。しかし日本人の言う〈移民〉は、ヨーロッパ人の考えるような〈移民〉ではありません。おそらく日本人は気候のよい国々、すでに土地が用意されている地、たとえば、カリフォルニアとかオーストラリアなどへは喜んで行くはずです。だが、日本人は開拓者ではありません。寒さにも暑さにも耐えることはできません。アジア大陸に向かえば、彼ら以上にたくましく頑健で、劣悪な環境に慣れた民族と競争せねばならないのです。ブラジルはせいぜい年間数百万人の移住者を吸収しているにすぎません。

第二の解決策は、国内の未開発地の開拓です。たとえば北海道や高原地帯です。政府は現在この点に力を注いでいます。最近になって、日本の〈移民政策〉に根本的変化があったというでたらめなニュースが流れた由来はそこにあります。これはイギリスやアメリカの新聞に掲載され、しかも唖然とするような非常識な解説が加えられていました。政府は、一九二七（昭和二）年度における北海道および朝鮮開発費として、多額の予算を計上しました。朝鮮には、将来、この島国日本の農民が大挙して移住する余地は残されていません。北海道には、あらたに二百万人の移住者を受け入れるとの計画が立てられました。つまり、通常の年の三年分の人数を移住させるというのです。経済の専門家たちは、ドイツ、ポーランド、ルーマニアの例にならって、五百ヘクタール以上の大規模な農地の分割をすべきであると言っていますが、それをしたとしても根本的な解決策とはならないでしょう。

第三の解決策は、産業の振興です。しかし、この点でも将来の見通しには限界があり、日本は極東の市場において、資源に恵まれず、孤立しており、職業教育も劣っていますから、競合する国とくにアメリカと対等にやっていくのはきわめて困難でしょう。

また時折アングロサクソンの推進者が推奨している〈産児制限〉の実践という方法もあります。これまでのところ、この宣伝活動はまったく功を奏していません。

最後に残る方法は、政治家や道徳家が推奨する方法です。生活を切りつめることです。新聞には、日本人の贅沢な習慣を戒める表現がしょっちゅう見られます。しかしながら、日本の人たちが、わが同胞のトマ・ローカが『御遠足』[*2]のなかで才気たっぷりに嘲《あざけ》っている〈土産《みやげ》〉や贈り物といった贅沢な、そして子供じみた習慣なら、優先的に制限することができるにせよ、あるいはまた、ひどく貧しい藁葺《わらぶ》き屋根の上にラジオのアンテナを見て驚くにしても、女性の衣装に分不相応な金が使われているにしても、だからといって私たちは、日本の平均的な人々、残飯を食べ、火鉢のふたかけらの炭で暖をとり、木綿のぼろをまとっている人々に対して、サルダナパロス王[*3]のような放埒な生活をしていると非難することなどできないのです。このような政治家の要求は、残酷な皮肉というものです。

要するに、問題は、未解決のまま残されており、西欧と同じく極東においても、日に日にその深刻さの度合いを増して、存在しています。

ポール・クローデル

★1［原注］フランス外務省資料「経済情勢、一九二二―二九」（七〇巻、分類五六一―一、一七一号）

＊2［訳注］『御遠足』：日本風俗を戯画的に描写した小説。観察者が異国の魂と相通じえた一例で、かくのごときエキゾチズムの成功は、ラフカディオ・ハーンらの場合に比せられるものである。しかし、この小説の邦訳は、時の日本軍部により、国辱作品という理由から発禁になった。

＊3［訳注］サルダナパロス王：伝説上の最後のアッシリア王。放蕩の限りを尽くした暴君として知られ、その最期にあたっては、寵妃、侍者、財宝もろともみずから宮殿に火を放って死んだと伝えられる。後世しばしば作品化され、とくにバイロンの戯曲『サーダナパラス王』やドラクロアの『サルダナパールの死』は有名。

〈ニール号〉の遭難者の墓前で行なったスピーチ★1

【一九二六年九月十五日】

日本は、生者に対して親切であるのみか、死者に対しても思いやり深い国であります。日本は、たまさかの嵐に遭遇し、岸に打ちあげられた外国人の遺骸を手厚く葬り、その思い出に敬意を表します。下田町の方がたは、一八七四（明治七）年〈ニール号〉の遭難で死亡した三十一人のフランス人船員のことを、私に思い出させてくださいました。おかげでドーベ艦長、フランス郵船会社（MM）支配人、〈アンジェ号〉船長、そして私は、死者に対して心からの敬意を表し、この遠来の先駆者たちを思い出すことができました。彼らと日本との親密な関係に終わりはないのです。私は、下田町長の鈴木《すずき》寅之助《とらのすけ》氏と、三坂《みさか》村長の黒田《くろだ》孝三《こうぞう》氏に感謝申しあげます。

私どもは、日本人の死者のかたわらで、同じ墓地で、太平洋の同じ波の音を聞きながら眠っているフランス人の死者たちを、当地のみなさまにこの先も預っていただきたいと願っています。彼らの安らかな存在が、みなさまのなかにあって、遠い過去に日本が外国の船乗りに港を開いたときから日仏両国を結びつけてきた、変わらぬ友情の証しとなってくれることを願っております。[*2]

★1 ［原注］手書き原稿「PⅨB・日本」。『日記I』七三二ページ（一九二六年九月十四日）および本外交書簡集一九二六年十月四日の一八四号「瀬戸内海周航・フランス語の普及」参照。

＊2 ［訳注］〈ニール号〉遭難碑は、南伊豆町入間の海蔵寺内にある。

外交史料館史料〈五・一・八・二―二〉のなかに、一九二六年九月二十日、静岡県知事・伊藤喜八郎より内相、外相、警視総監、神奈川県知事に宛てたつぎの書簡がある。

「仏国大使来県の件。仏国大使ポール・クローデル他十五名。明治七年三月二十一日、管下賀茂郡三浜村入間海岸において遭難せる仏国郵船〈ニール号〉乗組員中溺死せる三十一人は、当時同地海蔵寺墓地に埋葬しありたるを、今回右仏大使〈ポール・クローデル〉他一行は展墓のため本日十五日同国軍艦〈マルヌ号〉に便乗、同日午后一時管下下田港に入港し、下田及その他付近有力者及青年団・中等学校及小学校生徒らの出迎えを受け、同所より自動車にて前記墓地に至り、下田町長その他付近村長数名列席の下に、午后二時半より海蔵寺住職加藤銀峯他十名の僧侶により読経追悼を行い約一時間にて終了。休憩後午后五時同所を出発、午后六時下田港に至り前記歓迎者見送りの下に〈マルヌ号〉に便乗の途に就けり。右及申（通）報候也。

記　クローデル大使、同令嬢、大使館付海軍少佐ロザチ、同夫人、大使館付一等書記官ボンマルシャン、横浜駐在仏国領事ドベルフォン……［以下省略］」同行の令嬢は次女レーヌである。

朝日新聞一九九九年九月十一日「掘ればザックザク?明治の宝船ここに。郵船ニール号・伊豆半島沖船体を確認」と題する記事あり。明治初期（一八七三）欧州で開かれた万国博覧会に出店した日本の文化財（純金の茶釜など）を積んで帰国途中、伊豆半島沖で沈没したフランスの郵船ニール号の船体の一部が見つかったことが記されている。

政府の危機の噂★1

【一九二六年九月二十九日】

日本の国会は、年のはじめの三カ月間しか開催されません。それなら、内閣は長期にわたる休会のあいだはなにひとつ憂慮すべきことがないのだろうと思われがちですが、そうではありません。なぜなら、野党はつねに目を見開いており、内閣を辞職させるためにあらゆる事件を利用しようと手ぐすねを引いているからです。内閣はみずからが世論に対し〈面目を失った〉と思えば引きさがるしかありません。これが日本人の考え方です。

とくにこの夏の情勢は、ふたつの野党、政友会と政友本党にとって、政府を攻撃するうえで格好の材料がそろっているように思われました。

政権を握っている憲政会の議席数は、衆議院で過半数をわずかに上回っているだけです。さらに同党は、さる一月、精力的かつ睨みのきく総裁、加藤（高明）伯爵の死去によって骨抜きになりました。後継者の若槻氏はその資格をもつにはほど遠い人物です。

こういうしだいで、内閣に対する徹底攻勢が開始されました。内閣を貶めるためならいかなる材料を使ってもよいと考えられました。政府は、政治家と官僚が巻きこまれた大阪のスキャンダルの一件で非難されています。大阪にある遊廓地を街の周辺地区へ移転するについて、彼らが多額の現金を受けとったというのです。[*2] つぎに政府は、さる八月に長野県で起きた暴動の件でも叩かれました。長野県は、経済的理由から県内各地にある約二十カ所の警察署を廃止しました。農民たちはこの措置によって自分たちに被害が及ぶとして、知事の家に押し入り、彼をめった打ちにしたのです。[*3] 彼らに道理をわからせるには、軍隊を出動させなければなりませんでした。同県の小競り合いから派生した衝突は、政府が二カ月以上、この事件について報じることを新聞に禁止したために、さらに拡大しました。

しかし、野党が政府を貶めるのにもってこいの〈武器〉になると喜んだのは、朴烈《ぼくれつ》怪写真事件[*4]です。朴烈は朝鮮人ですが、日本人の愛人とともに皇族を爆弾で狙ったという容疑で逮捕されました。写真好きの予審判事が、獄中にいる彼らの写真を撮ろうとしました。ところがシャッターがおりる瞬間、愛人が朴烈の腕のなかに飛びこんだものですから、写真には二人が抱擁しあっているところが写されました。一枚が朴烈に与えられ、彼はそれを人を通じて監獄の外へもちだすことに成功し、彼の同志たちは急遽この朝鮮人革命家を称えた小冊子の冒頭にその写真を掲載したのです。

野党はすぐさま、それ自体はとるに足りないこの事件に乗じました。野党はまず、このような重罪人に対しては、厳罰が適用されてしかるべきだったのに、囚人を優遇したとして、政府を非難しました。さらに、野党各党は結束して、二人の死刑宣告後、政府は摂政殿下に寛大な措置を言上したほうがよいと考え、殿下もまた死刑を終身刑に減刑することに合意したのだが、これほどの罪は当然死刑に相当するものであり、したがって政府のやったことは、天皇に対する裏切り行為であると攻撃しました。

野党は、国会の会期の前に皇室をこの事件に巻きこみ、内閣辞職に向けて世論を喚起しようと思ったわけです。

しかしながら、この術策は逆効果を生んだように見えます。先入観のない人々が、皇室までこの一件にかかわらせたとして政友会を激しく非難し、若槻内閣が天皇に対して裏切り行為を働いたという疑惑を洗い流したのです。野党が期待していた報道キャンペーンは失敗に終わりました。そうこうするうちに、政友会によって喚問された原告側の証人数名が、同党から金で雇われていたことが発覚しました。

それゆえ、若槻内閣は野党から辞職を迫られたものの、当面、自殺行為はとらず、国会の開会を待つことにしたようです。つぎの国会では与党が少数党になる可能性があります。その場合、若槻氏は議会の解散を宣言し、あらたな選挙を行なうことを決めています。しかしながら、あらたな選挙法が施行されて以来、有権者の数は一千万人近く増加しましたから、選挙の結果、国会議員の顔ぶれに大きな変化が生ずることは間違いなく、となると、政友会と政友本党が、みずからの頭上に〈解散〉というダモクレスの剣[*5]を吊るしている政府を倒そうとするかどうかは疑わしいと思われます。わが身の命取りになりかねませんから。とはいえ、最近起きた長野の騒擾事件[*3]に関する対応ぶりを見れば、若槻氏は解散へ向けて断固たる準備をしていることがわかります。

ポール・クローデル

★1〔原注〕フランス外務省資料「国内政治、一九二五―二七」(五二巻、分類五五五―一―二、一八一号)

＊2〔訳注〕松島遊廓疑獄事件。大阪市の遊廓移転に伴う収賄事件。市の中央にある松島遊廓を、都市対策と風紀対策のうえから移転させるにつき、ある土地会社が、一九二四(大正十三)年十二月、立憲政友会幹事長岩崎勲《いわさきいさお》、憲政会幹事長の箕浦勝人《みのうらかつんど》らにその運動の斡旋を依頼し、その業者から、岩崎は二十万円、箕浦は五万円を収賄した。二六年一月、この件を暴露する文書が政界報道関係に配付されて大問題となり、衆議院でとりあげられ、岩崎・箕浦らは起訴され、この年の十一月、首相若槻礼次郎も尋問を受けるほどに事件の波紋は広がった。二七(昭和二)年、大

阪地裁は箕浦ら三人に無罪、業者と政界人の仲介人を務めた弁護士平渡信に懲役一年六カ月の判決を下した。なお、岩崎は病死により公訴権が消滅した。

＊3［訳注］長野の騒擾事件：「警察署廃止問題から長野全市に大暴動起る」一九二六年七月十九日付、都新聞。「長野県下の騒擾は現内閣の責任問題、政友会が近く倒閣の新運動を起す」同七月二十日付。「長野事件で政友会が政府を攻撃」同七月二十九日付。「梅谷長野県知事いよいよ退職と決定」同七月三十一日付。「廃止警察署の復活を内相に陳情」毎日新聞・七月三十一日付。

＊4［訳注］朴烈怪写真事件（朴烈事件）：在日朝鮮人無政府主義者、朴烈（一九〇二―七四）と妻、金子文子《かねこふみこ》（一九〇四―二六）が、一九二三（大正十二）年、天皇・皇太子暗殺を企てたとして、二六年死刑判決を受けた事件。および東京地検で取調べ中の両人の抱擁写真が流布され、政治問題化した事件。

＊5［訳注］ダモクレスの剣：ダモクレスは紀元前五―前四世紀の人で、シラクサの僭主《せんしゅ》ディオニュシオス一世の廷臣。あるとき一世の権勢と富を称えて、この世でいちばん幸福な人間であると称賛すると、一世は彼を豪華な食事に招いた。美少年にかしずかれて席に着くと、彼の頭上には鳥の毛で結ばれた鋭い剣が天井から吊るされていた。支配者の幸福にはつねに危険・不安が伴うことを示したものだが、ここから、歓楽のなかにもつねに身に迫る危険のことを〈ダモクレスの剣〉と言う。

瀬戸内海周航・フランス語の普及★1

【一九二六年十月四日】

二年のあいだ、中国の近海で激しい戦闘に従事した〈マルヌ号〉の乗組員に息抜きをさせるべく、バジール海軍大将はこのアビゾ級護衛艦（近海用対潜攻撃艦）を日本に派遣してきました。彼は、同艦が瀬戸内海のいくつかの港に寄港し、フランス国旗を掲げて見せるという任務を私にゆだねました。瀬戸内海では長年にわたってわが国旗が翻《ひるがえ》ることはありませんでした。バジール海軍大将の配慮により、私はこうして日本の歴史的なそして経済的な中心地である瀬戸内海で、すばらしい旅行をすることができました。この旅は楽しかっただけではありません。私は日本人とあらたな関係を結ぶことができ、またつぎのような興味深い事実を発見できたのです。横浜や神戸ではフランス船が人目を引くということはありません。ところが高松や尾道では、フランス船の来航は大事件です。人々は好奇心をむき出しにし、噂が遠くまで広がるのです。

私どもの旅行は、伊豆半島先端の下田の小さな港から始まりました。一八七四（明治七）年に恐ろしい事故が起きたところです。フランス郵船会社（MM）の定期船〈ニール号〉が、岩に激突して沈没したのです。その岩をこの目で見てきました。救助されたのは三人だけでした。船長、郵便物管理官をふくむ三十一人の遺体は、その遭難事故以来、三坂村の小さな墓地に眠っています。地元の当局からは再三にわたり記念式典への招待を受けていました。アメリカ人船員の慰霊のためにも最近、同様な式典が行なわれました。下田は初の外国人外交官、タウンゼント・ハリス[*2]という名のアメリカの公使が逗留したところです。しかしながら、私は仕事のため招きに応ずることができないでいたのです。

私は、〈マルヌ号〉来航という好機を利用して、九月十五日、東京大司教、横浜のフランス領事、通訳、フランス郵船会社（MM）の支配人、たまたまそのとき横浜にいた定期船〈アンジェ号〉の船長とともに下田に赴きました[*3]。すばらしい歓迎でした。消防士からボーイスカウトにいたる人々が、私たちに敬意を表すべく動員されたと言っても過言ではありません。当地の僧侶たちが経を唱え、ついでわが同胞たちを記念して建てられた巨大な石のピラミッドの前で、レイ大司教がカトリックの祈りを捧げました。そのあとで、私たちに茶菓が振舞われ、プログラムによれば〈生者および死者の霊を慰めるための舞〉が供されました。〈マルヌ号〉の艦長や士官たちも私のあとにしたがって参列し、このとき初めて日本人と接触したわけですが、彼らに示された礼儀正しさと死者に対する敬愛の念にふれ、好ましい印象を受けたようです。

つづいて訪れた日本の三つの大きな島（本州、四国、九州）のいたるところで、私たちは同様の歓迎を受けました。摂政殿下がその直前に訪問された庭園、また黒い城でも名高い岡山、高松に近い海の守り神を祀る一宮として有名な金比羅《こんぴら》宮《ぐう》、尾道、宮島、別府[★4]で大歓迎を受けたのです。どこでも市や町の役人が私たちに丁重な挨拶をしにきましたし、いずれの地でも通りには旗が飾られ、児童が私たちを出迎えるために動員され、私たちの訪問と小旅行に便宜が図られました。乗組員といえどもなおざりにはされず、ちょっとした土産、ビール、煙草、絵葉書などをもらっていました。私は、浅利三朗県知事が高松で催してくれたレセプションがとりわけ思い出深いです。知事はこのたび朝鮮副総督に任命されました。

これほどの遠隔地においてすら、フランスに関する知識や学習の影響が見られました。三原にある軍の学校では、ドイツ語にかわってフランス語が外国語課目とされていると聞きました。糸崎[★5]（広島県）では、わが国の言葉を独学で勉強しているという学生の訪問を受けました。この人は私にサインしてもらおうと、私の著書一冊を手に十二キロの道のりをやってきたのです。別府市では、若者のあいだにフランス語を学びたいという欲求が広く見られると、当局の人が私に教えてくれました。近隣の福岡の大学に新任のフランス語教師ボノーがまもなくやってきますから、ある程度は別府の若者に満足してもらえることでしょう。

帰路、私は神戸に立ち寄り、フランス領事やリュエラン（日仏会館研究員）とともにいくつかの公式の会合に出席しました。比叡山に開設予定のフランス語の夏期講座を準備するために招集された会合です。この件につきましては、近日中により詳しい報告を差しあげます。

ポール・クローデル

★1［原注］フランス外務省資料「フランスとの関係、一九二一―二九」（五九巻、分類五五九―二、一八四号）。『日記Ｉ』（ガリマール書店刊・プレイヤード叢書、一九六八―六九）七三二―七三三ページ。

＊2［訳注］タウンゼント・ハリス（一八〇四―七八）：アメリカの初代駐日総領事・公使。一八五六（安政三）年下田に来航、玉泉寺を総領事館とした。五七（安政四）年下田条約（日米協定）、五八（安政五）年日米修好通商条約が締結された。五九（安政六）年公使に昇格、江戸麻布善福寺に仮公使館を設置。六二（文久二）年帰国。在日中の日記『日本滞在記』が残っている。ハリスの妾となった唐人お吉は、のちに多くの小説や戯曲でとりあげられた。

＊3［訳注］外交史料館史料〈五・一・八・二―二〉によれば、この旅行にはクローデル大使の

次女の〈レーヌ〉も同行した。大使は一年にわたる休暇のあとで一九二六年に来日したときは、次女のみを伴ってきた。関東大震災後に帰国した夫人、長女、三女は、二六年にはフランスにとどまった。二人の子息たちは、最初の来日のさいにも大使に同行していない（長男は学業のため、次男は病気療養と学業のためのようである）。

★4［原注］日刊の『毎日新聞』のパリ事務所長のピエール・クローデル（長男）宛の手紙が、大使の訪問のインパクトをよく示している。「あなたのお父さんは日本で温泉町の別府を訪問されたさい、詩を書いて市と市民に捧げました。市民はそれを日本語に翻訳して石碑に書き、それを北浜公園に設置しました」

＊5［訳注］原文は Hitozaki となっているが、外交史料館史料（五−一−一−八−二−二）によれば、糸崎である。

進歩派学生の訴訟★1

【一九二六年十月七日】

さる六月五日付の一一九号の外交書簡で、私は閣下に、日本の文部省が大学における社会学の教育を監視するために（実際には監視以上の目的があるのでしょうが）とった措置についてご報告いたしました。その時点で私たちに漠然とわかっていたのは、京都、大阪、東京で、さまざまな口実のもとに学生が検挙されていたこと、あまり自由主義的でない文部省のやり方に不満をもつ大学のなかで、激しい反感がくすぶっていたことです。しかしながら、確たることは新聞にはいっさい載りませんでした。大学関係者だけが、おおよそなにが起きているのかを知っていたのです。〈情報の差し止め〉（この言葉が使われていましたが）措置がとられ、この件については、語るのはいいが書くことは禁止されていました。この〈情報の差し止め〉が解除されたところです。この措置の狙いが、日本で広がりつつある〈過激な〉思想に人々の目を向けさせ、検挙された学生に対する同情を喚起せしめることにあったのであれば、目的は充分達成されたと見ることができます。

一九〇四（明治三十七）年の戦争（日露戦争）以来、重工業が急速に発展し、その結果、政治よりも経済が優勢になったことから、世論の主眼は社会的な問題へと向かうようになりました。実際に貧困の度合いが増したかどうかは疑問があるにしても、不公平感とあいまって貧困感が増幅していったのです。学生たちのなかに社会改革をめざす運動の熱烈な信奉者が現われるようになりました。マルクスやレーニンの教義が共感をもって学習されていますが、政府にはそれが行き過ぎと見えるのです。なぜなら政府には、過剰なまでに経済発展を急ぐ一方で、風俗慣習や思想を整理誘導し、行き過ぎにならないよう抑制したいとの思惑があるのでしょう。大学関係者たちは漠然とながら政府のやり方が時流にあわないことを認識していますが、大半の人々にはそのことがわかっていません。

各大学で組織をつくっている社会学の学生たちが、共同で講演会を開いています。目的は思想の交換ですが、この公式プログラムに厳密にしたがってはおらず、それ以外の活動も行なわれているようです。とはいえ、こうした学生の活動の中身はよく知られておらず、これまでのところ学生を弁護する者には発言の場は与えられていません。報道はいずれも曖昧かつ国側の見解のみで、学生たちがなにかを企んでいるのではないかと邪推する傾向があります。

私たちが知りえた範囲から察するところ、学生たちはふたつの点で非難されています。すなわち、共産主義に関する著作物の発行と配付、労働争議および農民・地主間の紛争へ進んで介入している点です。ご存じのとおり農民と地主との争議は、最近、ひじょうに激烈な様相を帯びてきています。しかしながら、当局のほうは、学生たちには現行の制度を尊重するという意識が欠如していること、あるいは彼らが、昨年の秋に日本政府の承認のもとに来日したロシアの労働者派遣団団長、レプス氏との会見を試みたことを非難しているのです。

初めて学生たちを検挙する旨決定されたのは、昨年の十二月のことです。しかし彼らはすぐに釈放されました。この一件は京都帝国大学内に抗議集会などの動きを引き起こし、まずは抑圧策の主たる責任者であった岡田文相が驚いてしまったようです。彼はこの問題を閣議に諮り、閣議はおそらく彼の方針を承認したのでしょう。なぜなら、本年一月、あらたに、はるかに大勢の検挙者が出ましたから。同時に、社会学を教える教師たちもひどく乱暴な家宅捜索を受けました。私信のたぐいからその著作、マルクスやエンゲルスの著書などが押収されました。そして〈表紙が赤い〉本は、なんと赤いというだけの理由で押収されたのです……！

約四十人の学生が出版法違反容疑で逮捕され、独房に入れられ、家族に手紙を書くことも、本を差し入れてもらうことも、弁護士の協力を求めることもできませんでした。逮捕された人たちのなかで注目すべき人物は、石田元男爵です。この人は民主的意識をもっていることを証明しようと、貴族の身分をみずから放棄しました。

京都帝国大学および東京帝国大学の総長は公式に戒告処分され、私立の早稲田、慶応、明治大学の学長は厳重な警告を受けました。つづいて予審が始まり、学生たちは何週間、何カ月間にもわたって、あらゆる手をつくして尋問する判事たちから〈問いつめ〉られました。しかし、大学内の空気は盛りあがりました。集会が開かれ、逮捕者のために寄付金が集められました。以前にくらべると、人々はもはや、このような場合の常套句である憲法違反とか大逆罪といった大げさな表現によっては、かんたんに動揺するようなことはなくなりました。マルクスやレーニンの説を、苦労して一から学ばねばならなくなった判事たちを、皮肉のこもった目で観察していたのです。〈情報の差し止め〉措置が解除されると、新聞はこの事件についてさかんに解説しました[*2]。読者がただちに気づいた点があります。日本の新聞はそれほど自由主義的ではなく、別段、〈西欧流の進歩〉を望んでいるわけではないのですが、それでも新聞が、予審のさいに見られた古くさいやり口を非難した点です。そこからおぼろげに感じたのは、ひとつの時代が廃《すた》れたこと、国の好き勝手なやり方には限界があるということです。大方の新聞は道理をもって重要なことを論じています。つまり、逮捕された学生たちは知的な若者であり、最も将来性のある人間だということです。新聞はまた、このような抑圧的なやり方は青年に怠惰であれと奨励することであると非難しています。さらに新聞は、学生が社会学を学ぶことと現在の社会の変化のあいだには、ごく自然な相関関係があると見ています。社会学の研究そのものにブレーキをかけるのは無意味です。抑圧的な政策は、共産主義を広めたくないという本来の目的とは逆の効果を生んでいます。共産主義の研究は禁止されるべきではありません。反対に、現在の社会状態は完全ではないのだから、これを批判することが許されねばならない、といくつかの新聞は言っています。

思想の自由そして研究の自由はなんとしても尊重されなければなりません。しかしながら、この自由は許可制の自由であってはなりません。一方、学生たちは、自分は政治活動をするために大学にいるのではなく、学ぶためにいるのだということを忘れてはなりません。学生は社会主義運動に積極的に参加すべきではありません。憲法に違反するようなプロパガンダは認めることはできません。すべては中庸と節度の問題です。その誠実さに疑問の余地のない岡田文相もまた、このことを肝に銘じていなければならないでしょう。

要するに、新聞を読みなおしてみますと、世論と政府のあいだには反目があるという印象をもちます。これは政府のやり方のまずさに起因するものです。あたかもソビエトにおいて評価されている、乱暴に秘密裏に進める方法を彷彿《ほうふつ》とさせるやり方です。

★1 〔原注〕 フランス外務省資料「国内政治、一九二五—二七」（五二巻、分類五五五—一—一、一八六号）

＊2 〔訳注〕 東京朝日新聞・一九二六年九月十六日付「京大から端を発した全国的学生大検挙、社会科学研究の名に隠れて暴露した実際運動。収容された学生三十八名に達す」。同九月十七日付「京大生更に突如拘留さる。社会科学研究から不穏な事実発覚か」「学生の声明書、京大と同志社」。同九月二十日付「検挙学生三十八名全部有罪と決定す」

フランスからの電報情報★1

【一九二六年十月八日】

フランスから日本に打電されてくる情報が不完全なものであることを、遺憾に思うことが私にはよくありました。最近まで、新聞に掲載されるニュースはすべてイギリス、アメリカ、ドイツの情報源から届いていましたから。とくにドイツ系の〈ナウエン〉の電報は、〈レンゴウ〉の電報がカバーしきれない領域をすべて占めていたのです。

今日ではこの状況が一変したということができ、私にとって喜ばしいことです。ボルドー発の〈ＡＲＪＰ〉の電報が日本電報通信社に送られ、今では新聞のなかで〈レンゴウ〉と同等の位置を占めており、〈ナウエン〉のほうはまったく影が薄くなりました。ボルドー電はこのように日本で活用されており、さる七月の財政危機の折には、とくにその内容を評価することができました。今では、世界で起こっているあらゆる事件に対するフランスの見解が、広くみごとに示され、説明が加えられています。そして、従来、悪意に満ちた情報のみを入手してきた日本の新聞の解説に、早くもその影響が見てとれます。ボルドーにおける情報の取捨選択や構成がかなり改善されてきました。今後ともこの方向でのさらなる改善はなされなければなりませんが、とはいえボルドーでは極東の消費者の好みを理解しはじめたようです。情報は明確、なおかつ詳細です。〈ペルティナクス社〉から毎週送られてくる情報は、たとえそれがフランス政府に全面的に好意的なものではないにしても、その洞察力と正確さの点では傑出していると評価され、情報市場では真に権威あるものとされています。

ポール・クローデル

★1 〔原注〕フランス外務省資料「フランスとの関係、一九二二―二九」（五九巻、分類五五九―二、一九二二号）

比叡山にフランス語の夏期講座を創設★1

【一九二六年十月十四日】

東京に日仏会館が開設されて以来、私は京都にこれと同等の施設をつくることに専念しつづけてまいりました。といいますのも、ご存じのように日本の大きな島、本州は、北と南、関東と関西に分かれており、たがいに対抗意識、競争心をもって張りあっているからです。北すなわち関東は、政治の中心地たる東京と、絹の貿易で栄えている大きな港湾都市、横浜です。南の関西、それは歴史の都、京都であり、古い日本、大和であり、工業の中心大阪であり、さらに大規模な輸入港、神戸です。純粋に客観的な立場に身をおくことができれば、京都には知的伝統があり、芸術や文学や歴史の宝庫が保存されているのですから、私たちが望む文化程度の高い施設をつくる場所としては、東京よりも京都がふさわしいことは間違いありません。

とはいえ私たちの文化施設の建設は、東京から始めないわけにはいきませんでした。しかしながら京都では、これまでフランス語やフランスについての学習がとりわけ深い関心をもってなされてきたことを、忘れてはいません。デュリーが初のフランス語学校を開設したのは京都で、京都のおもな散歩道のひとつに、それを示す石碑が建っています。西園寺（公望）さんや稲畑（勝太郎）さんはその学校で学んだのです。ストラスブール大学に学びフランス語を話す京都帝国大学の荒木《あらき》（寅三郎《とらさぶろう》）総長は、フランス文化に対して変わらぬ共感の情を示しています。また、関西には裕福な友人が大勢います。関東の施設をつくるにあたって、協力を乞うというのは無理でしたが、この友人たちは、関西の誇りとなる施設の建設基金集めとなれば、喜んで協力したいと言っていたのです。

この時点で、日仏会館の長期宿泊者にして、元海軍兵学校教師のリュエランが、京都における研究旅行の途上、古都を見下ろす聖なる山、比叡山を訪れる機会がありました。日本の歴史を知る者であれば、中世の戦国時代にこの聖山が果たした役割を知らないはずがありません。この山にはたくさん僧坊がありました。そこで起臥していた戦《いくさ》好きの僧侶たちは、いかなる時代であれ、最高権力の座をめざす者の側に立って動いたのです。伝説的な人物である僧侶弁慶《べんけい》は、英雄義経《よしつね》の従者で、僧侶であり悪党であると同時に正義の士であるこれらの人々の象徴であり、名残であります。十六世紀に僧侶たちの住まいは信長《のぶなが》によって破壊されました。それ以来比叡山は、琵琶湖と古都を見下ろす絶好の地にあるにもかかわらず、ほとんど訪れる者とてなくなりました。

ところが、昨年になって大きな変化がありました。ケーブルカーが設置され、避暑地がつくられ、三つの大都市に住む人々が、平地の酷暑をしのぎにやってくるようになったのです。別荘が建ち、すでにケーブルの会社は所有していた土地の大方を分譲しました。リュエランはここが〈夏期講座〉の開催地としてうってつけだと考えました。アメリカ合衆国におけるショトーコワ（成人のための夏期大学）や、つねに大盛況というソルボンヌ大学の外国人向け講座にならったこの種の学校が、日本にたくさんできたことは知っていました。私自身、二年前に日光のこの種の学校で講演をする機会がありました。リュエランはこう考えています。「この種の施設には、夏休みになって解放された公立学校の生徒や手の空いた教師たちが関心をもつにちがいない。彼らはこの山の施設で避暑できるのを幸いと思うだろう。さらに、現時点ではいかなる既存の施設とも競合しないので、妬みや敵意を招くような心配はないだろう」

リュエランは、この考えを私たちの共通の友人二人に話しました。京都帝国大学の太宰《だざい》（施門《しもん》）教授と関西大学の宮島（綱男）[*2]教授です。この人たちは良い考えだといって彼を激励し、自分たちもこれを支持するし、今後は協力もすると約束しました。リュエランは、日仏会館の同僚や、しだいに増えているフランス語教師の協力をも得られるでしょう。この地方の大学や高校でフランス語を教えているロベール夫妻、ノエット、ボノーといった人々です。三年にわたる課程で、語学だけでなく、芸術、歴史、地理、哲学、慣用的表現や諺なども入る予定です。同封の小冊子をごらんになれば、この件についての詳細がおわかりになると思います。

あとは、進め方と費用の問題をどうするかが残っているだけです。比叡山の会社[*3]は、ケーブルカーの終点に近い土地を有利な条件で賃貸契約することに同意しています。資金集めについてですが、リュエランは、寄付金の総額は間違いなく七万円を超えると見積もっています。二万円ほどがすでに払いこまれています。私が最近、京都、大阪、神戸でもった会合には、知事、大学や行政の幹部ならびにこの三つの都市の有力実業家たちが集まりましたが、そのさいに、残りの資金についても事実上、約束がなされました。

この新しい施設は、東京の日仏会館を頂点とするフランスの文化施設の基盤となるでしょう。ここで若きエリートが養成され、最も優秀な人々が薩摩《さつま》氏がパリに建設する施設[*4]に派遣されるでしょう。これらの機構全体を通して、大学や高等学校教育と並行してこうした施設が増えていけば、フランス語は、これまで日本で達しなかった段階へといたるはずです。

ポール・クローデル

★1［原注］フランス外務省資料「日本におけるフランス語、一九二三―二九」（六〇巻、分類五八三―一、五八六―一―二、三三号）

＊2［訳注］宮島（綱男）教授（一八八四―一九六五）：早稲田大学出身で早稲田の教員だったが、いわゆる早稲田騒動で退職し、山岡の秘書を経て関西大学教授に迎えられ、のちに理事長に就任。のち、神戸日仏協会会長、関西日仏学館評議員兼教授。

＊3［訳注］比叡山の会社とは〈京都電灯会社〉のことである。

＊4［訳注］大学都市（シテ・ユニヴェルシテール）内の日本館。薩摩治郎八《じろはち》氏（一九〇一―七六）の寄付により、一九二六年ごろパリの南部の大学都市内に建設された留学生宿泊施設。

横浜の〈休戦記念式典〉でのスピーチ★1

【一九二六年十一月十一日】

パリでは、本日十一月十一日の第八回休戦記念日には、わがフランスの軍隊が凱旋門の下に眠る無名戦士の墓前に敬意を表し軍旗を傾けます。そしてあなたがた、東京と横浜在住のわが親愛なる同胞もまた、わが国の戦死者たちと、そして彼らが戦った理想に対して本国の人々と同じ思いを抱いておられますから、その証しを示さぬままこの大いなる日を過ごしたくはないと思われたのです。それゆえ、みなさんはこの記念碑に敬意を表しにやってこられました。この記念碑は、最近の災害（大震災）がもたらした混乱がまだおさまらぬこの地で、わが国の勇敢な海軍軍人の思い出を称えるばかりでなく、死者たちに守られている祖国のシンボルでもあるのです。

世界各地で行なわれているしきたりにしたがって、のちほど私はみなさんに一分間、黙禱を捧げるようお願いします。その一分のあいだ、日常生活の心配事や気になることを忘れ、私たちの耳に聞こえてくるのは、重苦しくこだまする、マルヌの、テッサロニキの、ソンムの、そしてヴェルダンの砲声の響き、傷ついた人々の叫び声、死んでいった人々のいまわのきわの別れの言葉、友人の、息子の最後の頼みの言葉ばかりではないでしょう。こんなすばらしい声も聞こえてきます。つまり、どれほど皮肉を言われようが、どれほど失望しようが、それを乗り越えてでも戦わなければならなかったのだという声、彼らが救ったこの国土に今後永遠に結びつく大きな国民の声、記念日が巡ってくるたびにする私たちの問いかけに答える、祖国のためだったという声、そして老若男女を問わず我々フランス人のすべてを一体感のなかに結びつける答えなのです。一九一四年から一八年にかけての戦争で行なわれたことは、しなければならなかったことであり、それは正しいことであったということなのです。

★1〔原注〕一九二六年十一月十三日付の外交文書二一七号に添付されていた講演内容。「V・六〇」。この手書き原稿（「PXB・日本」赤ファイル）には「ルノドー夫人に。一九二六年十一月十一日の思い出。クローデル」という記載がある。クローデルは一九二七（昭和二）年一月の日記（『日記I』七四八ページ）に、新聞に公表されたこの文章を、参照号数をつけることなしに、貼りつけている。

天皇のご病気★1

【一九二六年十二月二十日】

四年前、つまりちょうど私が日本に着任したころ、長らく健康が優れなかった嘉仁《よしひと》天皇（大正天皇）はその職を放棄せざるをえなくなりました。そのとき以来、天皇は日光、また海岸の小さな村、葉山のつつましい別荘で隠遁生活を送っていました。葉山からは富士山や相模湾のすばらしい眺めを堪能することができました。一九二五（大正十四）年十二月十九日および本年五月十一日に、外務省を通じて天皇から大使たちに手渡された公報によれば、天皇は〈脳貧血〉を起こしたが回復したということでした。さる十月ごろから熱が出はじめ、十一月には気管支炎の症状が現われ、咳も出るようになりました。同月八日には、右肺に気管支肺炎の症状が出ていると診断されました。以後、病状は悪化の一途をたどるばかりで、今ではほとんど絶望的な容体にあると思われます。

天皇は何日か前から昏睡状態に陥っています。皇后はじめ殿下たち、大臣全員が葉山に移動しました。彼らは快適とはいえない辺鄙《へんぴ》なその地で、またきびしい寒さと最近の吹雪のためにいっそう悪化した条件のなかで、決定的な終幕の時を待っているのです。

おそらく嘉仁天皇は、その先祖たちのように京都に葬られることはなく、最近、天皇家が東京郊外の高尾山から遠くないところにあらたに購入した土地に埋葬されるでしょう。

私はアメリカへの出発を延期し、[*2]葬儀に参列すべきであろうと考えております。天皇の容体の悪化や死が正月にならなければよいのですが。というのも、日本では元日は一年の最大の祝日なのです。贈り物を交わすめでたいときです。祝賀行事のたぐいはすべて中止されたり延期されたりしています。商人やその貸し手にとっては計り知れない損失となります。

しかしながら、なんの不平も苦情も聞かれません。天皇は、大多数の国民にとって、なかば神、あるいは少なくとも日本人の心のなかの最も強力で神秘的なものに結びついた暗黙の合意でありつづけています。天皇とはそのような存在であると考えざるをえないのです。おびただしい数の群衆が、明治神宮や皇居へと馳せ参じ、天皇の平癒《へいゆ》を神々に祈願しています。仏教の阿弥陀仏におきかわった漠然とした神々や神道の神々に。

同封の版画から、私たちが目にしている不思議な情景がいかなるものかお察しいただけると思います。狂信的な人のなかには自殺したり、あるいは自殺を図る者が出ました。

天皇の死がなんらかの影響をもたらすということはないでしょう。政治的影響についてもしかりです。とはいえ多くの日本人は、摂政殿下があまりに身体《からだ》が弱いことを心配しています。現在イギリスに滞在中の、より頑健で生き生きとした秩父宮《ちちぶのみや》*3が摂政になられたほうがよいのではないかという話が、漠然と取り沙汰されています。

ポール・クローデル

★1〔原注〕フランス外務省資料「天皇と皇室の問題、一九二三―二六」（四九巻、分類五五一―二、二四三号）

天皇は一九二六年十二月二十五日に亡くなった。「クリスマス、午前一時二十五分、日本国天皇嘉仁の死」（『日記Ｉ』七四五ページ）。クローデルは一九二七（昭和二）年二月七日、特使として葬儀に参列した。彼は外務大臣宛に葬儀の模様を記した新聞記事を書き送っている。

クローデルは、自分の印象を日記に書き留め（『日記Ｉ』七五七ページ）、「ミカドの死」を散文作品として発表している（『散文作品』ガリマール書店刊・プレイヤード叢書、一一四八ページ）。彼はかつて一九〇九（明治四十二）年五月一日に、北京《ペキン》で清の光緒帝《こうしょてい》の葬儀にも参列している（『日記Ⅰ』九四ページ）。

＊2［訳注］クローデル大使は、アメリカ大使として赴任することを知らせた電報を、この年の十二月一日に受けとっていた。

＊3［訳注］秩父宮（一九〇二—五三）：大正天皇の第二皇子雍仁《やすひと》親王（淳宮《あつのみや》）。実際には、当時の摂政殿下（昭和天皇、一九〇一—八九）よりはるかに早く亡くなられた。

一九二七年（昭和二年）

ポール・クローデルからA・レジェ宛の私信（四）★1

【一九二七年一月五日】

イギリスの奇妙な提案*2に対する日本政府の見解については、公式書簡でお伝えしました。日本政府の意見はまったく妥当なものであり、私はそれがフランス政府の見解と完全に一致していることを喜ばしく思っております。

しかしながら、不都合な点もあります。中国は事実上、現在ひとつにまとめることのできないいくつかの部分に分かれており、中国がふたたび統一されてからでないと中国と話し合いをすることはできないとし、したがって、実際には中国はもはや列強からなにも期待できず、なにも望むことができないとするにいたっているのです。このように、まったく否定的であるのが、不都合です。

他方、税関の機構は、中国がひとつに統一されているものとしてつくられています。中国全土で徴収された税金が、自動的に清帝国を継承した陣営のひとつに移行し、そして上海《シャンハイ》を支配している強力な一派の手にゆだねられるのは、不当なことであると思われます。

　さらに、現在のところ、中国が絶対に統一を果たせないと考える理由はありません。省や〈地方〉はそれぞれ〈頑固な個性〉をもっています。いずれも現地の長の支配なら受け入れるでしょうが、外部の、遠く離れた権威者にたやすく屈伏することはないでしょう。上海は、広東《コワントン》や漢口《ハンコウ》の支配は絶対に受け入れないでしょう。ましてや北方の〈地方〉に支配されるはずはありません。

　それでは列強はどうすべきなのでしょうか。我々は、中国全土にわたるこれらの〈地方〉が必要としていること、彼らが求めていること、そして彼らが求める権利があることはなんなのかを模索しています。

〈地方〉が私たちに求めているのはひとつのことだけです。つまり平和です。国を支配するのが誰であるか、この平和を回復するためにはいかなる手段を用いるかはあまり重要ではありません。彼らが求めているのは、秩序と、通信と商売の安定、そして自由だけなのです。

　したがって〈三年間の停戦〉を求め、必要とあれば四大国が連携してこれを中国に強制することを私は提案いたします。

　停戦は最終的なものではありません。〈地方〉は野心、警戒心、選択肢、反感をもちつづけることができます。私たちはたんに各〈地方〉にそれらを一時、凍結するよう求めるだけです。

私たちはある時点での現状を受け入れるのです。事実上、あらゆる支配者を暫定的に受け入れます。私たちはそれらの支配者に対して、承認ではないが暗黙の、しかしながら貴重な国際的同意を与えるのです。

私たちは軍閥の指導者たちに対して、自分のテリトリーにとどまり隣接する〈地方〉を侵さないことだけを求めるのです。彼らは好んで隣接する〈地方〉を攻撃しているのではなく、恐れからあるいは予防的手段としてこれをやっているにすぎないのですから。

停戦を破る指導者は共通の敵と見なされ、罰則の措置がとられます。それは封鎖、助成金の打ち切り、戦略拠点の占領といった軍事的なものばかりではありません。ジュネーヴで締結されたロカルノ条約の内容と同じような罰則です。実際に中国の状況は、直接の暴力という点以外は、ヨーロッパの状況と酷似しています。ブリアン氏[*3]は〈アジア版ロカルノ条約〉を提案すべきでしょう。

停戦を破るものがあれば、武器の輸出禁止を解除して敵方が利用できるようにし、中国人が列強の援軍を求められるようにするのです。ただし、戦争の制裁以上のことはしてはならず、〈テリトリーの変更〉は絶対にしないという条件をつけます。

軍閥たちは、三年間の平和、平和な現状維持、安定収入の保証が得られると思えば、喜ぶでしょう。とくに、三年後に彼らの平和維持行為に対して褒美を与えることにして、将来を先取りすれば。

関税の問題は、現地の必要に応じて、また、なんらかの管理によって、紳士的に解決できるでしょう。戦争という〈熱い手段〉で解決するのと、平和という〈冷静な手段〉で交渉するのとでは大違いです。

軍閥たちは、関税の割当金を受けるためには列強の好意を得なければならないでしょう。したがって彼らは列強を丁重に扱ったほうが得をするでしょう。それはイギリスが感じていることですが、今回、イギリスはそれを不手際なやり方で台無しにしました。[*4] 中国の事実上の支配者と各国の外交官とのあいだに、直接の接触が可能になるでしょう。その接触は今日もはや存在していません。それは中国にとっては不幸なことです。

あらたな条約や正式な協定は結ばず、局地的に暫定的な調整をするのです。そのうえで四大国は、平和の意図と国を分裂させないことの保証を、確認すればよいのです。三年間平和がつづけば、〈新中国〉の体制を整える時間があるでしょう。〈新中国〉の出現は誰しもが望むところです。

列強は中国のさまざまな勢力のなかで、仲買人と仲介者の役割を同時に演ずることができるでしょう。そういうことは中国ではよくあることです。

この考え方は誰にとっても利益があると私は考えます。

今日私は漢口の事件[*4]のニュースを聞きました。これで私のこの手紙の提案は手遅れになってしまったのではないかと恐れます。もしかすると彼らはまだ状況を変えることができたのに、その時期を逸してしまったのかもしれません。

ポール・クローデル

★1 〔原注〕フランス外務省資料「カトリックの布教、一九二二─二九」（五六巻、分類五五六─一─二、号数なし）

＊2 〔訳注〕イギリスの奇妙な提案：当時の東京朝日新聞に関税付加税承認提案の記事があることから、そのことではないかと推察される。

〈一九二六（大正十五）年十二月二十三日付〉

米仏両国はイギリス案に賛成・広東政府の承認がイギリスの真意

イギリス代理公使が外交国会議で関税会議を待たずしてワシントン協定の二分五厘、五分の付加税の徴収を認めることを提案せるに対し……日本は絶対反対で在来の関税会議における根本方針と同じく「かかる問題はワシントン会議議定の関税条約に準拠して関税会議で審議すべきことを主張し、関税自主の障害たるこの種の弁法の設定を指定したものであると」。

これによりイギリス代理公使は芳沢公使を訪問して二十一日夕刻数時間にわたる意見の交換をなしたが、双方の主張一致せず結局ランプソン公使着任の上で改めて審議することになった。イギリス側が右提案をなした底意はこれをきっかけに広東政府の承認を達成せんとするものらしく、イギリス朝野が一致して南方承認の意向に傾ける矢先に乗じて広東で実施しつつある付加税を認めることによってズルズルに政府承認の問題にまで引きずらんとするもので、一方北京《ペキン》政府とも諒解をつけ南北を両天秤にかけて外交的辣腕を振はんとするものである。これに対する支那の世論は大反対で関税自主を葬るべく、かかる障害をみずから認めたことは支那の自殺行為であると大いに激昂している。

〈一九二六年十二月二十四日付〉

ずるい英国・晨報《しんぽう》の反対

今回のイギリスの二分五厘および五分の関税付加税承認提案に対し、本日の晨報は社説においてつぎのように論じ、英国の真意はその対南方の事実を粉飾せんとするにあると結論した。「英国案には新駐支公使シンプソン氏と南方当局の協商が重大な影響を及ぼしている。今にして思えばイギリスと南方政府の間には広東の付加税実施以来黙契があったのである。関税会議において支那の自主案破壊の目的を達した米国が同会議再開絶望の今日率先して付加税承認を提議せるはずるいも甚だし英国案に対し日本は恐らくワシントン条約に基き関税会議で決定すべきであるとの従前の態度を変更せざるべく関税自主が不能ならば付加税の如きは問題に非ず英国案は付加税を各地方の収入たらしめんとするものである。これは支那の関税統一を破壊し将来の争奪戦を招来するものである」
＊3［訳注］ブリアン氏：アリスティド・ブリアン（一八六二―一九三二）。弁護士・ジャーナリスト・『リュマニテ』紙の編集者。のち政治家。一九〇二年下院議員に当選、政教分離法案を通させる。文相・外相・首相十一回。第一次世界大戦でテッサロニキとバルカン遠征を組織したあと、彼は平和と国際協調の政治を熱心に進め、ロカルノ条約（一九二五）、ブリアン―ケロッグ協定を締結、戦争を非合法とした（一九二八）。ヨーロッパ連邦制度を提唱（一九三〇）。説得力のある声による彼の雄弁は有名。ノーベル平和賞（一九二六）。一九二七年の時点では外相。
＊4［訳注］不手際なやり方・漢口の事件：一九二七年の東京朝日新聞の記事に見られるつぎの事件のことではないかと思われる。
〈一九二七年一月六日付〉

「漢口租界の英人全く隻影を止めず。領事館も遂に閉鎖。英支衝突ますます重大化す」……。

「英艦隊漢口へ急行」漢口の英国租界危急の報に接し英国軍艦三隻漢口に急行……。

〈一九二七年一月七日付夕刊〉

英支関係益々悪化す。「更に駆逐艦八隻を増派・支那の形勢に鑑《かんが》み、英海軍省の発表」「ロンドン聯合《れんごう》五日発」英海軍省は支那の形勢に鑑み目下大西洋艦隊に所属する第八駆逐艦隊の駆逐艦八隻を英国遣使艦隊の増援として派遣し必要に應じてそれぞれ任務につかしめる旨を発表した。

「イギリス側に八カ條の要求・漢口租界を占領後支那側の強行決議」一、イギリス領事に厳重抗議する。二、死傷者の損害賠償。三、問題を引き起したイギリス水兵の引渡し……。四、漢口のイギリス軍艦および租界防衛の解体。五、イギリス政府の謝罪。六、イギリス租界内の言論結社集会の自由。七、イギリス義勇隊の武装解除。八、支那軍隊をイギリス租界に入れること。

京都日仏学館★1

【一九二七年一月十日】

さる十二月十五日付の私の手紙で、現在京都で計画されております日仏教育施設について必要な情報を閣下にお伝えいたしましたが、残念ながらお手元に届くのが遅すぎたようです。なぜならその前に誤った情報がお耳に入り、閣下の意見に影響を与えたからです。

この教育施設のアイデアは古いものです。私はその構想を心に温めていました。そして、私はナジアールやマルクスにこれについて話したことを覚えています。日本の伝統、歴史、文化の中心は東京ではありません。それは京都です。同様に経済の中心は、京都に近い大阪とそれに隣接する港町の神戸です。そこには奈良まで加えると、およそ三百万以上の人口を擁する近畿圏が形成されており、生活の、そして活発な思考の中心地となっているのです。付け加えますと、フランスにとって頼りがいのある最良の友人がいるのは京都です。わが同胞デュリーが明治のはじめに学校を設立したところですし、稲畑（勝太郎）氏や曽我《そが》（祐邦）子爵のような人たちはそこから巣立ちました。

地理学の研究が縁でこの地に惹かれたリュエラン[*2]は、フランスの友人たちや京都帝国大学、関西大学のフランス語の太宰教授、宮島教授らからのちに述べる依頼を受けました。この人たちは東京に設立された日仏会館の施設を羨ましく思っていたのです。彼らは当初、比叡山に夏期大学をつくることを提案しました。フランス語教師の夏休みを利用し、アリアンス・フランセーズ[*3]の授業にならって、志願者にフランス語を教えるという講座です。関西に施設をつくれば、フランス人教師の人数不足を、日仏会館の寄宿生で補うことができます。それは日仏会館の設立の主旨にかなうことです。大方の高等学校[*4]では、フランス語の教師は一人もいないのに、ドイツ語の教師が一人、英語の教師は数人いるのです。それも人材が不足しているというだけの理由です。リュエランの考えを聞いて、私はもちろん大いに関心をもち、賛成しました。フーシエ[*5]も心から彼に賛成しています。さらに私はマルクスとは個人的に手紙で話しあっていたのですが、彼も好意的な意見を寄せてくれています。

問題は資金集めでした。大阪商業会議所会頭で、私が親しくしている稲畑氏が熱心にこの問題にかかわり、友人のみならず、京都帝国大学総長、京都、大阪、神戸の知事や市長がこの問題に関心をもつよう働きかけてくれました。同じくオーシュコルヌ[*6]も、私の許可のもとに奔走しました。予想を上回る成果が得られました。私たちは二万円を集められたらと考えていたのですが、数日のうちに十万円以上を集めることができました。総額で十二万円に達するものと思います。十万円はすでに払いこまれました。東京の日仏会館の場合、寄付金はかろうじて五万円強であったことを思い出します。この差は環境の違いによるものです。大銀行家の藤田家[*7]だけで二万一千円を出しています。そのうえ藤田男爵は、マルスラン・ベルトロー百年祭の折に来日した子息のルネ・ベルトロー夫妻の旅行費として一万一千円を提供しています。

　また、東京では日仏会館はなんとしても日本的色彩のものとしたいとこだわったのですが、京都では、この施設はなによりもまずフランス的色彩のものとすること、この施設の運用にあたっては、フランス人の代表が主たる役割を担うことが切に望まれたのです。

　寄付が集まった時点で、ふたつのことが発生しました。寄付金提供者の大半は大阪の実業家です。つまり、夏期学校としての二カ月間機能するだけでは、多額の寄付金に見合った成果とは言えず、古都の重要性にくらべても小さく不釣り合いだと彼らは思ったのです。彼らは永続的な施設をつくりたいと強い希望を述べました。こういうわけで、リュエランは、みずからの計画を拡大する義務があると考えました。彼はまず司書のいる図書室を考えたのですが、彼を補佐している日本の大学の太宰、宮島両教授に励まされ、永続的施設の設立を考えなければならなくなったのです。リュエランがつくった最終段階の計画をこの手紙に同封いたします。

もうひとつ、ちょうどこの時点で、私はアメリカ大使としてワシントンに赴任せよとの辞令を受けとり、早急に出発しなければならなくなりました。これを知って日本の友人たちは事を急がせ、法人組織にもとづく新しい財団を設立して私を喜ばせようと考えました。これによって、フランス政府とその代表者たる私へのまったき信頼を表明したかったのです。大阪の寄付者の会によって十二月八日に裁決された決議事項を同封にてお届けします。そのつど閣下の許可を得ることなく、事を進めましたことに対しお詫び申します。しかし、そうしていたら何事もできなかったでしょう。なぜなら、日本ではすべてが信頼関係と個人的友情にもとづいて行なわれるからです。

人々は私を信頼し、なんとしても私を喜ばせたいと思ったのです。ご連絡の時期が遅れましたのは、フランスの利益になるこの〈スタート・ダッシュ〉を私がすぐさま利用しなかったら、チャンスを逃したであろうからなのです。

私は閣下にリュエランの最新の計画書も合わせてお送りします。熟考のすえ起草されたもので、我々の永続的文化基盤となる施設がついに京都で実現されることが記されています。私の前任者たちも私自身もかねがねつくりたいと考えていたものです。この新しい日仏学館は、東京の日仏会館の寄宿研究員や、フランス政府から派遣される人々、あるいは講演者にとって、また、この比類ない都市の美しさと芸術的歴史的興味に引き寄せられるかくも多くのわが同胞にとって、得がたい拠点となるでしょう。したがって、東京の日仏会館の日本人理事たちもまた、この新しい施設に対して多大なる共感と歓迎の意を示しています。

寄付を申し込んだ大阪の人々の要望を知り、その結果、当初の計画を変更しなければならなくなったとき、私はさっそくシルヴァン・レヴィ[*8]と話しあったのですが、彼は私とはまったく違う反応を示し、私はひじょうに驚きました。閣下の電報にも記されていた表現によれば、彼は新しい施設が東京の日仏会館と〈似たもの、競合するもの〉になるのではないかと危惧していました。私は彼に、そのようなことはまったくない、ふたつの施設は原則の点でも、地理的なことからしても、財政に関する定款の点でも別個のものであることを説明せねばなりませんでした。フランスの若い学者が日本のことがらについて深い知識を身につける高等教育の場（東京）と、わがフランス語を広め、若者にフランス的思考への手ほどきをする施設（京都）のあいだにはなんの関係もないことを。東京の日仏会館と京都の日仏学館は、コレージュ・ド・フランス[*9]とどこかの町か村のコレージュ（中学校）が同じものではないのと同様、まったく関係がありません。

地理的に見ると、東京と京都は鉄道で十二時間の距離です。そして、対立しているとは言わないまでも、まったく別種の知的センターを必要としています。私の心証としては、現在の首都機能がある関東地方と、神戸、大阪、京都の三角形からなる関西地方とのあいだには、妬みや敵意と言うのが言い過ぎであれば対抗意識、がつねに存在しています。関西地方にはフランスの友が大勢いるにもかかわらず、彼らは東京の日仏会館のためには一円も拠出しませんでした。一方で、リュエランの呼びかけにいかに熱烈に応えたかは閣下はご存じです。話をするたびに彼らは、東京の日仏会館とははっきりと区別でき、それとはなんの従属関係もないあらたな施設をつくりたいという希望にこだわったのです。それが、彼らが私たちに協力するさいの主たる条件でした。

最後に、財政面で閣下にはっきり申しあげられますことは、京都の日仏学館のためにかかる費用は、びた一文、東京の日仏会館用の予算を割いて拠出されるのではないということです。それどころか、寛大な出資者の一人、藤田男爵は、京都の日仏学館のために二万一千円を拠出するだけで満足せず、ルネ・ベルトロー[*10]の本年の日本訪問費用として一万一千円を出してくれたのです。これは、毎年フランスから派遣される者の渡航費用に相当する金額です。その費用はフランス政府が日仏会館に支払ってくださることになっていますが。

シルヴァン・レヴィは、異論の余地がないことを認めました。それなのに、彼が納得したはずの議論がふたたび閣下の電報のなかに繰り返されているのを見て、私はかなり驚きました。私が最近彼と行なった二度目の話し合いの結果、彼は明白な事実の前に屈伏せざるをえなかったはずなのです。

自分が反対するのは、すべて日仏会館が現在でも充分な運営資金をもっていないという一点にかかっていると彼は言いました。京都にあらたな施設をつくることは、フランス政府にあらたな支出を強いることとなり、第二の施設（京都）にまわされる資金は、第一の施設（東京）向けの費用から削られるであろう。最後に、もしもリュエランが京都に行けば、東京にとっては甚だしいマイナスとなり、会館運営に支障が出るであろうと言うのです。

反論の材料はいくらでもあります。

まず第一に、フランス側の支出としては、フランス政府からの補助金（四万二千円）と仏領インドシナからの補助金（一万円弱）の範囲内におさめます。私の考えでは、支出はこの金額を超えるべきではなく、さらに引きさげても問題が起きることはありません。月々、館長が自由に使える金額は千六百円（約二万フラン）です。住居費と光熱費は別に支給されています。彼は子供たちを連れてきてはいませんし、レセプションの費用はたいした額ではありませんから、千六百円は充分すぎる金額です。他方、館長の滞在予定期間はわずか一年間とされています。一年後に三人の人物が任期満了となって帰国し、代わりの三人が来日すれば、フランス政府にとって八万フランの費用がかかります。さらに、たびたび人が代わるのは大きなロスにつながります。なぜなら、日本において大切なのは、ずっと一人の人間が事にあたることだからです。右のような事情から、リュエランは京都で五年間、館長を務めるという契約に署名しようと言ったのです。したがって彼は、すでに終了した任務期間をふくめると日本に六年間滞在することになります。

さらに気がついた点として、日仏会館の予算のなかでは、フランス政府の負担分が日本側の負担分をはるかに上回っていることがあります。日本側は、政府の給付金三万円のうち一万五千円を将来の建設費用の名目で備蓄しています。これは公平ではありません。なぜなら、政府の給付金は現在ある施設の運用にかかる費用に対して与えられているのであって、将来建てる不動産用に支払われているのではないからです。ですからフーシェと私は、寄宿研究員の国内旅行費も日本側に負担してもらうようにしました。ところが、私たちの頭ごしに日本人側に伝えられたパリ委員会[*11]の嘆かわしい記録が、この結果を台無しにしたのみか、彼らのあいだに深い恨みと不信の念を抱かせることになり、私たちはいまだにその影響を被っています。この点に関して私は、レヴィがパリで日本人にそっけない態度を示したこと、そしてまたこちらに戻ってきてからは、彼らに対して信じられないほど弱腰であったことに注目しています。

日本人の理事たちは右の記録の一件ですっかり感情を害し、フランス政府が日仏会館に派遣する代表を館長とは呼ばないよう求めてきました。館長の称号をとり戻すのはひと苦労でした。柔和なフーシェはゆるぎない信念をもってうまく立ちまわり、私も精力的にこの問題に介入しなければなりませんでした。シルヴァン・レヴィは、ただちにみずからの名刺から館長という称号をはずしました。その結果、レヴィは館長ではなく、アシャール教授やラクロワ教授[*12]と同レベルの、すなわち日本に無報酬で一時的に招待された客と見なされることになってしまったのです。館長の地位と称号という彼の権利を再度公式に認めさせるためには、レヴィの意に反することながら、私が個人的に介入しなければなりませんでした。

フランス政府はすでに日仏会館に関してすばらしい寛大さを示していると私は思います。フランス側の補助が日本側のそれを上回るばかりか、フランス政府は書籍、車、家具、フィルムをはじめさまざまな備品を提供してくださいました。フランス側はこれ以上なにもすべきではありませんし、金づるの役割を演ずるべきではありません。さらなる努力は日本側に求めるべきで、京都での経験から私の印象を申しあげるなら、少々のエネルギーとノウハウがあれば、私たちは彼らにこれを求めることができるのです。すでに関西の事例は成果をあげており、日仏会館の理事のなかでも長老たちは、すっかりこれに刺激され活気づいているように見えます。先日渋沢男爵がなんと百万円の〈募金運動〉をすると言ったのです。

京都の日仏学館（関西日仏学館）には館長が必要です。その適任者はリュエラン以外にありえません。アイデアを提供したのは彼ですし、この企画の推進者だったのですから。したがってその責任をとらなければなりません。これはそもそも出資者たちの希望でもあります。彼には若さゆえの欠点もありますが、優れた点もあります。情熱と信念をもち、知的で、大学教育を受けた夫人が彼を補佐しています。時々はへまもします。しかし彼はいさぎよくそれを認めます。彼はまた日本人に囲まれていますから、彼が致命的な失態を演じないよう彼らが配慮してくれるでしょう。理事会の要望に応え、京都の日仏学館の館長を指名するのはフランス政府の役目です。フランス政府がリュエランを選んでくださるよう、お願いいたします。

むろん館長職には余分な出費がかかります。現在のリュエランの月給六百円では足りません。千円に引きあげるべきでしょう。私の意見では、フランス政府が彼の給料を全額負担すればかなりの効果があると思います。それは関西の人々がなした努力にくらべれば微々たるものです。同封にてリュエランから寄せられたこの件に関する手紙をお送りいたします。シルヴァン・レヴィは、アグノエール[*13]が補助給プラス固定給で月額千円の給料となることはしごく当然と考えているのに、リュエランには冷たく、激しくこれに反対しています。しかし、彼が反対するなら仕方がありません。ただ私がお願いしますことは、リュエランを現在の地位にとどめていただきたいということです。日本人の友人たちが、費用の不足分は調達しようと言っています。シルヴァン・レヴィはこの折衷案には反対していません。

レヴィはしかしながら、たとえ本国の指示があろうと、リュエランが東京の日仏会館に所属したままにしておくのは都合が悪いと考えています。じつを言えば、私にはどこが不都合なのかわかりません。日仏会館憲章の文言のなかに、寄宿研究員の役割のひとつとして「日本でフランス語教師が不足している場合は代行する」と繰り返し書かれています。これこそまさに、リュエラン夫妻が京都でやろうとしていることです。東京に住居を確保しておく必要はまったくありません。むしろ京都に居を構えるほうが、彼の手がけている地理学の研究はしやすくなるでしょう。他方、指示によって日仏会館の名簿に彼の名を残しておけば、東京の日仏会館のほうが上位にあることをうまく証明する手立てとなるでしょう。とは言っても、関西の出資者たちの気分を害さないようにしなければなりません。最後に、関西日仏学館は、フランス政府にあらたな財政負担を〈まったく〉かけることなく運営できるものと思います。

ポール・クローデル

★1 ［原注］フランス外務省資料「日本におけるフランス人、一九二二―二九」（六〇巻、分類五八三―一、五八六―一―二、二号）

＊2 ［訳注］リュエラン：日仏会館初代研究員の一人。歴史学・地理学の優秀な上級教員資格者で、当時は海軍学校教授。日本の地理について学位論文を書こうとしていた人。一九二六（大正十五）年二月着任、十一カ月間会館にとどまった。京都日仏学館館長として三一（昭和六）年まで日本に滞在した。

＊3 ［訳注］アリアンス・フランセーズ：一八八二年に創設され、パリに本部を置くフランス語普及のための民間団体。

＊4 ［訳注］原文には「百五十の高等学校」とあるが、当時、旧制の高等学校は十数校と一桁少なかったと思われるので、数字を省略した。

＊5 ［訳注］フーシェ：日仏会館設立準備のために派遣された使節。一九二六年来日。高名な考古学者。

＊6 ［訳注］オーシュコルヌ：駐日神戸領事。

＊7 ［訳注］藤田家：株式会社藤田組の社長、藤田平太郎。藤田組は、一八八一（明治十四）年、長州出身の藤田伝三郎を社主として設立された企業。西南戦争で軍用物資調達で巨利をおさめた。政商的色彩が強い。たびたび経営危機に陥ったが、産銅家として急成長し、岡山県児島湾干拓にも成功して、財閥形成の地歩を築いた。一九五五（昭和三十）年、観光部門を独立させて藤田観光を設立。藤田観光は小涌園・椿山荘などで知られる。

＊8 ［訳注］シルヴァン・レヴィ（一八六三―一九三五）：フランスの東洋学者。パリ大学でサ

ンスクリットを学び、一八八四年アジア協会会員となり、インド省所蔵の写本調査に従事した。九四年よりコレージュ・ド・フランスの教授としてサンスクリット・インド学・言語学を講じた。一九二二年からはパリの高等研究院の宗教学の教授を務める。研究領域は広く著書も多い。アジア協会会長、日仏会館館長として三度来日し、高楠順次郎《たかくすじゅんじろう》とフランス語による仏教辞典『法宝義林』（一九二九、未完）の共同編集なども行なっている。

＊9〔訳注〕コレージュ・ド・フランス：パリにある公開講座制の高等教育機関。一五九二年フランソワ一世が創設。

＊10〔訳注〕原文には「東京」とあるが「京都」の誤りと思われる。

＊11〔訳注〕パリ委員会：一九二五年にフランス外務省内につくられた日仏会館フランス委員会。運営機能をもたない諮問委員会。旧駐日フランス大使と旧日仏会館フランス学長より構成される。

＊12〔訳注〕ラクロワ教授。地質学の世界的権威。一九二六（大正十五）年十月九日、太平洋学術会議のため来日、「アジアの山脈構造」他について講演した。東京朝日新聞一九二六（大正十六）年十月十日。

＊13〔訳注〕アゲノエール：日仏会館初代研究員の一人。のちにフランスの日本学の権威となる。一九二四（大正十三）年から日本に滞在し、東京外国語学校で教えていた。二五年に会館に入り、事実上最初の研究員となった。三二（昭和七）年、パリの東洋語学校の日本語教授に任命されて離日。

国内の政治情勢★1

【一九二七年一月二十五日】

十二月の最後の日々に開催された国会では、夏から秋にかけて大混乱の様相を呈していた政治情勢の見通しが多少明るくなり、衆議院の解散とあらたな選挙へ向かって動きはじめたように見えました。しかし、この方向に向かうかと思われた矢先に、どんでん返しが起こって、首相と野党党首のあいだに不可解な妥協が成立し、世論によって糾弾され、面目をなくした存在であった国会が延長されたのです。どれだけの期間かは不明ですが。

昨年末には、二大野党の政友会と政友本党は、それぞれ百六十一と八十七議席を占めていました。これに対し政府与党の憲政会は百六十五議席でした。二年このかた政友本党総裁の床次氏が政界で仲裁役を演じているのは、このように議席数が接近しているためと説明されます。故加藤（高明）伯爵が、近い将来首相の座を譲ると言った言質《げんち》があったからこそ、床次氏は加藤氏をしぶしぶながらも支持し、さらに最近の国会では後継者の若槻氏を支持したのです。しかし若槻氏は、あっさりと権力の座を明け渡すつもりはないらしく、政友会の差し金で政友本党が分裂し、議員数が減っているのを目にして、床次氏が彼に加藤伯爵の言葉のことを話したときも、聞こえないふりをしました。若槻氏の拒絶にあって、政友本党内部崩壊の危機が加速されました。党内の不和が顕著になり、あらたな脱党者が政友会に移りました。一時は政友本党が消滅するのではないかと思われたほどです。

しかしながら、床次氏の柔軟な政治手腕によって決定的事態は回避されました。夏のあいだ、彼はふたつの相矛盾する連合関係をつくるべく交渉していました。ひとつは政府を倒すための政友会との連合、もうひとつは若槻首相との連合で、さらに何カ月かなら首相の座にとどまってよいとするものでした。現存の政党は、いずれも似かよった有権者層の利益を代表しており、政策がなく、したがってあらゆる陰謀が可能になるのです。憲政会とは合意できないことが明らかになりました。両党の主要な目的が相容れないのです。というのも、床次氏は政友本党が存続できる唯一の手段は、政治色のはっきりしていない内閣のもとで、政党間の差を見せないようにして選挙を行なうことだと考えています。これに対し若槻氏は、はっきりと差を打ちだして選挙を行ないたいと考えていたようでした。このため政友本党は政友会総裁の田中（義一）将軍に接近し、共同歩調をとるしかありませんでした。本党の大方のメンバーが他の政党との連合には気乗り薄で、共闘すれば他党に吸収されて、一族郎党もろとも政治的野心が達成できなくなると、不安を抱きつつ政局を眺めていることを思い出せば、これは危険なやり方です。自党の独立は保つべく、床次氏は慎重を期して合意事項の範囲を限定しました。衆議院解散の前に首相に辞職を求めるというものです。あとは各人自由にやっていいということです。

若槻氏に辞職の決心をさせるためにあらゆる準備がなされました。一九二六（大正十五）年十一月二十五日の二三〇号の書簡で閣下にお話ししました大阪のスキャンダル（松島遊廓疑獄事件）および朴烈《ぼくれつ》事件が、徹底的に利用されました。最近、朴烈と日本人妻の写真が公表され、内閣反対のキャンペーンをあおりました。同写真の複製を同封いたしますが、これを見ると、野党がそれを攻撃材料の主眼軸とした理由がよくわかります。なぜなら、この二人の共犯者が、おそらくは世界じゅうで最も国民から畏敬されている君主である天皇の生命を害する陰謀を企てたのだということを忘れてはなりません。受刑者が享受していた特別待遇、政府主導によってなされた減刑措置、そして予審担当判事が好意をもってとったみだらな写真、司法官のなかにはおかしなやり方をする人がいることを示すもので、こうしたことはこの国ではそう珍しいことではないにしても、国民に大きなショックを与えるものでした。

これらふたつの格好の材料に、経済恐慌が都合よく重なり、政府に対する万全の攻撃材料となりました。首相は、はっきりと力強くみずからの意思を公表していました。

彼は辞職を拒否し、野党が相乗りして内閣攻撃を開始したと見るや、衆議院を解散して選挙を行なうと宣言しました。

天皇の崩御によってあらたに複雑な要素が加わり、厄介な状況が起きる可能性が生じました。亡くなった天皇の柩が埋葬される前に激しい論戦の渦中に身を投ずるのは、利口なやり方ではないとされていたのは確かです。しかし、双方の主張と利害が相容れないのに、いったいどうやって衝突を避けることができるでしょうか。夏のあいだじゅう、彼らはたがいにこきおろし、罵りあい、昔の豪傑のように敢然と挑みあいましたが、ついに変更できない最終決定をしたのです……。

実際に、一月二十日に国会が開催されたとき、政友会と政友本党は攻撃を開始し、内閣に対する不信任の動議を提出しました。この動議が徹底的に推し進められるのは間違いないと見た若槻首相は、解散の序幕として国会を何日間か延長しました。驚いたことに、このときさまざまな分野の人々から、時期が悪いから自制して解散を控えるようにとの助言が新聞に寄せられたのです。「天皇の葬儀を尊重しよう」「選挙を目前にして、国会にそして議会に、失墜したその威信を回復させよう」「新しい天皇とあらたな昭和の時代に、その名にふさわしい平和的かつ紳士的議論ができるよう保証しよう」などが頻繁に使われていた表現でした。翌日人々が知ったのは、首相と野党党首が会見し、暫定的合意がなされたことです。不信任の動議はとりさげられ、解散はなくなり、あらゆる状況が逆転したように見えました……。

この方向転換を説明すると称して、さまざまな仮説が出されていますが、それが当たっているかどうかを判断するには根拠が薄弱です。というのも、政府と野党間で結ばれた妥協の条件が伏せられたままだからです。大方の新聞は、首相が全面的に譲歩し、会期の終わり（三月末）まで野党が不信任案提出を控えてくれるのであれば、その時点で辞職すると約束したのであろうと見ているようです。したがって、少なくとも当面、議会の解散はないでしょう。

事情通の新聞記者、鷲尾さんが、今解消したばかりの危機について面白い説明をしています。それはもしかすると正しい見方です。とにかく彼の解説は日本における政治活動のわかりにくい側面を明らかにしており、それだけでも要約する価値があります。

貴族院と衆議院では政党の勢力範囲が同じものでないことはわかっている。貴族院で大きな勢力をもつ研究会が、衆議院の各党間を裏で仲介するという、非公式だが研究会にとって有利な役割を演じてきた。研究会はこうした裏工作をとりしきることによって生き延びているのである。こうやって大臣のポストを手に入れ、資金をつくっている。この研究会のやり方は、日本の政治活動のわかりにくさの原因となっている。同時にこの党は議会運営の〈バロメーター〉と呼ばれている。というのも、この党は不安定な政府に止《とど》めの一撃を加え、起きかけていた出来事が起きるのを早めることがあったからである。つまり止めを刺すことで次期政権の好意を勝ちとるというわけである……。

鷲尾さんによれば、研究会は現在の文脈のなかで、同じやり方をしたのでしょう。事実、若槻内閣の研究会閣僚である鉄道大臣*2（井上匡四郎）は、水野・佐竹両政務官とともに、入閣以来、上司に対してたいへん曖昧な態度をとっていました。野党による攻撃必至と見えたとき、二人の政務官は辞任の意向を公表しました。*3つまり沈没しそうな船から鼠が逃げだしたのです。これに対して、若槻氏が脅かされる一方でなく、彼らをほかの人物におきかえ、内閣を一部改造してから衆議院を解散する意向を公表すると、彼らは作戦の軌道を修正しました。つまり、辞職するという脅しをやめ、衆議院の解散を拒否する旨公表したのです。若槻氏は二人の脅しに立ち向かって、これを公にするかわりに沈黙に甘んずることにしたのでしょう。そして今国会の終了まで権力の座にとどまることと引きかえに、四月に辞職すると約束したらしいのです。それによって、研究会はあらたな駆引きをするべく、思うがままに術策を巡らせるようになったことになります。

日本の国民は、自分たちの代表である政治家の陰謀に飽きあきしていますし、彼らの倫理観には期待していないのですが、それでも政局を巡る最近の出来事にはショックを受けたようです。議会運営のやり方が変わり人心が一変することが切望されています。国会の時宜を得た更新がなされ、まがいものの議会制度に終止符が打たれることが望まれているのです。

ポール・クローデル

★1 〔原注〕フランス外務省資料「国内政治、一九二五―二七」（五二巻、分類五五五―一―二、一一号）

＊2 〔訳注〕鉄道大臣：鉄道は二〇一八年一月現在は国土交通省の管轄下にあるが、一九二〇（大正九）年から四三（昭和十八）年にかけては鉄道省が管轄していた。

＊3 〔訳注〕東京朝日新聞・一九二七年一月十九日付に、つぎの見出しの記事が載っている。「水野子（爵）いよいよ辞意を決す、病気を理由に引きこもる、佐竹氏も同じ腹」同紙一月二十二日の岡本一平の漫画「家に居て下さい」にも彼らが登場している。

リュクサンブール美術館のために富田《とみた》渓仙《けいせん》の絵を一点送る★1

【一九二七年二月三日】

私がみずからの任務として心に決めていた仕事のひとつに、フランスの人々に東京と京都在住の優れた日本画家を紹介することがあります。伝統的日本画の画家たちは世界的に知られています。しかしながら、彼らの教えが今も生きていて、彼らの後継者としてふさわしい画家に引き継がれていることは一般には知られていません。

私は幸運にも、わがリュクサンブール国立美術館に、京都で最も著名な画家二人の絵を無償で譲るよう働きかけることができました。竹内栖鳳《たけうちせいほう》*2と山元春挙《やまもとしゅんきょ》の作品です。この寄贈はみなから評価され、嬉しいことに、最近のアメリカの雑誌に、これほどすばらしい作品を手に入れたフランスを称賛する記事が載っているのを目にしました。

富田渓仙の作品*3もまた、この二人と同様の成功をおさめるものと私は思います。富田さんはまだ若い画家ですが、着想のレベルの高さと技術の習熟の点で、彼の世代の頂点を行っています。彼の絵は興味深いものです。というのも、それは日本の仏教の中心地のひとつである奈良の寺が描かれているからです。奈良は日本の古都であると同時に芸術の宝庫でもあり、ふたつの意味で聖都なのです。

私は近々、東京派の著名な画家二人の作品も手に入れたいと思っています。手間ひまをかけた作品、市場価値が高い作品をフランスに無償で譲ってくれる寛大な寄贈者がいることを強調しておきたいと思います。彼らのおかげで、わが国の国立美術館は他の国には匹敵するもののない現代日本画家の作品群を所蔵できるのです。

追伸――〈スフィンクス号〉の郵便管理官に託した富田渓仙の絵が、二月五日土曜日に日本から出航します。

★1［原注］フランス外務省資料「教育、美術、一九二二―二九」（九一巻、分類五七七―一、七号）
富田渓仙（一八七九―一九三六）。詩人大使は彼の作品『聖女ジュヌヴィエーヴ』の挿絵を描き加えたこの画家と友情関係を保ったことが知られている。
＊2［原注］竹内栖鳳（一八六四―一九四二）：日記のなかではしばしば高橋と誤記されている。クローデルは彼の家に滞在したことがあり、彼に『自然と道徳』を献呈している（『散文作品』

一九六五年、ガリマール書店刊・プレイヤード叢書、一一八三ページ参照)。

＊3 〔訳注〕クローデルは、一九二三(大正十二)年、新潮社より『聖ジュヌヴィエーヴ』の豪華版を出版しており、その表紙と挿画は富田渓仙が描いている。なお、クローデルは自身が所有していた一冊を紛失し、天皇が、贈呈されたものをクローデルに返されたといういきさつがある。一九二七(昭和二)年の東京朝日新聞に「失うた詩集を手にしてクローデル大使の喜び・詩人の悲しみに同情遊ばされた聖上陛下のご仁慈・献上の詩集を下賜されて」と題する記事と大使の写真が掲載されている。

訳者あとがき

本書は、ガリマール書店から一九九五年に出版された *PAUL CLAUDEL* “*CORRESPONDANCE DIPLOMATIQUE: TOKYO 1921-1927*” の本文（七五—四〇六ページ）を翻訳したものである。

原著には、冒頭に編者リュシル・ガルバニャティ氏の六十ページにわたる紹介文があるが、本文だけでもかなりのページ数になるため、本書には抄訳のみを序文として掲載することにさせていただいた。しかし、私がクローデルの外交書簡を読むことができたのは、編者の努力の成果である原著があったおかげであるから、編者に心からの敬意と感謝をここに申し述べさせていただく。

なお、原著にはポール・クローデルの作品一覧が載っているが、ほかに網羅的資料が存在しているので（『日仏文化』二二三号、ポール・クローデル生誕百周年記念特別号、一九六八年三月）、本書では割愛した。写真は、原著には不鮮明なものが一枚載っているだけだったが、資料を探していくうちにいろいろ見つかり、出版社や編集室でも適切なものを探してくださったので、所有者の許可のもとに掲載することができた。

つぎに私が本書を翻訳した経緯を記させていただく。一九九五年六月、つぎに翻訳する本を探していたとき、日仏会館でロベール・リシャール氏の「クローデル」に関する講演会があった。その講演の最後に、フランスで出版されたばかりだとして、講師がこの本を紹介されたのである。さっそく東京在住の友人オリヴィエ・コンヴェールさんに頼み、帰省のさいにパリで買ってきてもらい、翻訳にとりかかった。

出版にいたるまでには多くの方がたにお世話になった。フランス語に関しては、ピエール・デレウゼ先生に今回も再三にわたり質問させていただいた。忙しい時間を割いて快く協力してくださったことに心からの感謝を申し述べたい。本書に繰り返し出てくるテーマの一つであるカトリック関係の用語に関しては、久留米の「幼きイエス会」のシスター小川紘子さんとカトリック中央協議会の松隈康史さんに教えていただいた。京都のことに関しては宮本ヱイ子さんに質問させていただいた。フランス在住のジャン＝ピエール・ケルジョリスさんは、現在は忘れられている人物ロベール・ウダンについて調査し、その結果をＦＡＸで送ってくださった。そのほか、書ききれないほど多くの方がたに直接、間接にお世話になった。ここにみなさまにお礼を申し上げたい。

軍関係の人名や役職名は防衛庁防衛研究所によく保管されていた。クローデル大使が訪れた地方都市で出会った県知事や市町村長の名は、それぞれの市役所に書面で問い合わせた。訳注に記さなかった参考資料中、主なものは辞書事典類と『日仏文化』である。

クローデル大使は、一九二五年に一時帰国する前のスピーチで、日本で自分がしたことは日仏接近のための努力だけだったと語っている。大使は、渋沢栄一らの協力のもとに東京の日仏会館を、稲畑勝太郎らの協力のもとに京都の日仏学館を設立した。政治の面でも日仏接近を本国に呼びかけ、経済面でもフランスの製品を買うように積極的に働きかけている。この時代の日本が軍用機などをたくさんフランスから輸入したことは、多くの軍人がレジオン・ドヌールの上級の勲章を受章していることからもわかる。

大使は、彫刻家であった姉カミーユ・クローデルの影響もあって、日本文化のよき理解者であったし、日本人からも「詩人大使」と慕われた。しかし、日本人の「あばたもえくぼ」に見えていたかというとそうではない。大使の日本描写をいくつか拾ってみたい。

——関東大震災後、大使館の焼け跡に医療慈善施設をつくってわかったことだが、庶民は一杯のスープ、ひと盛りのご飯を大変なごちそうだと言っている。彼らは満足な食事をとったことがないのだ。こうした実情は日本人が外国人にはできるだけ隠そうとしていることである。

——アメリカ議会が日本からの移民を拒否する法案を可決した。育ちの悪い子供が自分より弱い友達に嫌がらせをするようなものだ。それにしても、日本の外交官はなんと自分を表現するのが下手なのだろう。

——国会で多くの法案が成立したが、重要法案についても審議らしい審議はなかった。議会の場では一般受けしそうな些事を熱っぽく議論したり、贈賄問題に時間をかけたり、難癖をつけたりしていただけであった。

——〈普通選挙法案〉は国会で否決されたが、やがては採択されるものと私は確信している。日本人は西欧の目を常に意識しており、何事であれ文明の遅れの証拠として非難されるのをひどく苦にしているから。

——アインシュタインが訪日した。日本人は何らかの理由で今日脚光を浴びている人たちに対しては、まるで子供のような好奇心を示す。

——九州大学を訪問して、日本では学生を「成長を助けてやるべき植物」のようなものとは見ておらず、「有用な知識をできるかぎり多く詰めこむ箱」のごときものと考えているという印象をもった。……

大使の滞在した大正の日本は、先進国の仲間入りをしかけていたとはいえ、海外から多額の借款をして機関車、レール、軍用機などの大型機材を輸入していた。一方で、日英同盟は廃棄され、ワシントン会議で軍艦数を制限され、アメリカからは移民を拒否され、国際的に孤立しつつあった。大使は、石炭も鉄も産出しない資源小国の日本、人口過剰で貧しい日本人に同情の目を向けている。

もしクローデルが現在の日本を見たら何と言うであろうか。航空機や軍備はいまだに輸入に頼っているとはいえ、今や大方のものは国内で生産できるばかりか、その品質には定評がある。バブルが弾けたとはいえ、衣食足りて外国からの借金はない国である。そのうえ、ODAなど海外に多額の援助までしている経済大国である……。しかし、「国民性、政治は、ちっとも変わっていませんね」と大使は言うのではないだろうか。

二十世紀前半を代表する人物の一人であるクローデルが日本滞在中に書いた外交書簡集を翻訳でき、出版できたことをありがたいことと思っている。

最後に、常磐大学教授の波多野勝先生には、当時の国際状況や国内政治について「解説」を書いていただきました。お礼申し上げます。翻訳のわかりにくい点などを念入りにチェックしてくださった編集室カナールの片桐克博さん、草思社の増田敦子さんにもお世話になりました。ありがとうございます。

一九九九年六月吉日

奈良道子

解説――ポール・クローデル『孤独な帝国　日本の一九二〇年代』

平川祐弘

本書は外交官としても精励したクローデルの駐日フランス大使時代の外交書簡として、それ自体としても読みごたえがある日本報告だが、同時にその時期に書かれた重要作品の子宮（編者ガルバニャーティの語）としても価値がある。そのクローデルとはいかなる人か、日本人にとり大切な作品は何々か。日本左翼は詩人大使にどう反応したか、戦後の日本知識人や研究者が見落としてきたクローデルの日本理解の最重要な点は何か、それらにふれることで解説に代えたい。

クローデルとはいかなる人か

ポール・クローデル Paul Claudel は、夏目漱石より一年後、黒田清輝より二年後の一八六八年、日本暦でいえば明治元年に生まれ、一九五五年すなわち昭和三十年に死んだ文学者であり外交官である。外交官としては幣原喜重郎より四年先に生まれ、四年後に亡くなった。二十世紀文学の最も重要な作家の一人とフランス語圏ではいわれるが、明治維新以後百五十年、最も傑出した駐日フランス大使であったと私は考える。

クローデルはパリから東へ百キロほどのタルドノワのヴィルヌーヴ・シュル・フェールの産である。二十一世紀にはいってからは鉄道が早朝と晩と一日二回しか来ない片田舎である。父は地方めぐりの大蔵省官吏で、その後も方々へ転勤したが、クローデルにとってはヴィルヌーヴこそが故郷だった。四才年上のカミーユは彫刻家で、ロダンの弟子で愛人であった。カミーユはロダンの胸像（ロダン美術館蔵、一八八八年）や弟ポールの胸像（トゥーロン美術館、トゥルコワン美術館蔵）も創っている。ロダンが創ったカミーユの頭部の像もある。この長姉は弟に芸術的感化を与え、日本への関心も吹き込んだ。ジャポニスムは時代の流行りでもあった。カミーユは後半生は精神病院に収容されて三十余年を過ごし一九四三年に亡くなった。「天才は鏡のごとく、一方の側は光を受けるが、もう一方の側はぎらぎらと錆ついている」と弟は姉について述べた。ニュイッテン監督の映画『カミーユ・クローデル』では故郷のラ・オテー・デュ・ディアブルの峨々たる岩石が映し出されるが、これこそが彫刻家カミーユを生み、神道理解者の詩人大使を生んだのだと直覚させる原風景である。クローデルはパリのルイ・ル・グラン高等中学校、パリ大学法学部に学んだ。同級にロマン・ロランがいて一緒にベートーヴェンやワーグナーを聴きに行き熱狂した。ランボーを読んで影響を受け、マラルメのサロンに通った。一八八六年のキリスト降誕祭の日に深い宗教体験があり、以後熱烈なカトリック信者として生涯を送る。

一八九〇年に外交官試験に首席で合格、領事館勤務を志願、一八九二年から旅行者としての生涯が始まった。ニューヨーク、ボストン。そして一八九五年、日清戦争で日本が勝利した年から中国勤務が始まった。上海、福州、天津、北京などの中国在勤中に『東方の認識』の詩の多くを書いた。一八九八年に東京、日光、京都を休暇で訪ね、その第一回訪問の時からアジアの他の仏教国より日本に好意を寄せた節がある。一九〇九年から一九二〇年の間はヨーロッパ各地、プラーグ、フランクフルト、ハンブルク、ローマ、コペンハーゲンで勤務した。一九二一年にフランス駐日大使として東京に着任、一九二七年に日本を去った。東京で書き上げたのが『繻子《しゅす》の靴』で最重要劇作品といわれる。ただし日本語訳で読んでそれで感興が湧くかというと、それは別問題だろう。ついで駐米大使となり、駐ベルギー大使（一九三三―一九三五）で外務官僚の閲歴を終えた。クローデルは一九三五年にアカデミー・フランセーズに立候補した際はファレールに敗れたが、一九四六年に選出された。

平成の天皇が皇太子として一九五三年、初めて渡欧するやクローデルは親しく殿下をパリでお迎えした。解説者は大学院生当時、週四日半フランス大使館で働いていた。若造の私がフランス外交官にクローデルの外交官としての能力について質問すると、二足の草鞋《わらじ》を履いた詩人外交官の外交官としての手腕を高く買う人はいなかった。しかしそれは彼の外交書簡や日本論をじっくり読んだ上での返事ではなかったようである。戦後フランス外務省はヴィシー派外交官を追放し、連合国側の歴史判断を尊重した。そんな視点からはクローデルの日本と中国に対する評価が「反動的」に見えた時期もあったであろうが、また修正され見直される時期も来るだろう。一九五五年二月、パリ留学生の私のクラスで元女優だった発音の先生がクローデルの死を告げ「最期の言葉は"Laissez-moi mourir tranquillement"（穏やかに死なせてください）だそうです」といった。

すぐれた日本記録や日本論を書いた外交官は誰か

『ポール・クローデル外交書簡、東京、一九二一―二七』がフランス語原書 Paul Claudel, *Correspondance Diplomatique: Tokyo 1921-1927* の題である。この書物と著者の価値を吟味するため、私が外交官試験の面接委員に任命され、こんな質疑をすると仮定する。ディプロマット志望者に呈する第一問「日本外交官の先輩としてあなたは誰を尊敬するか。その理由は」、第二問「外国外交家の回想や記録であなたは何を読んだか。その感想は」。こんな質問なら、受験者も容易に答えるだろう。またわが外務省官吏も一家言あるに相違なく、受験者の答を聞いてその見識を判定できるだろう。だが「幕末維新から第二次大戦までの時期で、日本報告によって傑出した外交官は誰々と思うか」という第三問には、国家公務員上級職の受験者も、いや試験する側も、答に窮するに相違ない。

通信交通手段が未発達のゆえに戦後と違って現地在住の外交官の任務がそれだけ重かった時期、英国人アーネスト・サトウの『一外交官の見た明治維新』、犬養首相の暗殺から日米開戦まで『滞日十年』の駐日米国大使ジョーゼフ・グルーの記録など白眉である。ジョージ・サンソムの名前を挙げる人は学者肌だろう。西洋の対日外交で主役を演じたのは英米だった。そのアングロ・サクソン系に比べ、フランスは脇役に終始した。日本の外務当局は各国大使の力量を査定して記録に残すほどの労はとっていないが、では詩人劇作家として著名なクローデルだが、外交官としてはどうであったのか。

大使としてのクローデル

大正十年から昭和二年まで日本駐在のクローデルは大使として異色でかつ傑出していた。フランス外務省宛に日本を観察し分析し報告したのがこの「外交書簡」である。『孤独な帝国　日本の一九二〇年代』という訳者奈良道子氏がつけた日本語のタイトルはクローデルの日本把握を言い表わして的確である。日英同盟は廃棄され、北米では排日移民デマゴギーが再燃する。日本は国家意志をはっきり自覚表現できず、国家として体をなさぬ中国の問題に有効な手を打てぬまま浮遊する。元老政治は終わったが、それに代わる議会制民主主義はまだ適切に機能しない。日本外交も外交官の外国語も下手である。その日本にいかにフランスの影響力を強めるか。クローデルの書簡は鋭く興味深い。

彼の日本報告の特色は、ブラジル・アメリカからの報告がもっぱら通商・経済問題に限られたのに対し、文化にまつわる記述が多いことだろう。日本語の力が乏しかったにもかかわらず、これほど透徹した日本理解ができたとは驚くほかはない。クローデルの日本観を象徴する天皇観は『朝日の中の黒鳥』の明治神宮や大正天皇御大喪の記述に結晶するが、それに先立つ日本についての日々の具体的観察が本書といえよう。クローデルは一方的なフランス文化宣伝でなく、日仏文化交流に努力し、日仏会館を創設した。もっともケチをつける人もいた。以下に一例を掲げる。

日本左翼のクローデル評

永井荷風は、森鷗外はクローデルの如く行動人homme d'actionであり文人homme de lettresであると讃えたが、中野重治は典型的なひがみ左翼で、官吏であり文学者であるような人を頭ごなしに罵る悪癖があり、詩《ポール・クローデル》でこう諷刺した。

ポール・クローデルは詩人であつた
ポール・クローデルは大使であつた
そしてフランスはルールを占領した

フランスの百姓は貯金した
それを金持が取りあげた
そして金持はマリアを拝んだ
そしてポール・クローデルはマリアを拝んだ
駐日フランス大使になつた
そしてポール・クローデルは詩をかいた

ポール・クローデルは詩をかいた
ポール・クローデルはお濠をまはつた
ポール・クローデルは三味線をひいた
ポール・クローデルはカブキを踊つた
ポール・クローデルは外交した

おゝ そして
つひにある日
ポール・クローデルが
シヤルル・ルイ・フイリツプを追悼した

おゝ 偉大なポール
大使で詩人であるクローデル
『われらの小さなフイリツプ』が
彼の貧しい墓の下でいふだらう
『ポール・クローデルは大使になつた』

クローデル研究者たちが見落としてきた点

最後に、クローデルを尊敬する人たちも大事な点を見落としているので、やや専門にわたるがこの機会に指摘しておきたい。クローデルは畢生の大作『繻子の靴』を東京で書き上げた。ガドフル教授は題名ともなる靴の由来をハーンの『中国霊異談』に求めた（Gilbert Gadoffre, "Claudel et Lafcadio Hearn", *Studies in Modern French Literature presented to P. Mansell Jones*, ed. L. J. Austin et al. Manchester U. P. p104-107）。そこに《大鐘の霊》の話がある。シナ皇帝の厳命にもかかわらず鋳造師の父は大鐘をうまく造れない。娘が孝心から溶鉱炉に身を投じ我が身を生贄に供しようとした。すると深く清らかな音の美しい鐘ができた。靴は娘を引き留めようとした侍女の手に残った形見である。*Le Soulier de Satin* の靴の由来は演劇史上からは重要かもしれぬが、所詮小問題に過ぎない。出典が実はハーンではなくティエルサンという私の指摘の如きはとるに足らないだろう*註。

クローデルの日本滞在中の大切な一冊が『繻子の靴』であることは間違いないが、日本の一般読者にとっては、内藤高が『朝日の中の黒い鳥』（講談社学術文庫）の題で、樋口裕一が『天皇国見聞記』（新人物往来社）の題で訳した*L'Oiseau Noir dans le Soleil Levant* が極めて大切である。クローデルは「旅行者だが、同時に大地に根をおろした人間」で猪首の農民タイプでもあり「フクロウ面」した黒鳥《クロドリ》、即ちクローデルでもあった。黒服に威儀を正した大使として日の本の国に赴任したからこそ「朝日の中の黒鳥」といったので藤田嗣治が見事な表紙を描いている。フランスからは鹿鳴館時代にピエール・ロティ（一八五〇—一九二三）が異国趣味の日本を描き、坂の上の雲の時代にクロード・ファレール（一八七六—一九五七）が日本海海戦前夜の日本を描いた。この二人の海軍士官作家を凌駕する日本文化論が『朝日の中の黒鳥』だが、大使が滞日中に書いた一連の作品や随筆の制作過程を示す裏付資料としてもこの外交書簡は貴重である。

＊註　だがガドフル教授は気づかなかったが、ハーン自身はフランス外交官ティエルサンの『百孝図説』の仏訳（と称する半創作）に依拠していた。クローデルがこの中国勤務の先輩外交官でシナ学者の仕事に目を通していたと考えるのがより自然であろう。その間の事情は Sukehiro Hirakawa, *À la rcherche de l'identité japonaise — le shintō interprété par les écrivains européens*, L'Harmattan, Paris, 2012 の二九頁以下の註に詳述した。ガドフルが読んだ『ハーン選集』にはハーンが付けた出典に関する註が略されていたためにガドフルはティエルサンに気がつかなかったのである。なおハーンとの関係で言えばクローデルは関東大震災の際の日本の一海軍士官の態度を《炎の街を横切って》にスケッチしているが実像というよりはハーン読書から生れた日本人像と見るべきであろう。クローデルはハーンの日本理解に共感を覚えた人である。

そもそも大使が本国に伝えるべきもっとも大切な点は何か。日本についてその土地の霊と不可分な関係にある神道、天皇、富士山、大和魂、畏敬の念などの意味を解くことこそ根本問題である。それらにいちはやく明確な解釈と言葉を与えた共和国大使クローデルは、もっとも優れた外国人日本観察者の一人である。本書はその調査報告ノートとしても価値があるが、ヴィルヌーヴの土地の霊に感じやすいクローデルであったからこそ霊の人として富士山に日本の不滅を見ることもできたのであろう。大使が外交官として日々の職務に専念しつつ、日本問題の本質を直視直観し、それを見事な文章に書き留めたことは感嘆のほかはない。どこの国にも外国人にしかわからない正体がある。だがそれも余人ならぬクローデルだからこそ見抜いたカミの国日本の正体だといえるだろう。

（東京大学名誉教授）

＊本書は、一九九九年に当社より刊行した著作を文庫化したものです。

草思社文庫

孤独な帝国　日本の一九二〇年代
ポール・クローデル外交書簡一九二一－二七

2018 年 4 月 9 日　第 1 刷発行

著　者　ポール・クローデル

訳　者　奈良道子

発行者　藤田　博

発行所　株式会社 草思社

〒160-0022　東京都新宿区新宿 1-10-1
電話　03(4580)7680(編集)
　　　03(4580)7676(営業)
　　　http://www.soshisha.com/

印刷所　株式会社 三陽社

付物印刷　株式会社 暁印刷

製本所　加藤製本 株式会社

本体表紙デザイン　間村俊一

ISBN978-4-7942-2330-2　Printed in Japan